U0026727

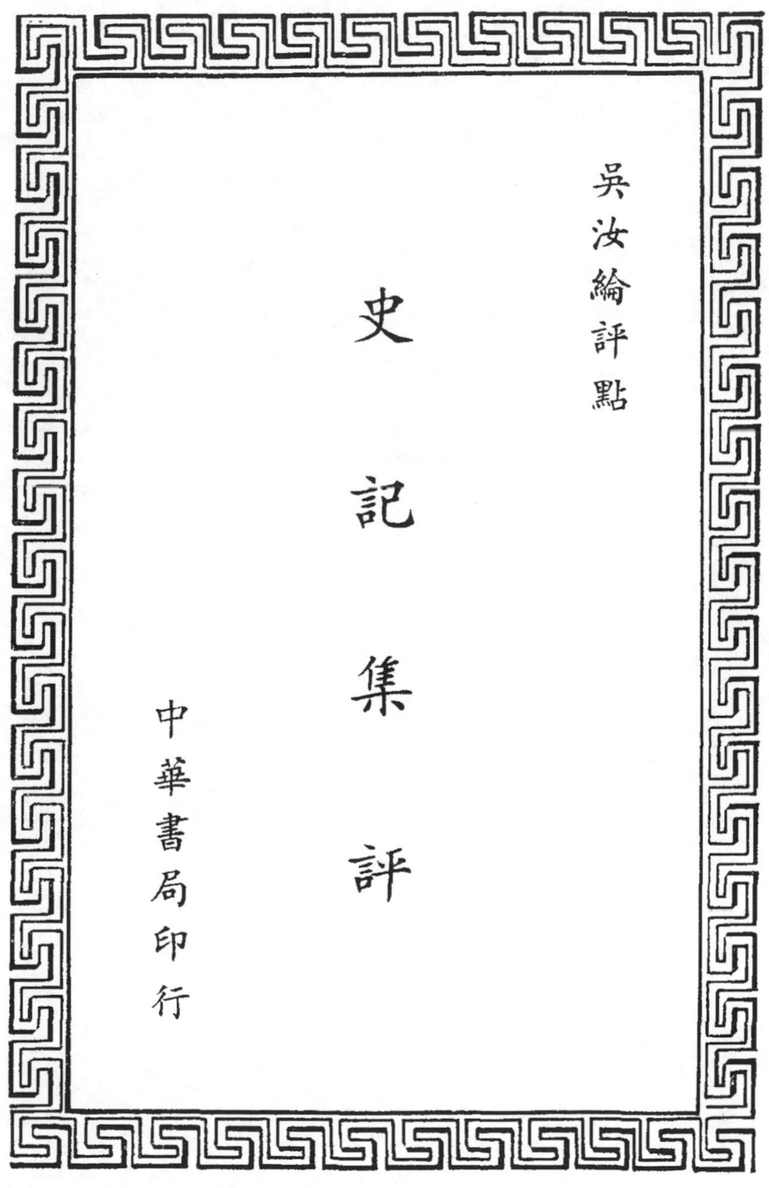

吳汝綸評點

史記集評

中華書局印行

武帝北討南誅史公深不然之而詞乃極口夸詡此文字神妙處

將卒以次封矣言將及兵士皆得封侯也王懷祖謂卒當爲率謬甚

建元以來侯者年表第八

太史公曰匈奴絕和親攻當路塞閩越擅伐東甌請降二夷交侵當盛漢之隆以此知功臣受封侔於祖考矣何者自詩書稱三代戎狄是膺荊荼是徵齊桓越燕伐山戎武靈王以區區趙服單于秦繆用百里霸西戎吳楚之君以諸侯役百越況乃以中國一統明天子在上兼文武席卷四海內輯億萬之衆豈以晏然不爲邊境征伐哉自是後遂出師北討強胡南誅勁越將卒以次封矣

國名	侯功	元光	元朔	元狩	元鼎	元封	太初已後
翕	匈奴相降侯元朔二年屬車騎將軍擊匈奴有功益封	三 四年七月壬午侯趙信元年	六年侯信爲前將軍擊匈奴遇單于兵敗信降匈奴國除				

持裝	匈奴都尉降侯	一 六年後九月丙寅侯樂元年	六	六	元鼎元年侯樂死無後國除		
親陽	匈奴相降侯	三 四年十月癸巳侯月氏元年	五 元朔五年侯月氏坐亾斬國除				
若陽	匈奴相降侯	三 四年十月癸巳侯猛元年	五 元朔五年侯猛坐亾斬國除				

國名	侯功	元光	元朔	元狩	元鼎	元封	太初
長平	以元朔三年再以車騎將軍擊匈奴取朔方河南功侯元朔五年以大將軍擊匈奴破右賢王益封三千戶		五 二年三月丙辰烈侯衛青元年	六	六	六	太初元年今侯伉元年
平陵	以都尉從車騎將軍青擊匈奴功侯以元朔五年用游擊將軍從大將軍益封		五 二年二月丙辰侯蘇建元年	六	六 元鼎六年侯建爲右將軍與翕侯信俱敗獨身脫來歸當斬贖國除		
岸頭	以都尉從車騎將軍青擊匈奴功侯元朔六年從大將軍益封		五 二年六月壬辰侯張次公元年	元狩六年次公坐與淮南王女陵姧及受財物罪國除			

平津	以丞相詔所褒侯		四 三年十一月乙丑獻侯公孫弘元年	二 元狩三年侯慶元年 四	六	三 元封四年侯慶坐爲山陽太守有辠國除	
涉安	以匈奴單于太子降侯		三 三年四月丙子侯於單元年 五年卒無後國除				
昌武	以匈奴王降侯以昌武侯從驃騎將軍擊左賢王功益封		三 四年七月庚申堅侯趙安稽元年	六	六	一 二年侯充國元年 五	五 太初元年侯充國薨亡後國除

國名	侯功	元光	元朔	元狩	元鼎	元封	太初已後
襄城	以匈奴國降侯		三 四年七月庚申侯無龍元年	六	六	六	一 太初二年無龍從浞野侯戰死 二 四年侯病已元年
南窌	以騎將軍從大將軍青擊匈奴得王功侯太初二年以丞相封爲葛繹侯		二 五年四月丁未侯公孫賀元年	六	四 元鼎五年賀坐酎金國除絕十歲		十三 太初二年三月丁卯封葛繹侯征和二年賀子敬聲有罪國除
合騎	以護軍都尉三從大將軍擊匈奴至右賢王庭得王功侯元朔六年益封		二 五年四月丁未侯公孫敖元年	一 元年二年敖將兵擊匈奴與驃騎將軍期後畏懦當斬贖爲庶人國除			

樂安	龍頟	隨成
以輕車將軍再從大將軍青擊匈奴得王功侯	以都尉從大將軍青擊匈奴得王功侯元鼎六年以橫海將軍擊東越功爲案道侯	以校尉三從大將軍青擊匈奴攻農吾先登石累得王功侯
二 五年四月丁未侯李蔡元年	二 五年四月丁未侯韓說元年	二 五年四月乙卯侯趙不虞元年
四 元年五年侯蔡以丞相侵盜孝景園神道壖地罪自殺國除	六	三 元鼎三年侯不虞坐爲定襄都尉匈奴敗太守以聞非實坐謾國除
	四 元鼎五年侯說坐酎金國絕二歲復侯	
	六 元年五月丁卯案道侯說元年	
	十三 征和元年子長代有罪絕子曾復封爲龍頟侯	

從平	以校尉三從大將軍擊匈奴至右賢王庭數爲鴈行上石山先登功侯		二 五年四月乙卯公孫戎奴元年	一 元狩三年侯戎奴坐爲上郡太守發兵擊匈奴不以聞謾國除			
涉軹	以校尉三從大將軍擊匈奴至右賢王庭得王虜閼氏功侯		二 五年四月丁未侯李朔元年	一 元狩元年侯朔有罪國除			
宜春	以父大將軍青破右賢王功侯		二 五年四月丁未侯衛伉元年	六	元鼎元年侯伉坐矯制不害國除		

陰安	以父大將軍青破右賢王功侯		二 五年四月丁未侯衛不疑元年	六	四 元鼎五年侯不疑坐酎金國除		
發干	以父大將軍青破右賢王功侯		二 五年四月丁未侯衛登元年	六	四 元鼎五年侯登坐酎金國除		
博望	以校尉從大將軍六年擊匈奴知水道及前使絕國大夏功侯		一 六年三月甲辰侯張騫元年	一 元狩二年侯騫坐以將軍擊匈奴畏懦當斬贖國除			

冠軍	衆利
以嫖姚校尉再從大將軍六年從大將軍擊匈奴斬相國功侯元狩二年以驃騎將軍擊匈奴至祁連益封迎渾邪王益封擊左右賢王益封	以上谷太守四從大將軍六年擊匈奴首虜千級以上功侯
一 六年四月壬申景桓侯霍去病元年	一 六年五月壬辰侯郝賢元年
六	一 元狩二年侯賢坐爲上谷太守入戍卒財物上計謾罪國除
六 元鼎元年哀侯嬗元年	
元封元年哀侯嬗薨無後國除	

潦	宜冠
以匈奴趙王降侯	以校尉從驃騎將軍二年再出擊匈奴侯功故匈奴歸義
二 元年七月壬午悼侯趙王煖訾元年 元狩二年煖訾死無後國除	一 二年正月乙亥侯高不識元年 元狩四年不識擊匈奴戰軍功增首不以實當斬贖罪國除

煇渠	從驃	下麾
以校尉從驃騎將軍二年再出擊匈奴得王功侯以校尉從驃騎將軍二年虜五王功益封故匈奴歸義	以司馬再從驃騎將軍數深入匈奴得兩王子騎將功侯以匈河將軍元封三年擊樓蘭功復侯	以匈奴王降侯
五 二年二月乙丑忠侯僕多元年	五 二年五月丁丑侯趙破奴元年	五 二年六月乙亥侯呼毒尼元年
三 元鼎四年侯電元年 三	四 元鼎五年侯破奴坐酎金國除	四 元鼎五年煬侯伊即軒元年 二
六	浞野 四 三年侯破奴元年	六
四	二年侯破奴以浚稽將軍擊匈奴失軍爲虜所得國除	四

國名	侯功						
濕陰	以匈奴渾邪王將衆十萬降侯萬戶			四 二年七月壬午定侯渾邪元年	六 元鼎元年魏侯蘇元年	五 元封五年魏侯蘇無後國除	
煇渠	以匈奴王降侯			四 三年七月壬午悼侯扁訾元年	一 二年侯扁訾死無後國除		
河綦	以匈奴右王與渾邪降侯			四 三年七月壬午康侯烏黎元年	二 元鼎三年餘利鞮元年 四	六	四

錢云漢表作邳離

某案重輜重也將如無將大車之將

常樂	符離	壯
以匈奴大當戶與渾邪降侯	以右北平太守從驃騎將軍四年擊右王將重會期首虜三千七百人功侯	以匈奴歸義匈奴因淳王從驃騎將軍四年擊左王以少破多捕虜二千一百人功侯
四 三年七月壬午肥侯稠雕元年	三 四年六月丁卯侯路博德元年	三 四年六月丁卯侯復陸支元年
六	六	二 元鼎三年今侯偃元年 四
六	六	六
二 太初三年今侯廣漢元年	太初元年侯路博德有罪國除	四

眾利	湘成	義陽
以匈奴歸義樓剸王從驃騎將軍四年擊右王手自劍合功侯	以匈奴符離王降侯	以北地都尉從驃騎將軍四年擊左王得王功侯
三 四年六月丁卯質侯伊卽軒元年	三 四年六月丁卯侯敞屠洛元年	三 四年六月丁卯侯衛山元年
六	四 元鼎五年敞屠洛坐酎金國除	六
五 六年今侯當時元年 一		六
四		四

散	臧馬
以匈奴都尉降侯	以匈奴王降侯
三 四年六月丁卯侯董荼吾元年	一 四年六月丁卯康侯延年元年 五年侯延年死不得置後國除
六	
六	
二 太初三年今侯安漢元年 二	

國名	侯功						
周子南君	以周後紹封				三 四年十一月丁卯侯姬嘉元年	三 四年君買元年 三	四
樂通	以方術侯				一 四年四月乙巳侯五利將軍欒大元年 五年侯大有罪斬國除		
瞭	以匈奴歸義王降侯				一 四年六月丙午侯次公元年 五年侯次公坐酎金國除		

術陽	龍亢
以南越王兄越高昌侯	以校尉樛世樂擊南越死事子侯
四年侯建德元年 一五年侯建德有罪國除	二 五年二月壬午侯廣德元年
	六 元封六年侯廣德有罪國除

索隱表作郊徐云郊當爲郟字之誤也漢志陳留潁川幷有成安潁川之成安蓋分郟縣置卽延年封國也

成安	以校尉韓千秋擊南越死事子侯				三 五年三月壬子侯延年元年	六 元封六年侯延年有罪國除	
昆	以屬國大且渠擊匈奴功侯				二 五年五月戊戌昆侯渠復累元年	六	四
騏	以屬國騎擊匈奴捕單于兄功侯				二 五年五月壬子侯駒幾元年	六	四

國名	侯功						
梁期	以屬國都尉五年間出擊匈奴得復累絺縵等功侯				二 五年七月辛巳侯任破胡元年	六	四
牧丘	以丞相及先人萬石積德謹行侯				二 五年九月丁丑恪侯石慶元年	六	二 二年侯德元年 二
瞭	以南越將降侯				一 六年三月乙酉侯畢取元年	六	四

國名	侯功						
將梁	以樓船將軍擊南越椎鋒却敵侯				一 六年三月乙酉侯楊僕元年	三 元封四年侯僕有罪國除	
安道	以南越揭陽令聞漢兵至自定降侯				一 六年三月乙酉侯揭陽令定元年	六	四
隨桃	以南越蒼梧王聞漢兵至降侯				一 六年四月癸亥侯趙光元年		

湘成	海常	北石
以南越桂林監聞漢兵破番禺諭甌駱兵四十餘萬降侯	以伏波司馬捕得南越王建德功侯	以故東越衍侯佐繇王斬餘善功侯
一 六年五月壬申侯監居翁元年	一 六年七月乙酉莊侯蘇弘元年	
六	六	六 元年正月乙午侯吳陽元年
四	太初元年侯弘死無後國除	三 太初四年今侯首元年

錢云水經注湍水逕南酈縣故城東史記所爲下酈也漢武帝封左將軍黃同爲侯國

下酈	繚嫈
以故甌駱左將斬西于王功侯	以故校尉從橫海將軍說擊東越功侯
六 元年四月丁酉侯左將軍黃同元年	元年五月乙卯侯劉福元年 一 二年侯福有罪國除
四	

蘱兒	開陵	臨蔡
以軍卒斬東越徇北將軍功侯	以故東越建成侯與繇王共斬東越王餘善功侯	以故南越郎聞漢兵破番禺爲伏波得南越相呂嘉功侯
六 元年閏月癸卯莊侯轅終吉元年	元年閏月癸卯侯建成元年 六	元年閏月癸卯侯孫都元年 六
太初元年終吉死無後國除		

錢云水經注云案郡國志筑陽有涉都鄉

東成	以故東越繇王斬東越王餘善功侯萬戶					元年閏月癸卯侯居股元年 六	
無錫	以東越將軍漢兵至棄軍降侯					元年侯多軍元年 六	
涉都	以父棄故南海守漢兵至以城邑降子侯					元年中侯嘉元年 六	太初二年侯嘉薨無後國除 一

平州	荻苴	澅清
以朝鮮將漢兵至降侯	以朝鮮相漢兵至圍之降侯	以朝鮮尼谿相使人殺其王右渠來降侯
一 三年四月丁卯侯唊元年 四年侯唊薨無後國除	三年四月侯朝鮮相韓陰元年 四	四 三年六月丙辰侯朝鮮尼谿相侯參元年
	四	四

騠茲	浩
以小月氏若苴王將衆降侯	以故中郎將兵捕得車師王功侯
三 四年十一月丁卯侯稽谷姑元年	一 四年正月甲申侯王恢元年 四年四月侯恢坐使酒泉矯制害當死贖國除 封凡三月
太初元年侯稽谷姑薨無後國除	

瓡讘	幾
以小月氏王將衆千騎降侯	以朝鮮王子漢兵圍朝鮮降侯
	二 四年三月癸未侯張陪歸義元年 元封六年侯張陪使朝鮮謀反死國除
一 四年正月乙酉侯扞者元年 二 六年侯勝元年	
四	

涅陽	以朝鮮相路人漢兵至首先降道死其子侯				三 四年三月壬寅康侯子最元年	二 太初二年侯最死無後國除

右太史公本表

當塗 魏不害以圉守尉捕淮陽反者公孫勇等侯

蒲 蘇昌以圉尉史捕淮陽反者公孫勇等侯

潦陽 江德以園廄嗇夫共捕淮陽反者公孫勇等侯

富民 田千秋家在長陵以故高廟寢郎上書諫孝武曰子弄父兵罪當笞父子之怒自古有之蚩尤畔父黃帝涉江上書至意拜爲大鴻臚征和四年爲丞相封三千戶至昭帝時病死子順代立爲虎牙將軍擊匈奴不至質誅死國除

右孝武封國名

後進好事儒者褚先生曰太史公記事盡於孝武之事故復修記孝昭以來功臣侯者編于左方令後好事者得覽觀成敗長短絕世之適得以自戒焉當世之君子行權合變度時施宜希世用事以建功有土封侯立名當世豈不盛哉觀其持滿守成之道皆不謙讓驕蹇爭權喜揚聲譽知進不知退終以殺身滅國以三得之及身失之不能傳功於後世令恩德流子孫豈不悲哉夫龍頟侯曾爲前將軍世俗順善厚重謹信不與政事退讓愛人其先起於晉六卿之世有土君國以來爲王侯子孫相承不絕歷年經世以至於今凡百餘歲豈可與功臣及身失之者同日而語之哉悲夫後世其誡之

錢云秺當作𥡴說文𥡴从广秺聲濟陰郡有𥡴縣

博陸	霍光家在平陽以兄驃騎將軍故貴前事武帝覺捕得侍中謀反者馬何羅等功侯三千戶中輔幼主昭帝爲大將軍謹信用事擅治尊爲大司馬益封邑萬戶後事宣帝歷事三主天下信鄉之益封二萬戶子禹代立謀反族滅國除
秺	金翁叔名日磾以匈奴休屠王太子從渾邪王將衆五萬降漢歸義侍中事武帝覺捕侍中謀反者馬何羅等功侯三千戶中事昭帝謹厚益封三千戶子弘代立爲奉車都尉事宣帝
安陽	上官桀家在隴西以善騎射從軍稍貴事武帝爲左將軍覺捕斬侍中謀反者馬何羅弟重合侯通功侯三千戶中事昭帝與大將軍霍光爭權因以謀反族滅國除
桑樂	上官安以父桀爲將軍故貴侍中事昭帝安女爲昭帝夫人立

國名	侯功
	為皇后故侯三千戶驕蹇與大將軍霍光爭權因以父子謀反族滅國除
富平	張安世家在杜陵以故御史大夫張湯子武帝時給事尚書為尚書令事昭帝謹厚習事為光祿勳右將軍輔政十三年無適過侯三千戶及事宣帝代霍光為大司馬用事益封萬六千戶子延壽代立為太僕侍中
義陽	傅介子家在北地以從軍為郎為平樂監昭帝時刺殺外國王天子下詔書曰平樂監傅介子使外國殺樓蘭王以直報怨不煩師有功其以邑千三百戶封介子為義陽侯子厲代立爭財相告有罪國除
商利	王山齊人也故為丞相史會騎將軍上官安謀反山說安與俱

	入丞相斬安山以軍功爲侯三千戶上書願治民爲代太守爲人所上書言繫獄當死會赦出爲庶人國除
建平	杜延年以故御史大夫杜周子給事大將軍幕府發覺謀反者騎將軍上官安等罪封爲侯邑二千七百戶拜爲太僕元年出爲西河太守五鳳三年入爲御史大夫
弋陽	任宮以故上林尉捕格謀反者左將軍上官桀殺之便門封爲侯二千戶後爲太常及行衞尉事節儉謹信以壽終傳於子孫
宜城	燕倉以故大將軍幕府軍吏發謀反者騎將軍上官安罪有功封侯邑二千戶爲汝南太守有能名
宜春	王訢家在齊本小吏佐史稍遷至右輔都尉武帝數幸扶風郡訢共置辦拜爲右扶風至孝昭時代桑弘羊爲御史大夫元鳳

三年代田千秋爲丞相封二千戶立二年爲人所上書言暴自殺不殊子代立爲屬國都尉

安平

楊敞家在華陰故給事大將軍幕府稍遷至大司農爲御史大夫元鳳六年代王訢爲丞相封二千戶立二年病死子賁代立十三年病死子翁君代立爲典屬國三歲以季父惲故出惡言繫獄當死得免爲庶人國除

右孝昭時所封國名

陽平

蔡義家在溫故師受韓詩爲博士給事大將軍幕府爲杜城門候入侍中授昭帝韓詩爲御史大夫是時年八十衰老常兩人扶持乃能行然公卿大臣議以爲爲人主師當以爲相以元平元年代楊敞爲丞相封二千戶病死絕無後國除

扶陽	韋賢家在魯通詩禮尚書爲博士授魯大儒入侍中爲昭帝師遷爲光祿大夫大鴻臚長信少府以爲人主師本始三年代蔡義爲丞相封扶陽侯千八百戶爲丞相五歲多恩不習吏事免相就第病死子玄成代立爲太常坐祠廟騎奪爵爲關內侯
平陵	范明友家在隴西以家世習外國事使護西羌事昭帝拜爲度遼將軍擊烏桓功侯二千戶取霍光女爲妻地節四年與諸霍子禹等謀反族滅國除
營平	趙充國以隴西騎士從軍得官侍中事武帝數將兵擊匈奴有功爲戶軍都尉侍中事昭帝昭帝崩議立宣帝決疑定策以安宗廟功侯封二千五百戶
陽城	田延年以軍吏事昭帝發覺上官桀謀反事後留遲不得封爲

國名	侯功
	大司農本造廢昌邑王議立宣帝決疑定策以安宗廟功侯二千七百戶逢昭帝崩方上事竝急因以盜都內錢三千萬發覺自殺國除
平丘	王遷家在衞爲尙書郎習刀筆之文侍中事昭帝帝崩立宣帝決疑定策以安宗廟功侯二千戶爲光祿大夫秩中二千石坐受諸侯王金錢財漏洩中事誅死國除
樂成	霍山山者大將軍光兄子也光未死時上書曰臣兄驃騎將軍去病從軍有功病死賜謚景桓侯絕無後臣光願以所封東武陽邑三千五百戶分與山天子許之拜山爲侯後坐謀反族滅國除
冠軍	霍雲以大將軍兄驃騎將軍適孫爲侯地節三年天子下詔書

曰驃騎將軍去病擊匈奴有功封爲冠軍侯薨卒子侯代立病死無後春秋之義善善及子孫以其邑三千戶封雲爲冠軍侯後坐謀反族滅國除

平恩

許廣漢家昌邑坐事下蠶室獨有一女嫁之宣帝未立時素與廣漢出入相通卜相者言當大貴以故廣漢施恩甚厚地節三年封爲侯邑三千戶病死無後國除

昌水

田廣明故郎爲司馬稍遷至南郡都尉淮陽太守鴻臚左馮翊昭帝崩議廢昌邑王立宣帝決疑定策以安宗廟本始三年封爲侯邑二千三百戶爲御史大夫後爲祁連將軍擊匈奴軍不至質當死自殺國除

高平

魏相家在濟陰少學易爲府卒史以賢良舉爲茂陵令遷河南

太守坐賊殺不辜繫獄當死會赦免爲庶人有詔守茂陵令爲揚州刺史入爲諫議大夫復爲河南太守遷爲大司農御史大夫地節三年譖毀韋賢代爲丞相封千五百戶病死長子賓代立坐祠廟失侯

博望

許中翁以平恩侯許廣漢弟封爲侯邑二千戶亦故有私恩爲長樂衞尉死子延年代立

樂平

許翁孫以平恩侯許廣漢少弟故爲侯封二千戶拜爲彊弩將軍擊破西羌還更拜爲大司馬光祿勳亦故有私恩故得封嗜酒好色以早病死子湯代立

將陵

史子回以宣帝大母家封爲侯二千六百戶與平臺侯昆弟行也子回妻宜君故成王孫嫉妬絞殺侍婢四十餘人盜斷婦人

	初產子臂膝以爲媚道爲人所上書言論弃市子回以外家故 不失侯
平臺	史子叔以宣帝大母家封爲侯二千五百戶衛太子時史氏內 一女於太子嫁一女魯王今見魯王亦史氏外孫也外家有親 以故貴數得賞賜
樂陵	史子長以宣帝大母家貴侍中重厚忠信以發覺霍氏謀反事 封三千五百戶
博成	張章父故潁川人爲長安亭長失官之北闕上書寄宿霍氏第 舍臥馬櫪閒夜聞養馬奴相與語言諸霍氏子孫欲謀反狀因 上書告反爲侯封三千戶
都成	金安上先故匈奴以發覺故大將軍霍光子禹等謀反事有功

	侯二千八百戶安上者奉車都尉秺侯從羣子行謹善退讓以自持欲傳功德於子孫
平通	楊惲家在華陰故丞相楊敞少子任爲郎好士自喜知人居衆人中常與人顏色以故高昌侯董忠引與屏語言霍氏謀反狀共發覺告反侯二千戶爲光祿勳到五鳳四年作爲妖言大逆罪腰斬國除
高昌	董忠父故潁川陽翟人以習書詣長安忠有材力能騎射用短兵給事期門與張章相習知章告語忠霍禹謀反狀忠以語常侍騎郎楊惲共發覺告反侯二千戶令爲梟騎都尉侍中坐祠宗廟乘小車奪百戶
爰戚	趙成用發覺楚國事侯二千三百戶地節元年楚王與廣陵王

謀反成發覺反狀天子推恩廣德義下詔書曰無治廣陵王廣陵王不變更後復坐祝詛滅國自殺國除今帝復立子為廣陵王

酇

地節三年天子下詔書曰朕聞漢之與相國蕭何功第一今絕以後朕甚憐之其以邑三千戶封蕭何玄孫建世為酇侯

平昌

王長君家在趙國常山廣望邑人也衛太子時嫁太子家為太子男史皇孫為配生子男絕不聞聲問行且四十餘歲至今元康元年中詔徵立以為侯封五千戶宣帝舅父也

樂昌

王稚君家在趙國常山廣望邑人也以宣帝舅父外家封為侯邑五千戶平昌侯王長君弟也

邛成

王奉光家在房陵以女立為宣帝皇后故封千五百戶言奉光

初生時夜見光其上傳聞者以爲當貴云後果以女故爲侯

安遠

鄭吉家在會稽以卒伍起從軍爲郎使護將弛刑士田渠黎會匈奴單于死國亂相攻日逐王將衆來降漢先使語吉吉將吏卒數百人往迎之衆頗有欲還者因斬殺其渠率遂與俱入漢以軍功侯二千戶

博陽

邴吉家在魯本以治獄爲御史屬給事大將軍幕府常施舊恩宣帝遷爲御史大夫封侯二千戶神爵二年代魏相爲丞相立五歲病死子翁孟代立爲將軍侍中甘露元年坐祠宗廟不乘大車而騎至廟門有罪奪爵爲關內侯

建成

黃霸家在陽夏以役使徙雲陽以廉吏爲河內守丞遷爲廷尉監行丞相長史事坐見知夏侯勝非詔書大不敬罪久繫獄三

歲從勝學尙書會赦以賢良舉爲揚州刺史潁川太守善化男女異路耕者讓畔賜黃金百斤秩中二千石居潁川入爲太子太傅遷御史大夫五鳳三年代邴吉爲丞相封千八百戶

西平

于定國家在東海本以治獄給事爲廷尉史稍遷御史中丞上書諫昌邑王遷爲光祿大夫爲廷尉乃師受春秋變道行化謹厚愛人遷爲御史大夫代黃霸爲丞相

右孝宣時所封

陽平

王稚君家在魏郡故丞相史女爲太子妃太子立爲帝女爲皇后故侯千二百戶初元以來方盛貴用事游宦求官於京師者多得其力未聞其有知略廣宣於國家也

此武帝削弱諸侯王之事盛推漢德意極反側凡史文多此類

建元已來王子侯者年表第九　史記二十一

制詔御史•諸侯王或欲推私恩分子弟邑者•令各條上•朕且臨定其號名•太史公曰•盛哉天子之德•一人有慶•天下賴之•

國名	王子號	元光	元朔	元狩	元鼎	元封	太初
茲	河間獻王子	二 五年正月壬子侯劉明元年	二 元朔三年侯明坐謀反棄市國除				
安成	長沙定王子	六年七月乙巳思侯劉蒼元年 一	六	六	元年今侯自當元年 六	六	四

錢云漢志汝南豫章皆有宜春水經注以豫章之宜春爲劉成國也

宜春	長沙定王子	六年七月乙巳侯劉成元年 一	六	六	四 五年侯成坐酎金國除		
句容	長沙定王子	六年七月乙巳哀侯劉黨元年 一	元朔元年哀侯黨薨無後國除				
句陵	長沙定王子	六年七月乙巳侯劉福元年 一	六	六	四 五年侯福坐酎金國除		

錢云漢志沛郡有廣戚縣

國名	王子號						
杏山	楚安王子	六年後九月壬戌侯劉成元年 一	六	六	四 五年侯成坐酎金國除		
浮丘	楚安王子	六年後九月壬戌侯劉不審元年 一	六	四 五年侯霸元年 二	四 五年侯霸坐酎金國除		
廣戚	魯恭王子		元年十一月丁酉節侯劉擇元年 六	元年侯始元年 六	四 五年侯始坐酎金國除		

錢云漢志臨淮有盱眙縣

丹陽	江都易王子		元年十二月甲辰哀侯敢元年 六	元狩元年侯敢薨無後國除			
盱眙	江都易王子		元年十二月甲辰侯劉象之元年 六	六	四 五年侯象之坐酎金國除		
湖孰	江都易王子		元年正月丁卯頃侯劉胥元年 六	六	四 五年今侯聖元年 二	六	四

秩陽	江都易王子		元年正月丁卯，終侯劉漣元年。六	六	三 四年，終侯漣薨，無後，國除。		
睢陵	江都易王子		元年正月丁卯，侯劉定國元年。六	六	四 五年，侯定國坐酎金，國除。		
龍丘	江都易王子		二年五月乙巳，侯劉代元年。五	六	四 五年，侯代坐酎金，國除。		

錢云漢志菑川國有劇縣

張梁	江都易王子		二年五月乙巳哀侯劉仁元年 五	六	二 三年今侯順元年 四	六	四
劇	菑川懿王子		二年五月乙巳原侯劉錯元年 五	六	一 二年孝侯廣昌元年 五	六	四
壤	菑川懿王子		二年五月乙巳夷侯劉高遂元年 五	六	元年今侯延元年 六	六	四

錢云水經注平望亭在平壽縣故城西北八十里漢武帝封菑川懿王子劉賞爲侯國

平望	菑川懿王子		二年五月乙巳夷侯劉賞元年 五	二 二年今侯楚人元年 四	六	六	四
臨原	菑川懿王子		二年五月乙巳敬侯劉始昌元年 五	六	六	六	四
葛魁	菑川懿王子		二年五月乙巳節侯劉寬元年 五	三 四年今侯戚元年 三	二 元鼎三年侯戚坐殺人棄市國除		

益都	平酌	劇魁
菑川懿王子	菑川懿王子	菑川懿王子
二年五月乙巳侯劉胡元年 五	二年五月乙巳戴侯劉彊元年 五	二年五月乙巳夷侯劉墨元年 五
六	六	六
六	元年今侯中時元年 六	六
六	六	三元年侯昭元年 三四年侯德元年
四	四	四

壽梁	菑川懿王子	二年五月乙巳侯劉守元年 五	六	四 五年侯守坐酎金國除		
平度	菑川懿王子	二年五月乙巳侯劉衍元年 五	六	六	六	四
宜城	菑川懿王子	二年五月乙巳康侯劉偃元年 五	六	六 元年侯福元年	六	太初元年侯福坐殺弟棄市國除

國名							
臨朐	菑川懿王子		二年五月乙巳哀侯劉奴元年 五	六	六	六	四
雷	成陽共王子		二年五月甲戌侯劉稀元年 五	六	五 五年侯稀坐酎金國除		
東莞	城陽共王子		二年五月甲戌侯劉吉元年 三 元朔五年侯吉有痼疾不朝廢國除				

隱云趙世家孝成王以尉文封廉頗是尉文爲趙地漢表云在南郡恐誤

辟	城陽共王子		三 三年五月甲戌節侯劉壯元年 二 五年侯朋元年	六	四 五年侯朋坐酎金國除	
尉文	趙敬肅王子		二年六月甲午節侯劉丙元年 五	元年侯犢元年 六	四 元年侯犢坐酎金國除	
封斯	趙敬肅王子		二年六月甲午共侯劉胡陽元年 五	六	六	六	二 三年今侯如意元年

國名	王子號						
榆丘	趙敬肅王子		二年六月甲午侯劉壽福元年 五	六	四 元鼎五年侯壽福坐酎金國除		
襄嚵	趙敬肅王子		二年六月甲午侯劉建元年 五	六	四 元鼎五年侯建坐酎金國除		
邯會	趙敬肅王子		二年六月甲午侯劉仁元年 五	六	六	六	四

國名	王子號						
朝	趙敬肅王子		二年六月甲午侯劉義元年 五	六	三 三年今侯祿元年 四	六	四
東城	趙敬肅王子		二年六月甲午侯劉遺元年 五	六	元年侯遺有罪國除		
陰城	趙敬肅王子		二年六月甲午侯劉蒼元年 五	六	六	元年侯蒼有罪國除	

廣望	中山靖王子		二年六月甲午侯劉安中元年 五	六	六	六	四
將梁	中山靖王子		二年六月甲午侯劉朝平元年 五	六	四 元鼎五年侯朝平坐酎金國除		
新館	中山靖王子		二年六月甲午侯劉未央元年 五		四 元鼎五年侯未央坐酎金國除		

新處	陘城	蒲領
中山靖王子	中山靖王子	廣川惠王子
二年六月甲午侯劉嘉元年 五	二年六月甲午侯劉貞元年 五	三年十月癸酉侯劉嘉元年 四
六	六	
四 元鼎五年侯嘉坐酎金國除	四 元鼎五年侯貞坐酎金國除	

國名	王子號						
西熊	廣川惠王子		三年十月癸酉侯劉明元年 四				
棗彊	廣川惠王子		三年十月癸酉侯劉晏元年 四				
畢梁	廣川惠王子		三年十月癸酉侯劉嬰元年 四	六	六	三 元封四年侯嬰有罪國除	

錢云漢表作旁光古音房如旁

房光	河間獻王子		三年十月癸酉侯劉般元年 四	六	元鼎元年侯般有罪國除		
距陽	河間獻王子		三年十月癸酉侯劉白元年 四	四 五年侯渡元年 二	四 元鼎五年侯渡有罪國除		
蔞安	河間獻王子		三年十月癸酉侯劉邈元年 四	六	六	元年今侯嬰元年 六	四

錢云漢志涿郡有阿武縣

阿武	參戶	州鄉
河間獻王子	河間獻王子	河間獻王子
三年十月癸酉湣侯劉豫元年 四	三年十月癸酉侯劉勉元年 四	三年十月癸酉節侯劉禁元年 四
六	六	六
六	六	六
六	六	五 六年今侯憙元年 一
二 三年今侯寬元年 二	四	四

成平	河閒獻王子		四 三年十月癸酉侯劉禮元年	二 元狩三年侯禮有罪國除			
廣	河閒獻王子		四 三年十月癸酉侯劉順元年	六	四 元鼎五年侯順坐酎金國除		
蓋胥	河閒獻王子		四 三年十月癸酉侯劉讓元年	六	四 元鼎五年侯讓坐酎金國除		

陪安	榮簡	周堅
濟北貞王子	濟北貞王子	濟北貞王子
四　三年十月癸酉康侯劉不害元年	四　三年十月癸酉侯劉騫元年	四　三年十月癸酉侯劉何元年
六	二　三年侯騫有罪國除	四　二　五年侯當時元年
一　二年哀侯秦客元年 二　元鼎三年侯秦客薨無後國除		四　元鼎五年侯當時坐酎金國除

安陽	濟北貞王子		三年十月癸酉侯劉桀元年 四	六	六	六	四
五據	濟北貞王子		三年十月癸酉侯劉臒丘元年 四	六	四 元鼎五年侯臒丘坐酎金國除		
富	濟北貞王子		三年十月癸酉侯劉襲元年 四	六	六	六	四

陪	濟北貞王子		三年十月癸酉繆侯劉明元年 四	六	二 三年侯邑元年 二 元鼎五年侯邑坐酎金國除		
叢	濟北貞王子		三年十月癸酉侯劉信元年 四	六	四 元鼎五年侯信坐酎金國除		
平	濟北貞王子		三年十月癸酉侯劉遂元年 四	元狩元年侯遂有罪國除	六	六	四

羽	濟北貞王子		三年十月癸酉侯劉成元年 四	六	六	六	四
胡毋	濟北貞王子		三年十月癸酉侯劉楚元年 四	六	四 元鼎五年侯楚坐酎金國除		
離石	代共王子		三年正月壬戌侯劉綰元年 四	六	六	六	四

邵	代共王子		三年正月壬戌侯劉慎元年 四	六	六	六	四
利昌	代共王子		三年正月壬戌侯劉嘉元年 四	六	六	六	四
藺	代共王子		三年正月壬戌侯劉憙元年				

國名	王子號						
臨河	代共王子		三年正月壬戌侯劉賢元年				
隰成	代共王子		三年正月壬戌侯劉忠元年				
土軍	代共王子		三年正月壬戌侯劉郢客元年		侯郢客坐與人妻姧棄市		

錢云漢志西河郡有皋狼縣代與西河接壤

錢云漢志西河郡有千章縣

皋狼	千章	博陽
代共王子	代共王子	齊孝王子
三年正月壬戌侯劉遷元年	三年正月壬戌侯劉遇元年	三年三月乙卯康侯劉就元年 四
		六
		二 三年侯終吉元年 二 元鼎五年侯終吉坐酎金國除

寧陽	魯共王子		三年三月乙卯節侯劉恢元年 四	六	六	六	四
瑕丘	魯共王子		三年三月乙卯節侯劉貞元年 四	六	六	六	四
公丘	魯共王子		三年三月乙卯夷侯劉順元年 四	六	六	六	四

郁狼	魯共王子		三年三月乙卯侯劉騎元年 四	六	四 元鼎五年侯騎坐酎金國除		
西昌	魯共王子		三年三月乙卯侯劉敬元年 四	六	四 元鼎五年侯敬坐酎金國除		
陘城	中山靖王子		三年三月癸酉侯劉義元年 四	六	四 元鼎五年侯義坐酎金國除		

邯平	趙敬肅王子		三年四月庚辰侯劉順元年 四	六	四 元鼎五年侯順坐酎金國除		
武始	趙敬肅王子		二年四月庚辰侯劉昌元年 四	六	六	六	四
象氏	趙敬肅王子		三年四月庚辰節侯劉賀元年 四	六	六	二 元封三年思侯安德元年 四	四

易	長沙定王子		二年四月庚辰安侯劉平元年 四	六	六	四 五年今侯種元年 二	四
洛陵	長沙定王子		四年三月乙丑侯劉章元年 三	一 元狩二年侯章有罪國除			
攸輿	長沙定王子		四年三月乙丑侯劉則元年 三	六	六	六	太初元年侯則篡死罪棄市國除

國名	王子號	元光	元朔	元狩	元鼎	元封	太初
茶陵	長沙定王子		四年三月乙丑侯劉欣元年 三	六	一 二年哀侯陽元年 五	六	太初元年侯陽薨無後國除
建成	長沙定王子		四年三月乙丑侯劉拾元元 三	五 元狩六年拾坐不朝不敬國除			
安衆	長沙定王子		四年三月乙丑康侯劉丹元年 三	六	六	五 六年今侯山拊元年 一	四

錢云水經注武陽溝水東出倉山山上有故城卽古有利城漢武帝封劉釘爲侯國

葉	長沙定王子		四年 三 三月乙丑康侯劉嘉元年		四 元鼎五年侯嘉坐酎金國除		
利鄉	城陽共王子		四年 三 三月乙丑康侯劉嬰元年	元狩三年侯嬰有罪國除			
有利	城陽共王子		四年 三 三月乙丑侯劉釘元年	二 元狩元年侯釘坐遺淮南書稱臣棄市國除			

東平	城陽共王子		四年三月乙丑侯劉慶元年 三	三 元狩三年侯慶坐與姊妹姦有罪國除			
運平	城陽共王子		四年三月乙丑侯劉訢元年 三	六	四 元鼎五年侯訢坐酎金國除		
山州	城陽共王子		四年三月乙丑侯劉齒元年 三	六	四 元鼎五年侯齒坐酎金國除		

錢云漢志東海郡有南城縣

國名	王子號						
海常	城陽共王子		四年三月乙丑侯劉福元年　三	六	四　元鼎五年侯福坐酎金國除		
鈞丘	城陽共王子		四年三月乙丑侯劉憲元年　三	三　四年今侯執德元年　三	六	六	四
南城	城陽共王子		四年三月乙丑侯劉貞元年　三	六	六	六	四

錢云常侯漢表作虒侯晉灼音斯索隱本亦是虒字

廣陵	城陽共王子		四年三月乙丑常侯劉表元年 三	四 五年侯成元年 二	四 元鼎五年侯成坐酎金國除		
莊原	城陽共王子		四年三月乙丑侯劉皐元年 三	六	四 元鼎五年侯皐坐酎金國除		
臨樂	中山靖王子		四年四月甲午敦侯劉光元年 三	六	六	五 六年今侯建元年 一	四

東野	高平	廣川
中山靖王子	中山靖王子	中山靖王子
四年 四月甲午戴侯劉章元年 三	四年 四月甲午侯劉嘉元年 三	四年 四月甲午侯劉頗元年 三
六	六	六
六	四 元鼎五年侯嘉坐酎金國除	四 元鼎五年侯頗坐酎金國除
六		
四		

錢云漢志渤海有千童縣水經注以爲河閒獻王子封國也

錢云劉搖搖古字作摿故漢表譌爲摿

千鍾	河閒獻王子		四年四月甲午侯劉搖元年一云劉陰 三	一 元狩二年侯陰不使人爲秋請有罪國除			
披陽	齊孝王子		四年四月乙卯敬侯劉燕元年 三	六	四 五年今侯隅元年 二	六	四
定	齊孝王子		四年四月乙卯敬侯劉越元年 三	六	三 四年今侯德元年 三	六	四

稻	齊孝王子		四年四月乙卯夷侯劉定元年 三	六	二 三年今侯都陽元年 四	六	四
山	齊孝王子		四年四月乙卯侯劉國元年 三	六	六	六	四
繁安	齊孝王子		四年四月乙卯夷侯劉忠元年 三	六	六	六	三 四年今侯壽元年 三

錢云渤海郡有柳縣水經注以爲齊孝王子陽封國也

柳	雲	牟平
齊孝王子	齊孝王子	齊孝王子
四年四月乙卯康侯劉陽元年 三	四年四月乙卯夷侯劉信元年 三	四年四月乙卯共侯劉渫元年 三
六	六	一 三年今侯奴元年 四
三 五年侯罷師元年 三	五 六年今侯歲發元年 一	六
四 五年侯自爲元年 二	六	六
四	四	四

柴	齊孝王子		四年四月乙卯原侯劉代元侯 三	六	六	六	四
柏陽	趙敬肅王子		五年十一月辛酉侯劉終古元年 二	六	六	六	四
鄗	趙敬肅王子		五年十一月辛酉安侯劉延年元年 二	六	四 元鼎五年侯延年坐酎金國除		

桑丘	中山靖王子		五年十一月辛酉節侯劉洋元年 二	六	二 四年今侯德元年 三		四
高丘	中山靖王子		五年三月癸酉哀侯劉破胡元年 二	六	元鼎元年侯破胡薨無後國除		
柳宿	中山靖王子		五年三月癸酉夷侯劉蓋元年 二	二 三年侯蘇元年 四	四 元鼎元年侯蘇坐酎金國除		

錢云漢志涿郡有樊輿縣

戎丘	中山靖王子		五年三月癸酉侯劉讓元年　二	六	四　元鼎五年侯讓坐酎金國除		
樊輿	中山靖王子		五年三月癸酉節侯劉條元年　二	六	六	六	四
曲成	中山靖王子		五年三月癸酉侯劉萬歲元年　二	六	四　元鼎五年侯萬歲坐酎金國除		

安郭	中山靖王子		五年三月癸酉侯劉博元年　二	六	六	六	四
安險	中山靖王子		五年三月癸酉侯劉應元年　二	六	四　元鼎五年侯應坐酎金國除		
安遙	中山靖王子		五年三月癸酉侯劉恢元年　二	六	四　元鼎五年侯恢坐酎金國除		

錢云漢志零陵郡有夫夷縣水經注以爲長沙定王子義所封

夫夷	長沙定王子		五年三月癸酉敬侯劉義元年 二	六	四 五年今侯禹元年 六	六	四
春陵	長沙定王子		五年六月壬子節侯劉買元年 二	六	六	六	四
都梁	長沙定王子		五年六月壬子敬侯劉遂元年 二	六	一 元年今侯係元年 六	六	四

洮陽	泉陵	終弋
長沙定王子	長沙定王子	衡山王賜子
五年六月壬子靖侯劉狗彘元年 二	五年六月壬子節侯劉賢元年 二	六年四月丁丑侯劉廣置元年 二
五 元狩六年侯狗彘薨無後國除	六	六
	六	四 元鼎五年侯廣置坐酎金國除
	六	
	四	

麥	城陽頃王子			元年四月戊寅侯劉昌元年 六	四 元鼎五年侯昌坐酎金國除		
鉅合	城陽頃王子		四	元年四月戊寅侯劉發元年 六	四 元鼎元年侯發坐酎金國除		
昌	城陽頃王子			元年四月戊寅侯劉差元年 六	四 元鼎五年侯差坐酎金國除		

錢云漢表作虗葭志作雩叚此殷蓋叚之譌

國名	蕢	雩殷	石洛
王子號	城陽頃王子	城陽頃王子	城陽頃王子
	元年四月戊寅侯劉方元年 六	元年四月戊寅康侯劉澤元年 六	元年四月戊寅侯劉敬元年 六
	四 元鼎五年侯方坐酎金國除	六	六
		六	六
		四	四

扶㵆	校	朸
城陽頃王子	城陽頃王子	城陽頃王子
元年四月戊寅侯劉昆吾元年 六	元年四月戊寅侯劉霸元年 六	元年四月戊寅侯劉讓元年 六
六	六	六
六	六	六
四	四	四

父城	城陽頃王子			元年四月戊寅侯劉光元年 六	四 元鼎五年侯光坐酎金國除		
庸	城陽頃王子			元年四月戊寅侯劉譚元年 六	六	六	四
翟	城陽頃王子			元年四月戊寅侯劉壽元年 六	四 元鼎五年侯壽坐酎金國除		

鱣	城陽頃王子			元年四月戊寅侯劉應元年 六	四 元鼎五年侯應坐酎金國除		
彭	城陽頃王子			元年四月戊寅侯劉偃元年 六	四 元鼎五年侯偃坐酎金國除		
瓡	城陽頃王子			元年四月戊寅侯劉息元年 六	六	六	四

慮水	城陽頃王子			元年四月戊寅侯劉禹元年 六	六	六	四
東淮	城陽頃王子			元年四月戊寅侯劉類元年 六	四 元鼎五年侯類坐酎金國除		
栒	城陽頃王子			元年四月戊寅侯劉買元年 六	四 元鼎五年侯買坐酎金國除		

涓	城陽頃王子			元年四月戊寅侯劉不疑元年 六	四 元鼎五年侯不疑坐酎金國除		
陸	菑川靖王子			元年四月戊寅侯劉何元年 六	六	六	四
廣饒	菑川靖王子			元年十月辛卯康侯劉國元年 六	六	六	四

餅	菑川靖王子			元年十月辛卯敬侯劉成元年 六	六	六	四
俞閭	菑川靖王子			元年十月辛卯侯劉不害元年 六	六	六	四
甘井	廣川穆王子			元年十月乙酉侯劉元元年 六	六	六	四

錢云漢表作襄隄

襄陵	皋虞	魏其
廣川穆王子	膠東康王子	膠東康王子
元年十月乙酉侯劉聖元年 六		
六	三 元年五月丙午侯劉建元年 三 四月今侯處元年	元年五月丙午暢侯劉昌元年 六
六	六	六
四	四	四

祝茲

膠東康王子

元年五月丙午侯劉延元年

四　元鼎三年延坐棄印綬出國不敬國除

建元已來王子侯者年表第九

史記二十一

漢興以來將相名臣年表第十

史記二十二

	大事記	相位	將位	御史大夫位
高皇帝元年	春沛公爲漢王之南鄭秋還定雍	一 相蕭何守漢中		御史大夫周苛守滎陽
二	春定塞翟魏河南韓殷國夏伐項籍至彭城立太子還據滎陽	二 守關中	一 太尉長安侯盧綰	
三	魏豹反使韓信別定魏伐趙楚圍我滎陽	三	二	

四	使韓信別定齊及燕太公自楚歸與楚界洪渠	四	三 周苛守滎陽死	御史大夫汾陽侯周昌
五 入都關中	冬破楚垓下殺項籍春王踐皇帝位定陶	五 罷太尉官	四 後九月綰爲燕王	
六	尊太公爲太上皇劉仲爲代王立大市更命咸陽曰長安	六 封爲酇侯張蒼爲計相		
七	長樂宮成自櫟陽徙長安伐匈奴匈奴圍我平城	七		
八	擊韓信反虜於趙城貫高作亂明年覺誅之匈奴攻代王代王棄國亡廢爲郃陽侯	八		

九	未央宮成置酒前殿太上皇輦上坐帝奉玉卮上壽曰始常以臣不如仲力今臣功孰與仲多太上皇笑殿上稱萬歲徙齊田楚昭屈景于關中	九　遷爲相國		御史大夫昌爲趙丞相
十	太上皇崩陳豨反代地	十		御史大夫江邑侯趙堯
十一	誅淮陰彭越黥布反	十一	周勃爲太尉攻代後官省	
十二	冬擊布還過沛夏上崩置長陵	十二		
孝惠元年	趙隱王如意死始作長安城西北方除諸侯丞相爲相	十三		

二	二	四	五
楚元王、齊悼惠王來朝。 七月辛未何薨	初作長安城。蜀湔氐反，擊之。	三月甲子，赦，無所復作。	為高祖立廟於沛城，成，置歌兒一百二十人。 八月乙丑參卒
十四 七月癸巳，齊相平陽侯曹參為相國。	二	三	四

六	七	高后元年	二
七月齊悼惠王薨立太倉西市八月赦齊	上崩大臣用張辟彊計呂氏權重以呂台爲呂王立少帝己卯葬安陵	王孝惠諸子置孝悌力田	十二月呂王台薨子嘉代立爲呂王行八銖錢
一 十月乙巳安國侯王陵爲右丞相十月己巳曲逆侯陳平爲左丞相	二	三 十一月甲子徙平爲右丞相辟陽侯審食其爲左丞相	四 平 二 食其
[illegible]			
廣阿侯任敖爲御史大夫			平陽侯曹窋

年	大事記	相位	將位	御史大夫位
三		五 三		
四	廢少帝更立常山王弘為帝	六 四 置太尉官	一 絳侯周勃為太尉	
五	八月淮陽王薨以其弟壺關侯武為淮陽王令戍卒歲更	七 五	二	
六	以呂產為呂王四月丁酉赦天下晝昏	八 六	三	
七	趙王幽死以呂祿為趙王梁王徙趙自殺	九 七	四	

八	孝文元年	二
七月高后崩九月誅諸呂後九月代王至踐皇帝位	除收孥相坐律立太子賜民爵	除誹謗律皇子武為代王參為太原王勝為梁王 十月丞相平薨
十 七月辛巳為帝太傅九月丙戌復為丞相 八	十一 十一月辛巳平徙為左丞相太尉絳侯周勃為右丞相	一 十一月乙亥絳侯勃復為丞相
五 隆慮侯竈為將軍擊南越	六 勃為相潁陰侯灌嬰為太尉	一
御史大夫蒼		

三	徙代王武為淮陽王。上幸太原。濟北王反，匈奴大入上郡。以地盡與太原，太原更號代。 十一月壬子勃免相之國	十二月乙亥，太尉潁陰侯灌嬰為丞相。 罷太尉官	二 棘蒲侯陳武為大將軍，擊濟北。昌侯盧卿、共侯盧罷師、甯侯遬、深澤侯將夜皆為將軍，屬武。祁侯賀將兵屯滎陽。	
四	十二月乙巳嬰卒	一 正月甲午，御史大夫北平侯張蒼為丞相。	安丘侯張說為將軍，擊胡，出代。	關中侯申屠嘉為御史大夫
五	除錢律，民得鑄錢。	二		
六	廢淮南王，遷嚴道，道死雍。	三		

七	八	九	十	十一	十二
四月丙子初置南陵	太僕汝陰侯滕公卒	溫陵鍾自鳴以芷陽鄉爲霸陵	諸侯王皆至長安	上幸代地動	河決東郡金隄徙淮陽王爲梁王
四	五	六	七	八	九
		御史大夫敬			

十三	十四	十五	十六
除肉刑及田租稅律戍卒令	匈奴大入蕭關發兵擊之及屯長安旁	黃龍見成紀上始郊見雍五帝	上始見渭陽五帝
十	十一	十二	十三
	成侯董赤内史欒布昌侯盧卿隆慮侯竈甯侯遬皆爲將軍東陽侯張相如爲大將軍皆擊匈奴中尉周舍郎中令張武皆爲將軍屯長安旁		

後元元年	二	三	四	五	六
新垣平詐言方士覺誅之	匈奴和親地動 八月戊辰相蒼免	置谷口邑		上幸雍	匈奴三萬人入上郡三萬人入雲中
十四	十五 八月庚午御史大夫申屠嘉爲丞相封故安侯	二	三	四	
					以中大夫令免爲車騎將軍軍飛狐故楚相蘇意爲將軍軍句注將軍張武屯北地河內守周亞夫爲將軍軍細柳宗正劉禮軍
	御史大夫靑				

錢云漢初無司徒

	七	孝景元年	二
	六月己亥孝文皇帝崩其年丁未太子立民出臨三日葬霸陵	立孝文皇帝廟郡國為太宗廟	立皇子德為河間王閼為臨江王餘為淮陽王非為汝南王彭祖為廣川王發為長沙王四月中孝文太后崩 嘉卒
		七 置司徒官	八 開封侯陶青為丞相
軍霸上祝茲侯徐厲軍棘門以備胡數月胡去亦罷	中尉亞夫為車騎將軍郎中令張武為復土將軍屬國悍為將屯將軍詹事戎奴為車騎將軍侍太后		
			御史大夫錯

三	吳楚七國反，發兵擊，皆破之。皇子端為膠西王，勝為中山王。	二 置太尉官	中尉條侯周亞夫為太尉，擊吳楚；曲周侯酈寄為大將軍，擊趙；竇嬰為大將軍，屯滎陽；欒布為大將軍，擊齊。	
四	立太子。	三	二 太尉亞夫	御史大夫蚡
五	置陽陵邑。丞相北平侯張蒼卒。	四	三	
六	徙廣川王彭祖為趙王。	五	四	御史大夫陽陵侯岑邁
七	廢太子榮為臨江王。四月丁巳，膠東王立為太子。青罷相。	六月乙巳，太尉條侯亞夫為丞相。罷太尉官。	五 遷為丞相	御史大夫舍

中元年				
二	皇子越爲廣川王寄爲膠東王	三		
三	皇子乘爲淸河王 亞夫免相	四 御史大夫桃侯劉舍爲丞相		御史大夫綰
四	臨江王徵自殺葬藍田燕數萬爲銜土置冢上	二		
五	皇子舜爲常山王	三		

六	後元元年	二	三
梁孝王武薨分梁為五國王諸子子買為梁王明為濟川王彭離為濟東王定為山陽王不識為濟陰王	五月地動七月乙巳日蝕 相免舍		正月甲子孝景崩二月丙子太子立
四	五 八月壬辰御史大夫建陵侯衛綰為丞相	二	三
		六月丁丑御史大夫岑邁卒	
	御史大夫不疑		

年	大事記	相位	將位	御史大夫位
孝武建元元年	綰免相	四 魏其侯竇嬰為丞相	武安侯田蚡為太尉	御史大夫抵
二	嬰免相	二月乙未太常栢至侯許昌為丞相 太尉蚡免 罷太尉官		御史大夫趙綰
三	東甌王廣武侯望率其衆四萬餘人來降處廬江郡	二		
四		三		御史大夫青翟
五	行三分錢	四		

年	大事記	相位	將位	御史大夫位
六	正月閩越王反孝景太后崩 昌免相	五 六月癸巳武安侯田蚡為丞相	青翟為太子傅	御史大夫安國
元光元年		二		
二	帝初之雍郊見五畤	三	夏御史大夫韓安國為護軍將軍衛尉李廣為驍騎將軍太僕公孫賀為輕車將軍大行王恢為將屯將軍太中大夫李息為材官將軍篡單于馬邑不合誅恢	
三	五月丙子決河於瓠子	四		

年	大事記	相位	將位	御史大夫位
四	十二月丁亥地動 蚡卒	五 平棘侯薛澤爲丞相		御史大夫敺
五	十月族灌夫家棄魏其侯市	二		
六	南邑始置郵亭	三	大中大夫衛青爲車騎將軍出上谷衛尉李廣爲驍騎將軍出鴈門大中大夫公孫敖爲騎將軍出代太僕公孫賀爲輕車將軍出雲中皆擊匈奴	
元朔元年	衛夫人立爲皇后	四	車騎將軍青出鴈門擊匈奴衛尉韓安國爲將屯將軍軍代明年屯漁陽卒	

年	大事記	相位	將位	御史大夫位
二		五	春車騎將軍衛青出雲中至高闕取河南地	
三	匈奴敗代太守友	六		御史大夫弘
四	匈奴入定襄代上郡	七		
五	匈奴敗代都尉朱英 相免澤	八 十一月乙丑御史大夫公孫弘爲丞相封平津侯	春長平侯衛青爲大將軍擊右賢衛尉蘇建爲游擊將軍屬青左內史李沮爲强弩將軍太僕賀爲車騎將軍代相李蔡爲輕車將軍岸頭侯張次公爲將軍大行息爲將軍皆屬大將軍擊匈奴	

六	元狩元年	二
	十月中淮南王安衡山王賜謀反皆自殺國除	匈奴入鴈門代郡江都王建反膠東王子慶立為六安王 卒 弘
二	三	四 御史大夫樂安侯李蔡為丞相
大將軍青再出定襄擊胡合騎侯公孫敖為中將軍太僕賀為左將軍郎中令李廣為後將軍翕侯趙信為前將軍敗降匈奴衛尉蘇建為右將軍敗身脫左內史沮為彊弩將軍皆屬青		冠軍侯霍去病為驃騎將軍擊胡至祁連合騎侯敖為將軍出北地博望侯張騫郎中令李廣為將軍出右北平
	御史大夫蔡	御史大夫湯

三	四	五	六	元鼎元年
匈奴入右北平定襄		蔡坐侵園堧自殺	四月乙巳皇子閎爲齊王旦爲燕王胥爲廣陵王	
二	三	四 太子少傅武彊侯莊青翟爲丞相	二	三
	大將軍青出定襄郎中令李廣爲前將軍太僕公孫賀爲左將軍主爵趙食其爲右將軍平陽侯曹襄爲後將軍擊單于			

二	三	四	五
青翟有罪自殺		立常山憲王子平爲眞定王商爲泗水王六月中河東汾陰得寶鼎	三月中南越相嘉反殺其王及漢使者九月周坐酎金自殺
四 太子太傅高陵侯趙周爲丞相	二	三	四 九月辛巳御史大夫石慶爲丞相封牧丘侯
湯有罪自殺			衛尉路博德爲伏波將軍出桂陽主爵楊僕爲樓船將軍出豫章皆破南越
御史大夫慶			

六	元封元年	二	三	四
十二月東越反				
二	三	四	五	六
故龍頟侯韓說爲橫海將軍出會稽樓船將軍楊僕出豫章中尉王溫舒出會稽皆破東越		秋樓船將軍楊僕左將軍荀彘出遼東擊朝鮮		
御史大夫式	御史大夫寬			

五		七		
六		八		
太初元年	改歷以正月為歲首	九		
二	正月戊申，慶卒	十 二月丁卯，太僕公孫賀為丞相，封葛繹侯		
三		二		御史大夫延廣
		二		
天漢元年		四		御史大夫卿

二		五		
三		六		御史大夫周
四		七	春貳師將軍李廣利出朔方至余吾水上游擊將軍韓說出五原因杅將軍公孫敖皆擊匈奴	
太始元年		八		
二		九		
三		十		御史大夫勝之

四		十一		
征和元年	冬賀坐為蠱死	十二		
二	七月壬午太子發兵殺游擊將軍說使者江充	三月丁巳涿郡太守劉屈氂為丞相封彭城侯		御史大夫成
三	六月劉屈氂因蠱斬	二	春貳師將軍李廣利出朔方以兵降胡重合侯莽通出酒泉御史大夫商丘成出河西擊匈奴	
四		六月丁巳大鴻臚田千秋為丞相封富民侯		

年	大事記	相位	將位	御史大夫位
後元元年		二		
二		三	二月己巳光祿大夫霍光爲大將軍博陸侯都尉金日磾爲車騎將軍秺侯太僕安陽侯上官桀爲大將軍	
孝昭始元元年		四 九月日磾卒		
二		五		
三		六		

四		七	三月癸酉衛尉王莽爲左將軍騎都尉上官安爲車騎將軍	
五		八		
六		九		
元鳳元年		十	九月庚午光祿勳張安世爲右將軍	御史大夫訢
二		十一		
三		十二	十二月庚寅中郎將范明友爲度遼將軍擊烏丸	

年	大事記	相位	將位	御史大夫位
四	三月甲戌千秋卒	三月乙丑御史大夫王訢爲丞相封宜春侯		御史大夫楊敞
五	十二月庚戌訢卒	二		
六		十一月乙丑御史大夫楊敞爲丞相封安平侯	九月庚寅衛尉平陵侯范明友爲度遼將軍擊烏丸	
元平元年	敞卒	九月戊戌御史大夫蔡義爲丞相封陽平侯	四月甲申光祿大夫龍頟侯韓曾爲前將軍五月丁酉水衡都尉趙充國爲後將軍右將軍張安世爲車騎將軍	御史大夫昌水侯田廣明

二	孝宣本始元年	三
		三月戊子皇后崩 六月乙丑義薨
二	三	六月甲辰長信少府韋賢爲丞相封扶陽侯 田廣明田順擊胡還皆自殺充國奪將軍印
七月庚寅御史大夫田廣明爲祁連將軍龍額侯韓曾爲後將軍營平侯趙充國爲蒲類將軍度遼將軍平陵侯范明友爲雲中太守富民侯田順爲虎牙將軍擊匈奴		
		御史大夫魏相

四	地節元年	二	三	四	元康元年
二月乙卯立霍后			立太子 五月甲申賢老賜金百斤		
二	三	四 三月庚午將軍光卒	六月壬辰御史大夫魏相爲丞相封高平侯	二 七月壬寅禹腰斬	三
		二月丁卯侍中中郎將霍禹爲右將軍	七月安世爲大司馬衛將軍禹爲大司馬		
			御史大夫邴吉		

二	三	四	神爵元年	二	三
			上郊甘泉太畤汾陰后土	上郊雍五時祋祤出寶璧玉器	三月相卒
四	五	六 八月丙寅安世卒	七	八	四月戊戌御史大夫邴吉爲丞相封博陽侯
			四月樂成侯許延壽爲强弩將軍後將軍充國擊羌酒泉太守辛武賢爲破羌將軍韓曾爲大司馬車騎將軍		
					御史大夫望之

四	五鳳元年	二	三	四	甘露元年
			正月，吉卒。		
二	三	四 五月己丑，霸卒。	三月壬申，御史大夫黃霸為丞相，封建成侯。	二	三 三月丁未，延壽卒。
		五月，延壽為大司馬車騎將軍。			
		御史大夫霸。	御史大夫延年。		

年				
二	赦殊死賜高年及鰥寡孤獨帛女子牛酒	四		御史大夫定國
三	三月己丑霸薨	七月丁巳御史大夫于定國爲丞相封西平侯		太僕陳萬年爲御史大夫
四		一		
黃龍元年			樂陵侯史子長爲大司馬車騎將軍太子太傅蕭望之爲前將軍	
孝元初元元年		四		
二		五		

三	四	五	永光元年
			十月戊寅定國免
六	七	八	九 七月子長免就第
十二月執金吾馮奉世爲右將軍		二月丁巳平恩侯許嘉爲左將軍	九月衛尉平昌侯王接爲大司馬車騎將軍 二月廣德免
		中少府貢禹爲御史大夫十二月丁未長信少府薛廣德爲御史大夫	七月太子太傅韋玄成爲御史大夫

二	三	四	五
三月壬戌朔日蝕			
二月丁酉御史大夫韋玄成爲丞相封扶陽侯丞相賢子	二	三	四
七月太常任千秋爲奮武將軍擊西羌雲中太守韓次君爲建威將軍擊羌後不行	右將軍平恩侯許嘉爲車騎將軍侍中光祿大夫樂昌侯王商爲右將軍右將軍馮奉世爲左將軍		
二月丁酉右扶風鄭弘爲御史大夫			

建昭元年		五		
二		六	弘免	光祿勳匡衡為御史大夫
三	六月甲辰，玄成卒	七月癸亥，御史大夫匡衡為丞相，封樂安侯		衛尉繁延壽為御史大夫
四		二		
五		三		
竟寧元年		四	六月己未，衛尉楊平侯王鳳為大司馬大將軍 延壽卒	三月丙寅，太子少傅張譚為御史大夫

孝成建元元年	二	三	二	三
		十二月丁丑衛免		
五	六	七 八月癸丑遷光祿勳 詔薦上印綬免賜金二百斤	五	六
		十月右將軍樂昌侯王商爲光祿大夫右將軍 免 執金吾弋陽侯任千秋爲右將軍 遷		
		廷尉尹忠爲御史大夫		

四		三月甲申右將軍樂昌侯王商為右丞相	任千秋為左將軍長樂衛尉史丹為右將軍 十一月己亥尹忠自剄殺	少府張忠為御史大夫
河平元年		二		
二		三		
三		四	十月辛卯史丹為左將軍太僕平安侯王章為右將軍	
四	四月壬寅丞相商免	六月丙午諸吏散騎光祿大夫張禹為丞相		

漢興以來將相名臣年表第十

年				
陽朔元年		二		
二		三	張忠卒	六月太僕王音為御史大夫
三			九月甲子御史大夫王音為車騎將軍	十月乙卯光祿勳于永為御史大夫
四		七月乙丑右將軍光祿勳平安侯王章卒	閏月壬戌永卒	
鴻嘉元年	三月禹卒	四月庚辰薛宣為丞相		

禮樂書序方侍郎皆謂爲史公作今按二篇筆勢略同樂書序用丞相弘語作結似倣平準書爲之其云中尉汲黯據黯本傳則未嘗爲中尉又漢書武紀渥洼出馬作歌在元鼎四年公孫宏以元狩二年薨下至元鼎四年己閱九年汲鄭傳更五銖錢召拜黯爲淮陽太守事當在元狩五年黯居淮陽七歲卒當在元鼎五年渥洼出馬作歌時黯在淮陽不在京師至得大宛馬作西極天馬之歌則在太初四年黯死已十二年弘死已二十二年矣此文敘兩馬歌詞謂汲黯進諫公孫弘請族黯䟫舛如此決非史公作以樂

禮書第一

太史公曰洋洋美德乎宰制萬物役使羣衆豈人力也哉余至大行禮官觀三代損益乃知緣人情而制禮依人性而作儀其所由來尚矣人道經緯萬端規矩無所不貫誘進以仁義束縛以刑罰故德厚者位尊祿重者寵榮所以總一海內而整齊萬民也人體安駕乘爲之金輿錯衡以繁其飾目好五色爲之黼黻文章以表其能耳樂鐘磬爲之調諧八音以蕩其心口甘五味爲之庶羞酸鹹以致其美情好珍善爲之琢磨圭璧以通其意故大路越席皮弁布裳朱絃洞越大羹玄酒所以防其淫侈救其彫弊是以君臣朝廷尊卑貴賤之序下及黎庶車輿衣服宮室飲食嫁娶喪祭之分事有宜適物有節文仲尼曰禘自既灌而往者吾不欲觀之矣周衰禮廢樂壞大小相踰管仲之家兼備三歸循法

書序之僞推之禮序亦僞作也

守正者見侮於世奢溢僭差者謂之顯榮自子夏門人之高弟也猶云出見紛華盛麗而說入聞夫子之道而樂二者心戰未能自決而況中庸以下漸漬於失教被服於成俗乎孔子曰必也正名於衞所居不合仲尼沒後受業之徒沈湮而不舉或適齊楚或入河海豈不痛哉至秦有天下悉內六國禮儀采擇其善雖不合聖制其尊君抑臣朝廷濟濟依古以來至于高祖光有四海叔孫通頗有所增益減損大抵皆襲秦故自天子稱號下至佐僚及宮室官名少所變改孝文即位有司議欲定儀禮孝文好道家之學以爲繁禮飾貌無益於治躬化謂何耳故罷去之孝景時御史大夫鼂錯明於世務刑名數干諫孝景曰諸侯藩輔臣子一例古今之制也今大國專治異政不稟京師恐不可傳後孝景用其計而六國畔逆以錯首名天子誅錯以解難事在袁盎語中是後

荀子禮論

官者養交安祿而已•莫致復議•今上即位•招致儒術之士•令共定儀•十餘年不就•或言古者太平•萬民和喜•瑞應辨至•乃采風俗定制作•上聞之•制詔御史曰•蓋受命而王•各有所由興•殊路而同歸•謂因民而作•追俗爲制也•議者咸稱太古•百姓何望•漢亦一家之事•典法不傳•謂子孫何•化隆者閎博•治淺者褊狹•可不勉與•乃以太初之元•改正朔•易服色封泰山•定宗廟百官之儀•以爲典常•垂之於後云•禮由人起•人生有欲•欲而不得•則不能無忿•忿而無度量則爭•爭則亂•先王惡其亂•故制禮義以分之•養人之欲•給人之求•使欲不窮於物•物不屈於欲•二者相待而長•是禮之所起也•故禮者養也•稻梁五味•所以養口也•椒蘭芬茝•所以養鼻也•鐘鼓管絃•所以養耳也•刻鏤文章•所以養目也•疏房牀第•所以養體也•故禮者養也•君子既得其養•又好其辨也•所謂辨者•貴賤有

等。長少有差。貧富輕重皆有稱也。故天子大路越席。所以養體也。側載臭茝。（王云臭當爲臭古文澤字鄭士喪禮注澤澤蘭也）所以養鼻也。前有錯衡。所以養目也。和鸞之聲。步中武象。騶中韶濩。所以養耳也。龍旂九斿。所以養信也。寢兕持虎。鮫韅彌龍。所以養威也。故大路之馬。必信至教順。然後乘之。所以養安也。孰知夫士出死要節之所以養生也。（士字衍）孰知夫輕費用之所以養財也。孰知夫恭敬辭讓之所以養安也。孰知夫禮義文理之所以養情也。人苟生之爲見。若者必死。苟利之爲見。若者必害。怠惰之爲安。若者必危。情勝之爲安。若者必滅。故聖人一之於禮義。則兩得之矣。一之於情性。則兩失之矣。故儒者將使人兩得之者也。墨者將使人兩失之者也。是儒墨之分。治辨之極也。彊固之本也。威行之道也。功名之總也。王公由之所以一天下臣諸侯也。弗由之所以捐社稷也。故堅革利兵不足以為勝高城深池不足以為固嚴令繁刑不足以為威由其道則行不由其道則廢楚人鮫革犀兕所以為甲堅如金石宛之鉅鐵施鑽如蜂蠆輕利剽遬卒如熛風然而兵殆於垂涉沙唐昧死焉莊蹻起楚分而為四參是豈無堅革利兵哉其所以統之者非其道故也汝潁以為險江漢以為池阻之以鄧林緣之以方城然而秦師至鄢郢舉若振槁是豈無固塞險阻哉其所以統之者非其道故也紂剖比干囚箕子為炮烙刑殺無辜時臣下懍然莫必其命然而周師至而令不行乎下不能用其民是豈令不嚴刑不峻哉其所以統之者非其道故也古者之兵戈矛弓矢而已然而敵國不待試而詘城郭不集溝池不掘固塞不樹機變不張然而國晏然不畏外而固者無他故焉明道而均分之時使而誠愛之則下應之如景響有不由命者然後俟之以刑則民知

辠矣。故刑一人而天下服。辠人不尤其上。知辠之在己也。是故刑罰省而威行如流。無他故焉。由其道故也。故由其道則行。不由其道則廢。古者帝堯之治天下也。蓋殺一人刑二人而天下治。傳曰。威厲而不試。刑措而不用。天地者。生之本也。先祖者。類之本也。君師者。治之本也。無天地惡生。無先祖惡出。無君師惡治。三者偏亡。則無安人。故禮上事天。下事地。尊先祖而隆君師。是禮之三本也。故王者天太祖。諸侯不敢懷。大夫士有常宗。所以辨貴賤。貴賤治。得之本也。郊疇乎天子。社至乎諸侯。函及士大夫。索隱函作含鄒誕生音陷大戴禮作導錢云函及者覃及也說文马覃也讀若含函从马得聲亦與覃同義古文導與禫同士喪禮中月而禫作導則導亦與覃禫同而陷又與禫同音是文異而實不異 所以辨尊者事尊。卑者事卑。宜鉅者鉅。宜小者小。故有天下者事七世。有一國者事五世。有五乘之地者事三世。有三乘之地者事二世。有特牲而食者。不得立宗廟。所以辨積厚者流澤廣積薄者流澤狹也大饗上玄尊俎上腥魚先大羹貴飲食之本也大饗上玄尊而用薄酒食先黍稷而飯稻粱祭嚌先大羹而飽庶羞貴本而親用也貴本之謂文親用之謂理兩者合而成文以歸太一是謂大隆故尊之上玄尊也俎之上腥魚也豆之上大羹一也利爵弗啐也成事俎弗嘗也三宥之弗食也大昏之未廢齊也大廟之未內尸也始絕之未小斂一也大路之素幬也郊之麻絻喪服之先散麻一也三年哭之不反也清廟之歌一倡而三歎縣一鐘尚拊膈朱絃而通越一也凡禮始乎脫成乎文終乎稅故至備情文俱盡其次情文代勝其下復情以歸太一天地以合日月以明四時以序星辰以行江河以流萬物以昌好惡以節喜怒以當以為下則順以為上則明太史公曰至矣哉立隆以為極而天下莫之能益損也本末相順終始相

應。至文有以辨。至察有以說。天下從之者治。不從者亂。從之者安。不從者危。小人不能則也。禮之貌誠深矣。堅白同異之察入焉而弱。其貌誠大矣。擅作典制褊陋之說入焉而喪。其貌誠高矣。暴慢恣睢輕俗以為高之屬入焉而隊。故繩誠陳。則不可欺以曲直。衡誠縣。則不可欺以輕重。規矩誠錯。則不可欺以方員。君子審禮。則不可欺以詐偽。故繩者直之至也。衡者平之至也。規矩者方員之至也。禮者人道之極也。然而不法禮。不足禮。謂之無方之民。法禮足禮。謂之有方之士。禮之中能思索。謂之能慮。能慮勿易。謂之能固。能慮能固。加好之焉。聖矣。天者高之極也。地者下之極也。日月者明之極也。無窮者廣大之極也。聖人者道之極也。以財物為用。以貴賤為文。以多少為異。以隆殺為要。文貌繁情欲省。禮之隆也。文貌省。情欲繁。禮之殺也。文貌情欲相為內外表裏竝行而雜禮之中流也君子上致其隆下盡其殺而中處其中步驟馳騁(厲)廣騖不外(矣)是以君子之性守宮庭(是君子之壥宇宮庭)也人域是域士君子也外是民也於是中焉房皇周浹曲直(直字衍)得其次序聖人也故厚者禮之積也大者禮之廣也高者禮之隆也明者禮之盡也

禮書第一

樂書第二

太史公曰。余每讀虞書。至於君臣相敕。維是幾安。而股肱不良。萬事墮壞。未嘗不流涕也。成王作頌。推己懲艾。悲彼家難。可不謂戰戰恐懼。善守善終哉。君子不爲約則修德。滿則棄禮。佚能思初。安能惟始。沐浴膏澤。而歌詠勤苦。非大德誰能如斯。傳曰。治定功成。禮樂乃興。海內人道益深。其德益至。所樂者益異。滿而不損則溢。盈而不持則傾。凡作樂者所以節樂。君子以謙退爲禮。以損減爲樂。樂其如此也。以爲州異國殊。情習不同。故博采風俗。協比聲律。以補短移化。助流政教。天子躬於明堂臨觀。而萬民咸蕩滌邪穢。斟酌飽滿。以飾厥性。故云雅頌之音理而民正。嘄噭之聲興而士奮。鄭衛之曲動而心淫。及其調和諧合。鳥獸盡感。而況懷五常。含好惡。自然之勢也。治道虧缺。而鄭音興起。封君世辟。

名顯隣州•爭以相高•自仲尼不能與齊優遂容於魯•雖退正樂以誘世•作五章以刺時•猶莫之化也•依王本補也字陵遲以至六國•流沔沈佚•遂往不返•卒於喪身滅宗•幷國於秦•秦二世尤以爲娛•丞相李斯進諫曰•放棄詩書•極意聲色•祖伊所以懼也•輕積細過•恣心長夜•紂所以亾也•趙高曰•五帝三王樂各殊名•示不相襲•上自朝廷•下至人民•得以接歡喜合殷勤•非此和說不通•解澤不流•亦各一世之化•度時之樂•何必華山之騄耳而後行遠乎•二世然之•高祖過沛•詩三侯之章•錢云侯兮聲相近令小兒歌之•高祖崩•令沛得以四時歌儛宗廟•孝惠孝文孝景無所增更•於樂府習常肄舊而已•至今上卽位•作十九章•令侍中李延年次序其聲•拜爲協律都尉•通一經之士不能獨知其辭•皆集會五經家•相與共講習讀之•乃能通知其意•多爾雅之文•漢家常以正月上辛祠太一甘泉•以

據黯傳未嘗爲中尉漢書武紀渥洼出馬作歌在元鼎四年公孫弘以元鼎二年薨至元鼎四年已閱九年矣汲黯傳更五銖錢召拜黯爲淮陽太守事當在元狩五年黯居淮陽七歲卒當在元鼎五年渥洼出馬作歌時黯在淮陽不在京師至得太宛馬作西極天馬之歌則在太初四年黯死已十二年弘死已二十二年矣此書所敘疏舛如此決非史公作

樂記

昏時夜祠到明而終常有流星經於祠壇上使僮男女七十人俱歌春歌青陽夏歌朱明秋歌西暤冬歌玄冥世多有故不論又嘗得神馬渥洼水中復次以爲太一之歌歌曲曰太一貢兮天馬下霑赤汗兮沫流赭騁容與兮跇萬里今安匹兮龍爲友後伐大宛得千里馬馬名蒲梢次作以爲歌歌詩曰天馬來兮從西極經萬里兮歸有德承靈威兮降外國涉流沙兮四夷服中尉汲黯進曰凡王者作樂上以承祖宗下以化兆民今陛下得馬詩以爲歌協於宗廟先帝百姓豈能知其音邪上默然不說丞相公孫弘曰黯誹謗聖制當族凡音之起由人心生也人心之動物使之然也感於物而動故形於聲聲相應故生變變成方謂之音比音而樂之及干戚羽旄謂之樂也樂者音之所由生也其本在人心感於物也是故其哀心感者其聲噍（索隱本作焦）以殺其樂心感者其

聲嘽以緩其喜心感者其聲發以散其怒心感者其聲麤以厲其敬心
感者其聲直以廉其愛心感者其聲和以柔六者非性也感於物而後
動是故先王愼所以感之故禮以導其志樂以和其聲政以壹其行刑
以防其姦禮樂刑政其極一也所以同民心而出治道也凡音者生人
心者也情動於中故形於聲聲成文謂之音是故治世之音安以樂其
正和亂世之音怨以怒其正乖亾國之音哀以思其民困聲音之道與
正通矣宮爲君商爲臣角爲民徵爲事羽爲物五者不亂則無怗懘之
音矣宮亂則荒其君驕商亂則搥其臣壞角亂則憂其民怨徵亂則哀
其事勤羽亂則危其財匱五者皆亂迭相陵謂之慢如此則國之滅亾
無日矣鄭衛之音亂世之音也比於慢矣桑間濮上之音亾國之音也
其政散其民流誣上行私而不可止凡音者生於人心者也樂者通於

倫理者也。是故知聲而不知音者。禽獸是也。知音而不知樂者。衆庶是也。唯君子爲能知樂。是故審聲以知音。審音以知樂。審樂以知政。而治道備矣。是故不知聲者不可與言音。不知音者不可與言樂。知樂則幾於禮矣。禮樂皆得。謂之有德。德者得也。是故樂之隆。非極音也。食饗之禮。非極味也。清廟之瑟。朱絃而疏越。一倡而三歎。有遺音者矣。大饗之禮。尚玄酒而俎腥魚。大羹不和。有遺味者矣。是故先王之制禮樂也。非以極口腹耳目之欲也。將以教民平好惡而反人道之正也。人生而靜。天之性也。感於物而動。性之頌也。物至知知。然後好惡形焉。好惡無節於內。知誘於外。不能反己。天理滅矣。夫物之感人無窮。而人之好惡無節。則是物至而人化物也。人化物也者。滅天理而窮人欲者也。於是有悖逆詐僞之心。有淫佚作亂之事。是故彊者脅弱。衆者暴寡。知者詐愚。

勇者苦怯。疾病不養。老幼孤寡不得其所。此大亂之道也。是故先王制禮樂。人爲之節。衰麻哭泣。所以節喪紀也。鐘鼓干戚。所以和安樂也。婚姻冠笄。所以別男女也。射鄉食饗。所以正交接也。禮節民心。樂和民聲。政以行之。刑以防之。禮樂刑政。四達而不悖。則王道備矣。樂者爲同。禮者爲異。同則相親。異則相敬。樂勝則流。禮勝則離。合情飾貌者。禮樂之事也。禮義立。則貴賤等矣。樂文同。則上下和矣。好惡著。則賢不肖別矣。刑禁暴。爵舉賢。則政均矣。仁以愛之。義以正之。如此則民治行矣。樂由中出。禮自外作。樂由中出故靜。禮自外作故文。大樂必易。大禮必簡。樂至則無怨。禮至則不爭。揖讓而治天下者。禮樂之謂也。暴民不作。諸侯賓服。兵革不試。五刑不用。百姓無患。天子不怒。如此則樂達矣。合父子之親。明長幼之序。以敬四海之內。天子如此。則禮行矣。大樂與天地同

和。大禮與天地同節。和故百物不失。節故祀天祭地。明則有禮樂。幽則
有鬼神。如此則四海之內合敬同愛矣。禮者殊事合敬者也。樂者異文
合愛者也。禮樂之情同。故明王以相沿也。故事與時並。名與功偕。故鐘
鼓管磬羽籥干戚。樂之器也。詘信俯仰級兆舒疾。樂之文也。簠簋俎豆
制度文章。禮之器也。升降上下周旋裼襲。禮之文也。故知禮樂之情者
能作。識禮樂之文者能術。作者之謂聖。術者之謂明。明聖者。術作之謂
也。樂者。天地之和也。禮者。天地之序也。和故百物皆化。序故羣物皆別。
樂由天作。禮以地制。過制則亂。過作則暴。明於天地。然後能興禮樂也。
論倫無患。樂之情也。欣喜驩愛。樂之容也。中正無邪。禮之質也。莊敬恭
順。禮之制也。若夫禮樂之施於金石。越於聲音。用於宗廟社稷。事於山
川鬼神。則此所以與民同也。王者功成作樂。治定制禮。其功大者其樂

備其治辨者其禮具干戚之舞非備樂也亨孰而祀非達禮也五帝殊
時不相沿樂三王異世不相襲禮樂極則憂禮粗則偏矣及夫敦樂而
無憂禮備而不偏者其惟大聖乎天高地下萬物散殊而禮制行也流
而不息合同而化而樂興也春作夏長仁也秋歛冬藏義也仁近於樂
義近於禮樂者敦和率神而從天禮者辨宜居鬼而從地故聖人作樂
以應天作禮以配地禮樂明備天地官矣天尊地卑君臣定矣高卑已
陳貴賤位矣動靜有常小大殊矣方以類序物以羣分則性命不同矣
在天成象在地成形如此則禮者天地之別也地氣上隮天氣下降陰
陽相摩天地相蕩鼓之以靁霆奮之以風雨動之以四時煖之以日月
而百物化興焉如此則樂者天地之和也化不時則不生男女無別則
亂登此天地之情也及夫禮樂之極乎天而蟠乎地行乎陰陽而通乎

鬼神窮高極遠而測深厚樂著太始而禮居成物著不息者天也著不動者地也一動一靜者天地之間也故聖人曰禮云樂云昔者舜作五絃之琴以歌南風夔始作樂以賞諸侯故天子之爲樂也以賞諸侯之有德者也德盛而教尊五穀時孰然後賞之以樂故其治民勞者其舞行級遠其治民佚者其舞行級短故觀其舞而知其德聞其謚而知其行大章章之也咸池備也韶繼也夏大也殷周之樂盡也天地之道寒暑不時則疾風雨不節則饑教者民之寒暑也教不時則傷世事者民之風雨也事不節則無功然則先王之爲樂也以法治也善則行象德矣夫豢豕爲酒非以爲禍也而訟獄益煩則酒之流生禍也是故先王因爲酒禮一獻之禮賓主百拜終日飲酒而不得醉焉此先王之所以備酒禍也故酒食者所以合歡也樂者所以象德也禮者所以閉淫也

是故先王有大事。必有禮以哀之。有大福。必有禮以樂之。哀樂之分。皆以禮終。樂也者施也。禮也者報也。樂樂其所自生。而禮反其所自始。樂章德。禮報情反始也。所謂大路者。天子之輿也。龍旂九旒。天子之旌也。靑黑緣者。天子之葆龜也。從之以牛羊之羣。則所以贈諸侯也。樂也者。情之不可變者也。禮也者。理之不可易者也。樂統同。禮別異。禮樂之說。貫乎人情矣。窮本知變。樂之情也。著誠去僞。禮之經也。禮樂順天地之誠。達神明之德。降興上下之神。而凝是精粗之體。領父子君臣之節。是故大人舉禮樂。則天地將爲昭焉。天地欣合。陰陽相得。煦嫗覆育萬物。然後草木茂。區萌達。羽翮奮。角觡生。蟄蟲昭蘇。羽者嫗伏。毛者孕鬻。胎生者不殰。而卵生者不殈。則樂之道歸焉耳。樂者非謂黃鐘大呂弦歌干揚也。樂之末節也。故童者舞之。布筵席陳樽俎列籩豆以升降爲禮

者禮之末節也故有司掌之樂師辯乎聲詩故北面而弦宗祝辯乎宗
廟之禮故後尸商祝辯乎喪禮故後主人是故德成而上藝成而下行
成而先事成而後是故先王有上有下有先有後然後可以有制於天
下也樂者聖人之所樂也而可以善民心其感人深其風移俗易故先
王著其教焉夫人有血氣心知之性而無哀樂喜怒之常應感起物而
動然後心術形焉是故志微焦衰之音作（錢云古文衰與殺通易神武不殺庾仲翔本作衰）而
民思憂啴緩慢易繁文簡節之音作而民康樂粗厲猛起奮末廣賁之
音作而民剛毅廉直經正莊誠之音作而民肅敬寬裕肉好順成和動
之音作而民慈愛流辟邪散狄成滌濫之音作而民淫亂是故先王本
之情性稽之度數制之禮義合生氣之和道五常之行使之陽而不散
陰而不密剛氣不怒柔氣不懾四暢交於中而發作於外皆安其位而

不相奪也然後立之學等廣其節奏省其文采以繩德厚也類小大之稱比終始之序以象事行使親疏貴賤長幼男女之理皆形見於樂故曰樂觀其深矣土敝則草木不長水煩則魚鼈不大氣衰則生物不育世亂則禮廢而樂淫是故其聲哀而不莊樂而不安慢易以犯節流湎以忘本廣則容姦狹則思欲感滌蕩之氣而滅平和之德是以君子賤之也凡姦聲感人而逆氣應之逆氣成象而淫樂興焉正聲感人而順氣應之順氣成象而和樂興焉倡和有應回邪曲直各歸其分而萬物之理以類相動也是故君子反情以和其志比類以成其行姦聲亂色不留聰明淫樂廢禮不接於心術惰慢邪辟之氣不設於身體使耳目鼻口心知百體皆由順正以行其義然後發以聲音文以琴瑟動以干戚飾以羽旄從以簫管奮至德之光動四氣之和以著萬物之理是故

淸明象天•廣大象地•終始象四時•周旋象風雨•五色成文而不亂•八風
從律而不姦•百度得數而有常小大相成•終始相生•倡和淸濁•代相爲
經•故樂行而倫淸•耳目聰明•血氣和平•移風易俗•天下皆寧•故曰樂者
樂也•君子樂得其道•小人樂得其欲•以道制欲則樂而不亂•以欲忘道•
則惑而不樂•是故君子反情以和其志•廣樂以成其教•樂行而民鄉方•
可以觀德矣•德者性之端也•樂者德之華也•金石絲竹樂之器也•詩言
其志也•歌詠其聲也•舞動其容也•三者本乎心•然後樂氣從之•是故情
深而文明•氣盛而化神•和順積中而英華發外•唯樂不可以爲僞•樂者
心之動也•聲者樂之象也•文采節奏聲之飾也•君子動其本•樂其象•然
後治其飾•是故先鼓以警戒•三步以見方•再始以著往•復亂以飾歸•奮
疾而不拔也•極幽而不隱•獨樂其志•不厭其道•備舉其道•不私其欲•是

以情見而義立●樂終而德尊●君子以好善●小人以息過●故曰生民之道●
樂爲大焉●君子曰禮樂不可以斯須去身●致樂以治心則易直子諒之
心油然生矣●易直子諒之心生則樂●樂則安●安則久●久則天●天則神●天
則不言而信●神則不怒而威●致樂以治心者也●致禮以治躬者也●治躬
則莊敬●莊敬則嚴威●心中斯須不和不樂●而鄙詐之心入之矣●外貌斯
須不莊不敬●而慢易之心入之矣●故樂也者●動於內者也●禮也者●動於
外者也●樂極和●禮極順●內和而外順●則民瞻其顏色而弗與爭也●望其
容貌●而民不生易慢焉●德煇動乎內●而民莫不承聽●理發乎外●而民莫
不承順●故曰致知禮樂之道●舉而錯之天下無難矣●樂也者●動於內者也●
禮也者●動於外者也●故禮主其謙●樂主其盈●禮謙而進●以進爲文●樂盈
而反●以反爲文●禮謙而不進●則銷●樂盈而不反●則放●故禮有報而樂有

荀子樂論

反禮得其報則樂樂得其反則安禮之報樂之反其義一也夫樂者樂也人情之所不能免也樂必發諸聲音形於動靜人道也聲音動靜性術之變盡於此矣故人不能無樂樂不能無形形而不爲道不能無亂先王惡其亂故制雅頌之聲以道之使其聲足以樂而不流使其文足以綸而不息使其曲直繁省廉肉節奏足以感動人之善心而已矣不使放心邪氣得接焉是先王立樂之方也是故樂在宗廟之中君臣上下同聽之則莫不和敬在族長鄉里之中長幼同聽之則莫不和順在閨門之內父子兄弟同聽之則莫不和親故樂者審一以定和比物以飾節節奏合以成文所以和合父子君臣附親萬民也是先王立樂之方也故聽其雅頌之聲志意得廣焉執其干戚習其俯仰詘信容貌得莊焉行其綴兆要其節奏行列得正焉進退得齊焉故樂者天地之齊

中和之紀人情之所不能免也夫樂者先王之所以飾喜也軍旅鈇鉞者先王之所以飾怒也故先王之喜怒皆得其齊矣喜則天下和之怒則暴亂者畏之先王之道禮樂可謂盛矣魏文侯問於子夏曰吾端冕而聽古樂則惟恐臥聽鄭衛之音則不知倦敢問古樂之如彼何也新樂之如此何也子夏答曰今夫古樂進旅退旅和正以廣弦匏笙簧合守拊鼓始奏以文止亂以武治亂以相訊疾以雅君子於是語於是道古修身及家平均天下此古樂之發也今夫新樂進俯退俯姦聲以淫溺而不止及優侏儒獶雜子女不知父子樂終不可以語不可以道古此新樂之發也今君之所問者樂也所好者音也夫樂之與音相近而不同文侯曰敢問如何子夏答曰夫古者天地順而四時當民有德而五穀昌疾疢不作而無祅祥此之謂大當然後聖人作爲父子君臣

以爲之紀綱紀綱既正天下大定天下大定然後正六律和五聲弦歌
詩頌此之謂德音德音之謂樂詩曰莫其德音其德克明克明克類克
長克君王此大邦克順克俾俾於文王其德靡悔既受帝祉施於孫子
此之謂也今君之所好者其溺音與文侯曰敢問溺音者何從出也子
夏答曰鄭音好濫淫志宋音燕女溺志衞音趣數煩志齊音驁辟驕志
四者皆淫於色而害於德是以祭祀不用也詩曰肅雍和鳴先祖是聽
夫肅肅敬也雍雍和也夫敬以和何事不行爲人君者謹其所好惡而
已矣君好之則臣爲之上行之則民從之詩曰誘民孔易此之謂也然
後聖人作爲鞉鼓椌楬壎篪此六者德音之音也然後鐘磬竽瑟以和
之干戚旄狄以舞之此所以祭先王之廟也所以獻醻酳酢也所以官
序貴賤各得其宜也此所以示後世有尊卑長幼序也鐘聲鏗鏗以立

號。號以立橫。橫以立武。君子聽鐘聲則思武臣。石聲硜。錢云樂記硜作磬別作辨說文硜即磬之古文釋名磬罄也聲堅罄罄然論語鄙哉硜硜乎硜硜猶磬磬謂磬聲也辨別聲義者同古人往往通用硜以立別。別以致死。君子聽磬聲則思死封疆之臣。絲聲哀。哀以立廉。廉以立志。君子聽琴瑟之聲。則思志義之臣。竹聲濫。濫以立會。會以聚衆。君子聽竽笙簫管之聲。則思畜聚之臣。鼓鼙之聲讙。讙以立動。動以進衆。君子聽鼓鼙之聲。則思將帥之臣。君子之聽音。非聽其鏗鏘而已也。彼亦有所合之也。賓牟賈侍坐於孔子。孔子與之言及樂。曰。夫武之備戒之已久。何也。答曰。病不得其衆也。永歎之。淫液之。何也。答曰。恐不逮事也。發揚蹈厲之已蚤。何也。答曰。及時事也。武坐致右憲左。何也。答曰。非武坐也。聲淫及商。何也。答曰。非武音也。子曰。若非武音。則何音也。答曰。有司失其傳也。如非有司失其傳。則武王之志荒矣。子曰。唯丘之聞諸萇弘。亦若吾子之言是也賓牟賈起免席而請曰夫武之備戒之已久則既聞命矣敢問遲之遲而又久何也子曰居吾語汝夫樂者象成者也總干而山立武王之事也發揚蹈厲太公之志也武亂皆作周召之治也且夫武始而北出再成而滅商三成而南四成而南國是疆五成而分陝周公左召公右六成復綴以崇天子夾振之而四伐盛振威於中國也分夾而進事蚤濟也久立於綴以待諸侯之至也且夫女獨未聞牧野之語乎武王克殷反商未及下車而封黃帝之後於薊封帝堯之後於祝封帝舜之後於陳下車而封夏后氏之後於杞封殷之後於宋封王子比干之墓釋箕子之囚使之行商容而復其位庶民弛政庶士倍祿濟河而西馬散華山之陽而弗復乘牛散桃林之野而不復服車甲弢而藏之府庫而弗復用倒載干戈苞之以虎皮將率之士使爲諸侯名

之曰建櫜。然後天下知武王之不復用兵也。散軍而郊射。左射貍首。右射騶虞。而貫革之射息也。裨冕搢笏。而虎賁之士稅劍也。祀乎明堂而民知孝。朝覲然後諸侯知所以臣。耕藉然後諸侯知所以敬。五者天下之大教也。食三老五更於太學。天子袒而割牲。執醬而饋。執爵而酳。冕而總干。所以教諸侯之悌也。若此則周道四達。禮樂交通。則夫武之遲久不亦宜乎。子貢見師乙而問焉曰。賜聞聲歌各有宜也。如賜者宜何歌也。師乙曰。乙賤工也。何足以問所宜。請誦其所聞。而吾子自執焉。寬而靜柔而正者宜歌頌。廣大而靜疏達而信者宜歌大雅。恭儉而好禮者宜歌小雅。正直清廉而謙者宜歌風。肆直而慈愛者宜歌商。溫良而能斷者宜歌齊。夫歌者直己而陳德。動己而天地應焉。四時和焉。星辰理焉。萬物育焉。故商者五帝之遺聲也。商人志之。故謂之商。齊者三代

之遺聲也。齊人志之。故謂之齊。明乎商之詩者。臨事而屢斷。明乎齊之
詩者。見利而讓也。臨事而屢斷。勇也。見利而讓。義也。有勇有義。非歌孰
能保此。故歌者上如抗。下如隊。曲如折。止如槀木。居中矩。句中鉤。累累
乎殷如貫珠。故歌之爲言也。長言之也。說之。故言之。言之不足。故長言
之。長言之不足。故嗟歎之。嗟歎之不足。故不知手之舞之足之蹈之。子
貢問樂。凡音由於人心。天之與人有以相通。如景之象形。響之應聲。故
爲善者天與之以福。爲惡者天與之以殃。其自然者也。故舜彈五弦之
琴。歌南風之詩。而天下治。紂爲朝歌北鄙之音。身死國亾。舜之道何弘
也。紂之道何隘也。夫南風之詩者生長之音也。舜樂好之。樂與天地同
意。得萬國之歡心。故天下治也。夫朝歌者不時也。北者敗也。鄙者陋也。
紂樂好之。與萬國殊心。諸侯不附。百姓不親。天下畔之。故身死國亾。而

衛靈公之時將之晉至於濮水之上舍夜半時聞鼓琴聲問左右皆對
曰不聞乃召師涓曰吾聞鼓琴音問左右皆不聞其狀似鬼神爲我聽
而寫之師涓曰諾因端坐援琴聽而寫之明日曰臣得之矣然未習也
請宿習之靈公曰可因復宿明日報曰習矣即去之晉見晉平公平公
置酒於施惠之臺酒酣靈公曰今者來聞新聲請奏之平公曰可即令
師涓坐師曠旁援琴鼓之未終師曠撫而止之曰此亾國之聲也不可
遂平公曰何道出師曠曰師延所作也與紂爲靡靡之樂武王伐紂師
延東走自投濮水之中故聞此聲必於濮水之上先聞此聲者國削平
公曰寡人所好者音也願遂聞之師涓鼓而終之平公曰音無此最悲
乎師曠曰有平公曰可得聞乎師曠曰君德義薄不可以聽之平公曰
寡人所好者音也願聞之師曠不得已援琴而鼓之一奏之有玄鶴二

八集乎廊門再奏之延頸而鳴舒翼而舞平公大喜起而爲師曠壽反
坐問曰音無此最悲乎師曠曰有昔者黃帝以大合鬼神今君德義薄
不足以聽之聽之將敗平公曰寡人老矣所好者音也願遂聞之師曠
不得已援琴而鼓之一奏之有白雲從西北起再奏之大風至而雨隨
之飛廊瓦左右皆奔走平公恐懼伏於廊屋之間晉國大旱赤地三年
聽者或吉或凶夫樂不可妄興也太史公曰夫上古明王舉樂者非以
娛心自樂快意恣欲將爲治也正教者皆始於音音正而行正故音樂
者所以動盪血脈通流精神而和正心也故宮動脾而和正聖商動肺
而和正義角動肝而和正仁徵動心而和正禮羽動腎而和正智故樂
所以內輔正心而外異貴賤也上以事宗廟下以變化黎庶也琴長八
尺一寸正度也弦大者爲宮而居中央君也商張右傍其餘大小相次

不失其次序則君臣之位正矣。故聞宮音使人溫舒而廣大。聞商音使人方正而好義。聞角音使人惻隱而愛人。聞徵音使人樂善而好施。聞羽音。使人整齊而好禮。夫禮由外入。樂自內出。故君子不可須臾離禮。須臾離禮。則暴慢之行窮外。不可須臾離樂。須臾離樂。則姦邪之行窮內。故樂音者。君子之所養義也。夫古者天子諸侯聽鐘磬未嘗離於庭。卿大夫聽琴瑟之音未嘗離於前。所以養行義而防淫佚也。夫淫佚生於無禮。故聖王使人耳聞雅頌之音。目視威儀之禮。足行恭敬之容。口言仁義之道。故君子終日言而邪辟無由入也。

王伯厚以爲史文方侍郎苞亦同之某謂漢書言十篇有錄無書律書其一篇也張晏謂之兵書既云有錄無書則亦幷無序文此序當亦後人依傚爲之者

律書第三

王者制事立法物度軌則壹稟於六律六律爲萬事根本焉其於兵械尤所重故云望敵知吉凶聞聲效勝負（錢云效見也）百王不易之道也武王伐紂吹律聽聲推孟春以至于季冬殺氣相并而音尙宮同聲相從物之自然何足怪哉兵者聖人所以討彊暴平亂世夷險阻救危殆自含血戴角之獸見犯則校而況於人懷好惡喜怒之氣喜則愛心生怒則毒螫加情性之理也昔黃帝有涿鹿之戰以定火災顓頊有共工之陳以平水害成湯南巢之伐以殄夏亂遞興遞廢勝者用事所受於天也自是之後名士迭興晉用咎犯（錢云古文舅爲咎見士昏禮）而齊用王子吳用孫武申明軍約賞罰必信卒伯諸侯兼列邦土雖不及三代之誥誓然身寵君尊當世顯揚可不謂榮焉豈與世儒闇於大較不權輕重猥云德化

不當用兵•大至君辱失守•小乃侵犯削弱•遂執不移等哉•故教笞不可廢於家•刑罰不可捐於國•誅伐不可偃於天下•用之有巧拙•行之有逆順耳•夏桀殷紂手搏豺狼•足追四馬•勇非微也•百戰克勝•諸侯懾服•權非輕也•秦二世宿軍無用之地•連兵於邊陲•力非弱也•結怨匈奴•絓禍於越•勢非寡也•及其威盡勢極•閭巷之人爲敵國•咎生窮武之不知足•甘得之心不息也•高祖有天下•三邊外畔•大國之王雖稱蕃輔•臣節未盡•會高祖厭苦軍事•亦有蕭張之謀•故偃武一休息•羈縻不備•歷至孝文卽位•將軍陳武等議曰•南越朝鮮自全秦時內屬爲臣子•後且擁兵阻阸•選蠕觀望•高祖時天下新定•人民小安•未可復興兵•今陛下仁惠撫百姓•恩澤加海內•宜及士民樂用•征討逆黨•以一封疆•孝文曰朕能任衣冠•念不到此•會呂氏之亂•功臣宗室共不羞恥•誤居正位•常戰戰

慄慄•恐事之不終•且兵凶器•雖克所願•動亦耗病•謂百姓遠方何•又先帝知勞民不可煩•故不以爲意•朕豈自謂能•今匈奴內侵•軍吏無功•邊民父子荷兵日久•朕常爲動心傷痛•無日忘之•今未能銷距•願且堅邊設候•結和通使•休寧北陲•爲功多矣•且無議軍•故百姓無內外之繇•得息肩於田畝•天下殷富•粟至十餘錢•鳴雞吠狗•煙火萬里•可謂和樂者乎•太史公曰•文帝時•會天下新去湯火•人民樂業•因其欲然•能不擾亂•故百姓遂安•自年六七十翁•亦未嘗至市井•游敖嬉戲如小兒狀•孔子所稱有德君子者邪•

書曰七正二十八舍•律曆天所以通五行八政之氣•天所以成孰萬物也•舍者•日月所舍•舍者舒氣也•不周風居西北•主殺生•東壁居不周風東•主辟生氣而東之•至於營室•營室者•主營胎陽氣而產之•東至於危•

危垝也。言陽氣之危垝。（王云垝上無危字）故曰危。十月也。律中應鍾。應鍾者。陽氣之應。不用事也。其於十二子爲亥。亥者該也。言陽氣藏於下。故該也。廣莫風居北方。廣莫者言陽氣在下。陰莫陽廣大也。故曰廣莫。東至於虛。虛者能實能虛。言陽氣冬則宛藏於虛。日冬至則一陰下藏。一陽上舒。故曰虛。東至於須女。言萬物變動其所。陰陽氣未相離。尚相如胥也。故曰須女。十一月也。律中黃鍾。黃鍾者。陽氣踵黃泉而出也。其於十二子爲子。子者滋也。滋者言萬物滋於下也。其於十母爲壬癸。壬之爲言任也。言陽氣任養萬物於下也。癸之爲言揆也。言萬物可揆度。故曰癸。東至牽牛。牽牛者言陽氣牽引萬物出之也。牛者冒也。（錢云牛牙音之收聲冒脣音之收聲不類而轉相訓者同位故也徵諸經典如多訓祇鈞訓等蔽訓斷遡訓鄉振訓救曹訓羣濕訓大鼏訓𡠀貫訓中榮訓大衿訓單皆以諧聲取義牛之訓冒亦此例也）言地雖凍能冒而生也。牛者。耕植種萬物也。東至於建星。建星者。建諸生也。十二月也。律中大呂。大呂者。其於十二子爲丑。丑者紐也。言陽氣在上未降。萬物厄紐未敢出。正義徐廣云此中闕不說大呂及丑也或一本云丑者紐也云云某案此正義當是集解爲後人所亂今毛刻集解佚此文遂徑據一本刻之條風居東北。主出萬物。條之言。條治萬物而出之。故曰條。風南至於箕。箕者。言萬物根棋。錢云棋讀如荄易箕子之明夷趙賓以爲箕子者萬物方荄滋也其義蓋本于史公徐廣棋一作橫橫蓋核之誤核亦有該音故曰箕。正月也。律中大蔟。太蔟者。言萬物蔟生也。故曰太蔟。其於十二子爲寅。寅言萬物始生螾然也。故曰寅。南至於尾。言萬物始生如尾也。南至於心。言萬物始生有華心也。南至於房。房者。言萬物門戶也。至於門則出矣。明庶風居東方。明庶者。明衆物盡出也。二月也。律中夾鍾。夾鍾者。言陰陽相夾厠也。其於十二子爲卯。卯之爲言茂也。言萬物茂也。其於十母爲甲乙。甲者。言萬物剖符甲而出也。乙者。言萬物生軋軋也。南至於氐。氐者

言萬物皆至也•南至於亢•亢者言萬物亢見也•南至於角•角者言萬物
皆有枝格如角也•三月也•律中姑洗•姑洗者言萬物洗生•其於十二子
爲辰•辰者言萬物之蜄也•淸明風居東南維•主風吹萬物而西之軫•王云
軫上當有至子二字•軫者言萬物益大而軫軫然•西至於翼•翼者言萬物皆有羽
翼也•四月也•律中中呂•中呂者言萬物盡旅而西行也•其於十二子爲
巳•巳者言陽氣之巳盡也•西至於七星•七星者陽數成於七•故曰七星•
西至於張•張者言萬物皆張也•西至於注•注者言萬物之始衰陽氣下
注•故曰注•五月也•律中蕤賓•蕤賓者言陰氣幼少•故曰蕤•痿陽不用事•
故曰賓•景風居南方•景者言陽氣道竟•故曰景風•其於十二子爲午•午
者陰陽交•故曰午•其於十母爲丙丁•丙者言陽道著明•故曰丙•丁者萬
物之丁壯也•故曰丁•西至於弧•弧者言萬物之吳落且就死也•西至於

狼。狼者言萬物可度量斷萬物。故曰狼。涼風居西南維。主地。地者沈奪萬物氣也。六月也。律中林鍾。林鍾者言萬物就死氣林林然。其於十二子爲未。未者言萬物皆成有滋味也。北至於罰。錢云罰與伐同罰者言萬物氣奪可伐也。北至於參。參言萬物可參也。故曰參。七月也。律中夷則。夷則言陰氣之賊萬物也。其於十二子爲申。申者言陰用事申賊萬物。故曰申。北至於濁。濁者觸也。言萬物皆觸死也。故曰濁。北至於留。留者言陽氣之稽留也。索隱留卽卯也毛詩亦以留爲卯錢云卯卽昴字詩傳昴留也昴留既爲一物留從丣則昴亦當从丣而讀爲柳矣丣古文酉仲秋建酉之月此文以留屬八月益徵昴當从丣今本說文从丣蓋傳寫之誤然徐仙民讀昴如茅則此音之譌久矣故曰留。八月也。律中南呂。南呂者言陽氣之旅入藏也。其於十二子爲酉。酉者萬物之老也。故曰酉。閶闔風居西方。閶者倡也。闔者藏也。言陽氣道萬物闔黃泉也。其於十母爲庚辛。庚者言陰氣庚萬物。故曰庚。辛者言萬物之辛生•故曰辛•北至於胃•胃者言陽氣就藏•皆胃胃也•北至於婁•婁者呼萬物且內之也•北至於奎•奎者主毒螫殺萬物也•奎而藏之•九月也•律中無射•無射者•陰氣盛用事•陽氣無餘也•故曰無射•其於十二子爲戌•戌者言萬物盡滅•（錢云說文戌滅也）故曰戌•

律數

九九八十一以爲宮•三分去一•五十四以爲徵•三分益一•七十二以爲商•三分去一•四十八以爲羽•三分益一•六十四以爲角•

黃鍾長八寸七分一•宮•大呂長七寸五分三分一•太蔟長七寸七分二角•（錢云依晉志改之林鍾爲角南呂爲徵姑洗爲羽則太蔟必爲商也角當爲商）夾鍾長六寸一分三分一•姑洗長六寸七分四•羽•仲呂長五寸九分三分二•徵•蕤賓長五寸六分三分一•林鍾長五寸七分四•角•夷則長五寸四分三分二•商•南呂長四寸

七分八徵。無射長四寸四分三分二。應鍾長四寸二分三分二羽。

生鍾分

子一分。丑三分二。寅九分八。卯二十七分十六。辰八十一分六十四。巳二百四十三分一百二十八。午七百二十九分五百一十二。未二千一百八十七分一千二十四。申六千五百六十一分四千九十六。酉一萬九千六百八十三分八千一百九十二。戌五萬九千四十九分三萬二千七百六十八。亥十七萬七千一百四十七分六萬五千五百三十六。

生黃鍾術曰。以下生者倍其實。三其法。以上生者四其實。三其法。上九商八羽七角六宮五徵九。置一而九三之以為法。（錢云以為法下當云十一三之以為實）實如法得長一寸。凡得九寸。命曰黃鍾之宮。故曰音始於宮。窮於角。數始於一。終於十。成於三。氣始于冬至。周而復生。神生於無形。成於有形。

然後數形而成聲。故曰神使氣。氣就形。形理如類。有可類。或未形而未類。或同形而同類。類而可班。類而可識。聖人知天地識之別。故從有以至未有。以得細若氣微若聲。然聖人因神而存之。雖妙必效情。核其華道者明矣。非有聖心以乘聰明。孰能存天地之神。而成形之情哉。神者。物受之而不能知。及其去來。故聖人畏而欲存之。惟欲存之。神之亦存。其欲存之者。故莫貴焉。

太史公曰。故旋璣玉衡以齊七政。卽天地二十八宿十母十二子。鍾律調自上古。建律運曆造日度。可據而度也。合符節。通道德。卽從斯之謂也。

律書第三

厤書第四

昔自在古。厤建正作於孟春。於時冰泮發蟄。百草奮興。秭鳺先滜。物乃歲具。生於東。次順四時。卒於冬分。時雞三號。卒明。撫十二節。卒於丑。日月成。故明也。明者孟也。幽者幼也。（錢云明孟古聲相近古讀明如芒而孟亦與芒通戰國策有芒卯它書作孟卯又與黽通後漢書趙岐作黽子章句即孟子也毛公詁詩以正爲長冥爲幼而鄭箋以正爲晝冥爲夜然則晝爲長夜爲幼與大戴太史公之義正同）幽明者。雌雄也。雌雄代興。而順至正之統也。日歸於西。起明於東。月歸於東。起明於西。正不率天。（亦）又不由人。則凡事易壞而難成矣。王者易姓受命。必愼始初。改正朔。易服色。推本天元。順承厥意。太史公曰。神農以前尚矣。蓋黃帝考定星厤。建立五行。起消息。正閏餘。於是有天地神祇物類之官。是謂五官。各司其序。不相亂也。民是以能有信。神是以能有明德。民神異業。敬而不瀆。故神降之嘉生。民以物享。災禍不生。

所求不匱。少皞氏之衰也。九黎亂德。民神雜擾。不可放物。禍菑薦至。莫盡其氣。顓頊受之。乃命南正重司天以屬神。命火正黎司地以屬民。使復舊常。無相侵瀆。其後三苗服九黎之德。故二官咸廢所職。而閏餘乖次。孟陬殄滅。攝提無紀。厤數失序。堯復遂重黎之後不忘舊者。使復典之。而立羲和之官。明時正度。則陰陽調。風雨節。茂氣至。民無夭疫。年耆禪舜。申戒文祖云。天之厤數在爾躬。舜亦以命禹。由是觀之。王者所重也。夏正以正月。殷正以十二月。周正以十一月。蓋三王之正若循環。窮則反本。天下有道。則不失紀序。無道。則正朔不行於諸侯。幽厲之後。周室微。陪臣執政。史不記時。君不告朔。故疇人子弟分散。或在諸夏。或在夷狄。是以其禨祥廢而不統。周襄王二十六年閏三月。而春秋非之。先王之正時也。履端於始。舉正於中。歸邪於終。(錢云邪餘聲相近)履端於始。序則不愆•舉正於中•民則不惑•歸邪於終•事則不悖•其後戰國竝爭•在於彊國禽敵•救急解紛而已•豈遑念斯哉•是時獨有鄒衍•明於五德之傳•而散消息之分•以顯諸侯•而亦因秦滅六國•兵戎極煩•又升至尊之日淺•未暇遑也•而亦頗推五勝•而自以爲獲水德之瑞•更名河曰德水•而正以十月•色上黑•然厤度閏餘•未能睹其眞也•漢興•高祖曰•北畤待我而起•亦自以爲獲水德之瑞•雖明習厤及張蒼等•咸以爲然•是時天下初定•方綱紀大基•高后女主•皆未遑•故襲秦正朔服色•至孝文時•魯人公孫臣以終始五德上書•言漢得土德•宜更元•改正朔•易服色•當有瑞•瑞黃龍見•事下丞相張蒼•張蒼亦學律厤•以爲非是•罷之•其後黃龍見成紀•張蒼自黜•所欲論著不成•而新垣平以望氣見•頗言正厤服色事•貴幸•後作亂•故孝文帝廢不復問•至今上卽位•招致方士唐都•分其天部•

而巳落下閎運算轉厤然後日辰之度與夏正同乃改元更官號封泰
山因詔御史曰乃者有司言星度之未定也廣延宣問以理星度未能
詹也某案方侍郎釋此以詹尹爲說非其義也此文以詹爲得漢書作讎是其明證蓋聞昔者黃帝合而不死
名察度驗某案合而不死蓋謂黃帝得仙道長壽耳方侍郎謂爲方士誕詐是也其云合謂至日適與朔旦者合非是此合不謂定歷封禪書齊人丁公曰封禪者合不死之名也即此合而不死之謂名察謂從其名而察之度驗謂考其度而驗之四字相對爲文漢書作名察發驗發蓋度字之誤王懷祖據漢書校史非是定清濁起五部建氣物分數然蓋尚矣書缺
樂弛朕甚閔焉朕唯未能循明也紬績日分率應水德之勝今日順夏
至某案方侍郎云夏至當作夏正愚謂漢書武帝紀太初元年五月正厤則此詔所謂日順夏至不誤索隱解兼冬至亦非下文始言冬至也黃鍾爲宮林鍾爲徵太蔟爲商南呂爲羽姑洗爲角自是以後氣復
正羽聲復清名復正變以至子日當冬至則陰陽離合之道行焉十一
月甲子朔旦冬至已詹其更以七年爲太初元年年名焉逢攝提格月

名畢聚 錢云爾雅月在甲曰畢正月爲陬陬與聚古文通用此冬至之月十一月爲辜當云畢辜而云畢聚者天正之月亦可云陬也 此篇歲陽名焉逢爲甲端蒙爲乙游兆爲丙强梧爲丁徒維爲戊祝犂爲已商橫爲庚昭陽爲辛橫艾爲壬尙章爲癸皆與爾雅異焉爲閼端爲旃游爲柔梧爲圉音本相近戊己以下則音義全別且多違反蓋漢儒傳授各異徐廣注單閼一作亶安游兆一作游祧亦音相近也 日

得甲子夜半朔旦冬至

厤術甲子篇

太初元年歲名焉逢攝提格月名畢聚日得甲子夜半朔旦冬至正北

十二

無大餘無小餘

無大餘無小餘

焉逢攝提格太初元年

十二

大餘五十四小餘三百四十八大餘五小餘八

端蒙單閼二年

閏十三

大餘四十八小餘六百九十六

大餘十小餘十六

游兆執徐三年

十二

大餘十二小餘六百三

大餘十五小餘二十四

彊梧大荒落四年

十二

大餘七小餘十一
大餘二十一無小餘
徒維敦牂天漢元年
閏十三
大餘一小餘三百五十九
大餘二十六小餘八
祝犁協洽二年
十二
大餘二十五小餘二百六十六
大餘三十一小餘十六
商橫涒灘三年

十二
大餘十九小餘六百一十四
大餘三十六小餘二十四
昭陽作鄂四年
閏十三
大餘十四小餘二十二
大餘四十二無小餘
橫艾淹茂太始元年
十二
大餘三十七小餘八百六十九
大餘四十七小餘八

尙章大淵獻二年

閏十三

大餘三十二小餘二百七十七

大餘五十二小餘一十六

焉逢困敦三年

十二

大餘五十六小餘一百八十四

大餘五十七小餘二十四

端蒙赤奮若四年

十二

大餘五十小餘五百三十二

大餘三無小餘
游兆攝提格征和元年
閏十三
大餘四十四小餘八百八十
大餘八小餘八
彊梧單閼二年
十二
大餘八小餘七百八十七
大餘十三小餘十六
徒維執徐三年
十二

大餘三小餘一百九十五

大餘十八小餘二十四

祝犁大荒落四年

閏十三

大餘五十七小餘五百四十三

大餘二十四無小餘

商横敦牂後元元年

十二

大餘二十一小餘四百五十

大餘二十九小餘八

昭陽協洽二年

閏十三
大餘十五小餘七百九十八
大餘三十四小餘十六
横艾涒灘始元元年正西
十二
大餘三十九小餘七百五
大餘三十九小餘二十四
尚章作噩二年
十二
大餘三十四小餘一百一十三
大餘四十五無小餘

焉逢淹茂三年

閏十三

大餘二十八小餘四百六十

大餘五十小餘八

端蒙大淵獻四年

十二

大餘五十二小餘三百六十八

大餘五十五小餘十六

游兆困敦五年

十二

大餘四十六小餘七百一十六

無大餘小餘二十四

彊梧赤奮若六年

閏十三

大餘四十一小餘一百二十四

大餘六無小餘

徒維攝提格元鳳元年

十二

大餘五小餘三十一

大餘十一小餘八

祝犁單閼二年

十二

大餘五十九小餘三百七十九

大餘十六小餘十六

商橫執徐三年

閏十三

大餘五十三小餘七百二十七

大餘二十一小餘二十四

昭陽大荒落四年

十二

大餘十七小餘六百三十四

大餘二十七無小餘

橫艾敦牂五年

閏十三
大餘十二小餘四十二
大餘三十二小餘八
尚章協洽六年
十二
大餘三十五小餘八百八十九
大餘三十七小餘十六
焉逢涒灘元平元年
十二
大餘三十小餘二百九十七
大餘四十二小餘二十四

端蒙作噩本始元年

閏十三

大餘二十四小餘六百四十五

大餘四十八無小餘

游兆閹茂二年

十二

大餘四十八小餘五百五十二

大餘五十三小餘八

彊梧大淵獻三年

十二

大餘四十二小餘九百

大餘五十八小餘十六
徒維困敦四年
閏十三
大餘三十七小餘三百八
大餘三小餘二十四
祝犂赤奮若地節元年
十二
大餘一小餘二百一十五
大餘九無小餘
商橫攝提格二年
閏十三

大餘五十五小餘五百六十三

大餘十四小餘八

昭陽單閼三年

正南

十二

大餘十九小餘四百七十

大餘十九小餘十六

橫艾執徐四年

十二

大餘十三小餘八百一十八

大餘二十四小餘二十四

尙章大荒落元康元年
閏十三
大餘八小餘二百二十六
大餘三十無小餘
焉逢敦牂二年
十二
大餘三十二小餘一百三十三
大餘三十五小餘八
端蒙協洽三年
十二
大餘二十六小餘四百八十一

大餘四十小餘十六
游兆涒灘四年
閏十三
大餘二十六小餘八百二十九
大餘四十五小餘二十四
彊梧作噩神雀元年
十二
大餘四十四小餘七百三十六
大餘五十一無小餘
徒維淹茂二年
十二

大餘三十九小餘一百四十四

大餘五十六小餘八

祝犂大淵獻三年

閏十三

大餘三十三小餘四百九十二

大餘一小餘十六

商横困敦四年

十二

大餘五十七小餘三百九十九

大餘六小餘二十四

昭陽赤奮若五鳳元年

閼十三

大餘五十一小餘七百四十七

大餘十二無小餘

橫艾攝提格二年

十二

大餘十五小餘六百五十四

大餘十七小餘八

尚章單閼三年

十二

大餘十六小餘六十二

大餘二十二小餘十六

焉逢執徐四年
閏十三
大餘四小餘四百一十
大餘二十七小餘二十
端蒙大荒落甘露元年
十二
大餘二十八小餘三百一十七
大餘三十三無小餘
游兆敦牂二年
十二
大餘二十二小餘六百六十五

大餘三十八小餘八

彊梧協洽三年

閏十三

大餘十七小餘七十三

大餘四十三小餘十六

徒維涒灘四年

十二

大餘四十小餘九百二十

大餘四十八小餘二十四

祝犂作噩黃龍元年

閏十二

大餘三十五小餘三百二十八

大餘五十四無小餘

商橫淹茂初元元年

正東

十二

大餘五十九小餘二百三十五

大餘五十九小餘八

昭陽大淵獻二年

十二

大餘五十三小餘五百八十三

大餘四小餘十六

橫艾困敦三年

閏十三

大餘四十七小餘九百三十一

大餘九小餘二十四

尚章赤奮若四年

十二

大餘十一小餘八百三十八

大餘十五無小餘

焉逢攝提格五年

十二

大餘六小餘二百四十六

大餘二十小餘八
端蒙單閼永光元年
閏十三
無大餘小餘五百九十四
大餘二十五小餘十六
游兆執徐二年
十二
大餘二十四小餘五百一
大餘三十小餘二十四
彊梧大荒落三年
十二

大餘十八小餘八百四十九

大餘三十六無小餘

徒維敦牂四年

大餘十三小餘二百五十七

大餘四十一小餘八

閏十三

祝犂協洽五年

十二

大餘三十七小餘一百六十四

大餘四十六小餘十六

商橫涒灘建昭元年

閏十三

大餘三十一小餘五百一十二

大餘五十一小餘二十四

昭陽作噩二年

十二

大餘五十五小餘四百一十九

大餘五十七無小餘

横艾閹茂三年

十二

大餘四十九小餘七百六十七

大餘二小餘八

尙章大淵獻四年

閏十三

大餘四十四小餘一百七十五

大餘七小餘十六

焉逢困敦五年

十二

大餘八小餘八十二

大餘十二小餘二十四

端蒙赤奮若竟寧元年

十二

大餘二小餘四百三十

大餘十八無小餘

游兆攝提格建始元年

閏十三

大餘五十六小餘七百七十八

大餘二十二小餘八

彊梧單閼二年

十二

大餘二十小餘六百八十五

大餘二十八小餘十六

徒維執徐三年

閏十三

大餘十五小餘九十三

大餘三十三小餘二十四

祝犂大荒落四年

右厤書。大餘者日也。小餘者月也。端旃蒙者年名也。支。丑名赤奮若。寅名攝提格。干。丙名游兆。正北冬至加子時。正西加酉時。正南加午時。正東加卯時。

曆書第四

中宮東宮南宮西宮北宮
錢辛楣定爲官字是也

天官書第五

中宮錢云此中宮及東南西北宮字皆當作官下天之五官坐位也可證索隱於中宮下引春秋元命苞官之爲言宣也下文紫宮乃引元命苞宮之言中也又可證小司馬本中宮作中官矣星座有尊卑若人之官曹列位故曰天官天極星其一明者太一常居也旁三星三公或曰子屬後句四星末大星正妃餘三星後宮之屬也環之匡衛十二星藩臣皆曰紫宮前列直斗口三星隋北端兌若見若不曰陰德或曰天一紫宮左三星曰天槍右五星曰天棓後六漢書六作十七星絕漢抵營室曰閣道北斗七星所謂旋璣玉衡以齊七政杓攜龍角衡殷南斗魁枕參首用昏建者杓杓自華以西南夜半建者衡衡殷中州河濟之間平旦建者魁魁海岱以東北也斗爲帝車運於中央臨制四鄉分陰陽建四時均五行移節度定諸紀皆繫於斗斗魁戴匡六星曰文昌宮一曰上將二曰次將三曰貴相四曰司命五曰司中

六曰司祿。（當依漢志作五曰司祿六曰司穴索隱可證）在斗魁中。（索隱漢志無斗字）貴人之牢。魁下六星。兩兩相比（相當依漢書作而下危東六星兩兩相比句同）者名曰三能。（者字名字衍）三能色齊。君臣和。不齊為乖戾。輔星明近。輔臣親彊。斥小。疏弱。杓端有兩星。一內為矛。招搖。一外為盾。天鋒。有句圜十五星。屬杓。曰賤人之牢。其牢中星實。則囚多。虛則開出。天一。槍棓矛盾動搖。角大。兵起。東宮蒼龍。房心。心為明堂。大星天王。前後星子屬。不欲直。直則天王失計。房為府。曰天駟。其陰右驂。旁有兩星曰衿。衿（依漢書補）北一星曰舝。東北曲十二星曰旗。旗中四星曰天市。中六星曰市樓。市中星眾者實。其虛則耗。房南眾星曰騎官。左角李。右角將。大角者。天王帝廷。其兩旁各有三星。鼎足句之。曰攝提。攝提者。直斗杓所指。以建時節。故曰攝提。亢為疏廟。主疾。其南北兩大星。曰南門。氐為天根。主疫。尾為九子。曰君臣。斥絕不和。箕為敖客曰口舌火犯守角則有戰房心王者惡之也南宮朱鳥權衡衡太微三光之廷匡衛十二星藩臣西將東相南四星執法中端門門左右掖門門內六星諸侯其內五星五帝坐後聚一十五星蔚然曰郎位旁一大星將位也月五星順入軌道司其出（錢云司古伺字）所守天子所誅也其逆入若不軌道以所犯命之中坐成形皆羣下從謀也金火尤甚廷藩西有隋星五曰少微士夫人權軒轅軒轅黃龍體前大星女主象旁小星御者後宮屬月五星守犯者如衡占東井爲水事其西曲星曰鉞鉞北北河南南河兩河天闕間爲關梁輿鬼鬼祠事中白者爲質火守南北河兵起穀不登故德成衡觀成潢傷成鉞禍成井誅成質柳爲鳥注主木草七星頸爲員官（据索隱官當爲宮）主急事張素爲廚主觴客翼爲羽翮主遠客軫爲車主風其旁有一小星曰長沙星星不欲明明與四星等若

五星入軫中兵大起軫南衆星曰天庫庫（依漢書上減樓字）有五車車星角若
益衆及不具無處車馬西宮咸池曰天五潢五潢五帝車舍火入旱金
兵水水中有三柱柱不具兵起奎曰封豕爲溝瀆婁爲聚衆胃爲天倉
其南衆星曰廥積昴曰髦頭胡星也爲白衣會畢曰罕車爲邊兵主弋
獵其大星旁小星爲附耳附耳搖動有讒亂臣在側昴畢間爲天街其
陰陰國陽陽國參爲白虎三星直者是爲衡石下有三星兌曰罰爲斬
艾事其外四星左右肩股也小三星隅置曰觜觿爲虎首主葆旅事其
南有四星曰天廁廁下一星曰天矢矢黃則吉青白黑凶其西有句曲
九星三處羅一曰天旗二曰天苑三曰九游其東有大星曰狼狼角變
色多盜賊下有四星曰弧直狼狼比地有大星曰南極老人老人見治
安不見兵起常以秋分時候之於南郊附耳入畢中兵起（案漢書無此七字當從）

之或是脫簡當在前有讒亂臣在側句下也北宮玄武虛危危爲蓋屋虛爲哭泣之事其南有衆星曰羽林天軍軍西爲壘或曰鉞旁有一大星爲北落北落若微亾軍星動角益希及五星犯北落入軍軍起火金水尤甚火軍憂水水依漢書補水字患木土軍吉危東六星兩兩相比曰司空司空漢書作司寇營室爲淸廟曰離宮閣道漢中四星曰天駟旁一星曰王良王良策馬車騎滿野旁有八星絕漢曰天潢天潢旁江星江星動人涉水杵臼四星在危南匏瓜有青黑星守之魚鹽貴南斗爲廟其北建星建星者旗也牽牛爲犧牲其北河鼓河鼓大星上將左右左右將婺女其北織女織女天女孫也察日月之行以揆歲星順逆曰東方木主春日甲乙義失者罰出歲星歲星贏縮以其舍命國所在國不可伐可以罰人其趨當依漢志趨作超舍而前曰贏退舍曰縮贏其國有兵不復縮其國有憂將亾國傾敗其

所在。五星皆從而聚於一舍。其下之國。可以義致天下。以攝提格歲。歲陰左行在寅。歲星右轉居丑。正月與斗牽牛晨出東方。名曰監德。色蒼蒼有光。其失次有應見柳。歲早水晚旱。歲星出東行十二度。百日而止。反逆行。逆行八度百日。復東行。歲行三十度十六分度之七。率日行十二分度之一。十二歲而周天。出常東方以晨。入於西方用昏。單閼歲。歲陰在卯。星居子。以二月與婺女虛危晨出。曰降入。大有光。其失次有應。見張。名曰降入。其歲大水。執徐歲。歲陰在辰。星居亥。以三月居與營室東壁晨出曰青章。（何氏衍居字非是居舉也言與室壁俱晨出也）青青甚章。其失次有應見軫。曰青章。歲早旱晚水。大荒駱歲。歲陰在巳。星居戌。以四月與奎婁胃昴晨出曰跰踵。（錢云闓駒二字衍漢志淮南書俱無）熊熊赤色有光。其失次有應見亢。敦牂歲。歲陰在午。星居酉。以五月與胃昴畢晨出曰開明。炎炎有光。偃兵。惟

利公王不利治兵其失次有應見房（中統本房作旁古房旁通借也）歲早旱晚水叶治
歲歲陰在未星居申以六月與觜觿參晨出曰長列（漢志作長烈）昭昭有光
利行兵其失次有應見箕涒灘歲歲陰在申星居未以七月與東井輿
鬼晨出曰大音（漢志作天音）昭昭白其失次有應見牽牛作鄂歲歲陰在酉
星居午以八月與柳七星張晨出曰爲長王（漢志長王作長壬非是此文有韵下文芒昌與王韵
也）作作有芒國其昌熟穀其失次有應見危曰大章有旱而昌有女喪
民疾閹茂歲歲陰在戌星居巳以九月與翼軫晨出曰天睢白色大明
其失次有應見東壁歲水女喪大淵獻歲歲陰在亥星居辰以十月與
角亢晨出曰大章（漢志大章作天皐裴氏集解同案大章與上文複此當是大皐）蒼蒼然星若躍而陰
出旦是謂正平起師旅其率必武其國有德將有四海其失次有應見
婁困敦歲歲陰在子星居卯以十一月與氐房心晨出曰天泉（案天泉當依漢

（志作天宗此下明品兵皆與宗韵也）玄色甚明江池其昌不利起兵其失次有應在昴赤奮若歲歲陰在丑星居寅以十二月與尾箕晨出曰天晧黫然黑色甚明其失次有應見參當居不居居之又左右搖未當去去之與他星會其國凶所居久國有德厚其角動乍小乍大若色數變人主有憂其失次舍以下進而東北三月生天棓長四尺（北宋本作四丈晉志同）末兌進而東南三月生彗星長二丈類彗退而西北三月生天欃長四丈末兌退而西南三月生天槍長數丈兩頭兌謹視其所見之國不可舉事用兵其出如浮如沈其國有土功如沈如浮其野亡色赤而有角其所居國昌迎角而戰者不勝星色赤黃而沈所居野大穰色青白而赤灰所居野有憂歲星入月其野有逐相與太白鬬其野有破軍歲星一曰攝提曰重華曰應星曰紀星營室爲淸廟歲星廟也察剛氣以處熒惑曰南方火

主夏日丙丁禮失罰出熒惑熒惑失行是也出則有兵入則兵散以其
舍命國熒惑熒惑（方侍郎云上熒惑字衍史詮說同）爲勃（錢云勃即悖字）亂殘賊疾喪饑兵反
道二舍以上居之三月有殃五月受兵七月半亾地九月太半亾地因
與俱出入國絕祀居之殃還至雖大當小久而至當小反大其南爲丈
夫北爲女子喪若角動繞環之及乍前乍後左右殃益大與他星鬭光
相逮爲害不相逮不害五星皆從而聚于一舍其下國可以禮致天下
法出東行十六舍而止逆行二舍六旬復東行自所止數十舍十月而
入西方伏行五月出東方其出西方曰反明主命者惡之東行急一日
行一度半其行東西南北疾也兵各聚其下用戰順之勝逆之敗熒惑
從太白軍憂離之軍卻出太白陰有分軍行其陽有偏將戰當其行太
白逮之破軍殺將其入守犯太微軒轅營室主命惡之心爲明堂熒惑

廟也謹候此麻斗之會以定塡星之位曰中央土主季夏日戊己黃帝主德女主象也歲塡一宿其所居國吉未當居而居若已去而復還還居之其國得土不乃得女若當居而不居既已居之又西東去其國失土不乃失女不可舉事用兵其居久其國福厚易福薄其一名曰地侯主歲歲行十二（錢云二當作三）度百十二分度之五日行二十八分度之一二十八歲周天其所居五星皆從而聚於一舍其下之國可重致天下（可下一有以字王云重厚也石氏星經可以重德致天下此省德字上文塡星主德德即重德也）禮德義殺刑盡失而塡星乃爲之動搖贏爲王不寧其縮有軍不復塡星其色黃九芒（九毛本作光）音曰黃鍾宮其失次上二三宿曰贏有主命不成不乃大水失次下二三宿曰縮有后戚其歲不復不乃天裂若地動斗爲文太室塡星廟天子之星也木星與土合爲內亂饑主勿用戰敗水則變謀而更事火爲

旱金爲白衣會若水錢云水當作木案錢說非此云若水者及水也漢志云爲白衣之會爲水金在南曰牝
牡年穀熟金在北歲偏無火與水合爲焠與金合爲鑠爲喪皆不可舉
事用兵大敗土爲憂主孽卿大饑戰敗爲北軍軍困方侍郎云凡三占以戰則敗又爲奔
北又爲軍困於敵案正義云爲北軍北也據此則史文北下無軍字疑上戰敗二字亦衍文王氏於爲北上增水字引漢志熒惑與辰合晉志
火與水合爲澄愚謂史文上已言火與水合爲焠矣此不當重言水也舉事大敗土與水合穰而擁閼有
覆軍其國不可舉事出亾地入得地金爲疾爲內兵亾地三星若合其
宿地國外內有兵與喪改立公王四星合兵喪竝起君子憂小人流五
星合是謂易行有德受慶改立大人掩有四方子孫蕃昌無德受殃若
亾五星皆大其事亦大皆小事亦小蚤出者爲贏贏者爲客晚出者爲
縮縮者爲主人必有天應見於杓星同舍爲合相陵爲鬭七寸以內必
之矣五星色白圜爲喪旱赤圜則中不平爲兵青圜爲憂水黑圜爲疾

多死。黃圜則吉。赤角犯我城。黃角地之爭。白角哭泣之聲。青角有兵憂。黑角則水。意（史札記云意當是思字之譌）行窮兵之所終。（此言塡星行度盡處兵亦盡也下辰星亦有此句）五星同色。天下偃兵。百姓寧昌。春風。秋雨。冬寒。夏暑。動搖常以此。塡星出百二十日而逆西行。西行百二十日反東行。見三百三十日而入。入三十日復出東方。太歲在甲寅。塡星在東壁。故在營室。察日行以處位太白。曰西方秋司兵月行及天矢。日庚辛。主殺。殺失者罰出太白。太白失行。以其舍命國。其出行十八舍二百四十日而入。入東方伏行十一舍百三十日。其入西方。伏行三舍十六日而出。當出不出。當入不入。是謂失舍。不有破軍。必有國君之簒。其紀上元以攝提格之歲。與營室晨出東方。至角而入。與營室夕出西方。至角而入。與角晨出入畢。與角夕出入畢。與畢晨出入箕。與畢夕出入箕。與箕晨出入柳。與箕夕出入柳。

與柳晨出入營室與柳夕出入營室凡出入東西各五為八歲二百三
十日復與營室晨出東方其大率歲一周天其始出東方行遲率日半
度一百二十日必逆行一二舍上極而反東行行日一度半一百二十
日入其庳近日曰明星柔高遠日曰大囂剛其始出西行疾率日一度
半百二十日上極而行遲日半度百二十日旦入必逆行一二舍而入
其庳近日曰大白柔高遠日曰大相剛出以辰戌入以丑未當出不出
未當入而入天下偃兵兵在外入未當出而出當入而不入下起兵有
破國其當期出也其國昌其出東為東入東為北方出西為西入西為
南方所居久其鄉利疾其鄉凶出西逆行至東正西國吉出東至西正
東國吉其出不經天經天天下革政小以角動兵起始出大後小兵弱
出小後大兵強出高用兵深吉淺凶庳淺吉深凶日方南金居其南日

方北金居其北曰嬴侯王不寧用兵進吉退凶曰方南金居其北曰方
北金居其南曰縮侯王有憂用兵退吉進凶用兵象太白太白行疾疾
行遲遲行角敢戰動搖躁躁圜以靜靜順角所指吉反之皆凶出則出
兵入則入兵赤角有戰白角有喪黑圜角憂有水事青圜小角憂有木
事黃圜和角有土事有年其已出三日而復有微入入三日乃復盛出
北宋本無入字與漢志同下出三日而復盛入漢志亦無出字此兩字皆可删當從漢志是謂耎其下國有軍敗將
北其已入三日又復微出出三日而復盛入其下國有憂師有糧食兵
革遺人用之卒雖衆將爲人虜其出西失行外國敗其出東失行中國
敗其色大圜黃滜可爲好事其圜大赤兵盛不戰太白白比狼赤比心
黃比參左肩蒼比參右肩黑比奎大星五星皆從太白而聚乎一舍其
下之國可以兵從天下居實有得也居虛無得也行勝色色勝位有位

勝無位有色勝無色行得盡勝之出而留桑榆間疾其下國上而疾未盡其日（漢晉志皆作期日案其字亦通）過參天疾其對國上復下下復上有反將其入月將僇金木星合光其下戰不合兵雖起而不鬬合相毀野有破軍出西方昏而出陰陰兵彊暮食出小弱夜半出中弱雞鳴出大弱是謂陰陷於陽其在東方乘明而出陽陽兵之彊雞鳴出小弱夜半出中弱昏出大弱是謂陽陷於陰太白伏也以出兵兵有殃其出卯南南勝北方出卯北北勝南方正在卯東國利出酉北北勝南方出酉南南勝北方正在酉西國勝其與列星相犯小戰五星大戰其相犯太白出其南南國敗出其北北國敗行疾武不行文色白五芒出蚤爲月蝕晚爲天夭（王云天與祅同）及彗星將發其國出東爲德舉事左之迎之吉出西爲刑舉事右之背之吉反之皆凶太白光見景戰勝晝見而經天是謂爭明彊國

弱。小國彊。女主昌。亢爲疏廟。太白廟也。太白大臣也。其號上公。其他名殷星大正營星觀星宮星明星大衰大澤終星大相天浩序星月緯。大司馬位謹候此。察日辰之會以治辰星之位曰北方水。太陰之精。主冬日壬癸。刑失者罰出辰星。以其宿命國。是正四時。仲春春分夕出郊奎婁胃東五舍爲齊。錢云郊字皆效字之譌淮南作効高誘云効見也予謂効見聲相近仲夏夏至夕出郊東井輿鬼柳東七舍爲楚。仲秋秋分夕出郊角亢氐房東四舍爲漢。仲冬冬至晨出郊東方與尾箕斗牽牛俱西爲中國。其出入常以辰戌丑未。其蚤爲月蝕。晚爲彗星及天矢。案史記本作矢王懷祖依漢志改爲天夭今江南局本及張刻歸氏本皆徑依王改似失史文之舊上晚爲天矢句宋本作天夭尚可据改此文則無他本可据也其時宜效不效爲失。追兵在外不戰。一時不出。其時不和。四時不出。天下大饑。其當效而出也。色白爲旱。黃爲五穀熟。赤爲兵。黑爲水。出東方。大而白。有兵於外。解。常在東方其赤中國勝其西而赤外國利無兵於外而赤兵起其與太白俱出東方皆赤而角外國大敗中國勝其與太白俱出西方皆赤而角外國利五星分天之中積於東方中國利積於西方外國用兵者（依漢書補兵字）利五星皆從辰星而聚于一舍其所舍之國可以法致天下辰星不出太白爲客其出太白爲主人（依漢書補人字）出而與太白不相從野雖有軍不戰出東方太白出西方若出西方太白出東方爲格野雖有兵不戰失其時而出爲當寒反溫當溫反寒當出不出是謂擊卒兵大起其入太白中而上出破軍殺將客軍勝下出客亾地辰星來抵太白太白不去將死正旗上出（旗當依漢志作其下視旗所指句同）破軍殺將客勝下出客亾地視旗所指以命破軍其繞環太白若與鬬大戰客勝免過太白閒可椷劍（當依索隱兔作毚正義同索隱引廣雅辰星謂之毚此稱辰星爲毚正如上稱太白爲金也下兔居太白前兔五色兔均當爲毚北宋本作危均誤字）

小戰客勝。免居太白前。軍罷。出太白左。小戰。摩太白。有數萬人戰。主人吏死。出太白右去三尺。軍急約戰。青角兵憂。黑角水。赤行窮兵之所終。免七命。曰小正。辰星。天攙。安周星。細爽。能星。鉤星。其色黃而小。出而易處。天下之文變而不善矣。免五色。青圜憂。白圜喪。赤圜中不平。黑圜吉。赤角犯我城。黃角地之爭。白角號泣之聲。其出東方。行四舍。四十八日。其數二十日。而反入於東方。其出西方。行四舍。四十八日。其數二十日。而反入於西方。其一候之營室。角。畢。箕。柳。出房。心間地動。辰星之色春青黃。夏赤白。秋青白。而歲熟。冬黃而不明。即變其色。其時不昌。春不見大風。秋則不實。夏不見。有六十日之旱。月蝕。秋不見。有兵。春則不生。冬不見。陰雨六十日。有流邑。夏則不長。角亢氐。兗州。房心。豫州。尾箕。幽州。斗江湖。牽牛婺女。楊州。虛危。青州。營室至東壁。并州。奎婁胃。徐州。昴畢冀州．觜觿參益州．東井輿鬼雍州．柳七星張三河．翼軫荊州．七星爲員宮．辰星廟．蠻夷星也．梁云七星下十二字當在前辰星條夏則不長句下△兩軍相當．日暈．暈等力鈞．厚長大有勝．薄短小．無勝．重抱大破．無抱爲和．背不和．爲分離相去直爲自立．立侯王．指指舊本作背暈若曰．殺將．曰當爲日上言相去直爲自立此言指暈及日有殺將也漢志立侯王指暈作立兵破軍殺將失史文句負且戴．有喜．圍在中．中勝．在外．外勝．靑外赤中．以和相去．赤外靑中．以惡相去．氣暈先至而後去．居軍勝．先至先去．前利後病．後至後去．前病後利．後至先去．前後皆病．居軍不勝．見而去．其發疾．雖勝無功．見半日以上．功大．白虹屈短．上下兌．有者下大流血．日暈制勝．近期三十日．遠期六十日．其食．食所不利．復生．生所利．而食益盡．王懷祖讀而爲如是也其謂益爲盡之譌衍則非禮記䟽益漸也謂食漸盡也爲主位．以其直及日所宿加以日時．用命其國也．△月行中道．安寧和平．陰閒．多水．陰事．外北三尺．陰星北三尺•太陰•大水•兵•陽關驕恣•陽星多暴獄•太陽大旱喪也•角天門•十月為四月•十一月為五月•十二月為六月•水發•近三尺•遠五尺•犯四輔•輔臣誅•行南北河•以陰陽言•旱水兵喪•月蝕歲星•其宿地•饑若亡•熒惑也亂•塡星也下犯上•太白也彊國以戰敗•辰星也女亂•食大角•主命者惡之•心則為內賊亂也•列星其宿地憂•月食始日•五月者六•六月者五•五月復六•六月者一•而五月者五•凡百一十三月而復始•故月蝕常也•日蝕為不臧也•甲乙•四海之外•日月不占•丙丁•江淮海岱也•戊己•中州河濟也•庚辛•華山以西•壬癸•恒山以北•日蝕國君•月蝕將相•當之國△皇星•大而赤•狀類南極•所出•其下起兵•兵彊•其衝不利•昭明星大而白•無角•乍上乍下•所出國起兵•多變•五殘星出正東•東方之野•其星狀類辰星•去地可六丈•大（徐廣云大一作六某案大下漢書有而黃二字賊星上有六字皆當據補）賊星•出正南•

南方之野星去地可六丈大而赤數動有光司危星(漢書危作詭)出正西西方之野星去地可六丈大而白類太白獄漢星(漢書獄作咸)出正北北方之野星去地可六丈大而赤數動察之中青此四野星所出出非其方其下有兵衝不利四塡星所出四隅去地可四丈地維咸光(漢書咸作臧)亦出四隅去地可三丈若月始出所見下有亂亂者亡有德者昌燭星狀如太白其出也不行見則滅所燭者城邑亂如星非星如雲非雲命曰歸邪歸邪出必有歸國者星者金之散氣本曰火(火漢書作人孟康注星石也金石相生人與星氣相應也集解引孟注未發)星衆國吉少則凶漢者亦金之散氣其本曰水漢星多多水少則旱其大經也天鼓有音如雷非雷音在地而下及地其所往(元本往作住與漢志同)者兵發其下天狗狀如大犇星有聲其下止地類狗所墮及炎火(毛本無炎火二字御覽引幷無及字漢志有)望之如火光炎炎衝天其下圜如數頃

田處上兌者則有黃色千里破軍殺將（漢志者作見晉志見則二字在黃色字下蒙謂此當依史記本文史言已墮地不得稱見則云云也）格澤星者如炎火之狀黃白起地而上下大上兌其見也不種而穫不有土功必有大害（御覽害作咎此當依漢志作大客非咎害之占）蚩尤之旗類彗而後曲象旗見則王者征伐四方旬始出於北斗旁狀如雄雞其怒青黑象伏鼈枉矢類大流星蛇行而倉黑望之如有毛羽然（當依漢志羽作目晉志同）長庚如一匹布著天此星見兵起星墜至地則石也河濟之間時墜星天精而見景星（漢志精作暒史記索隱引作胜）景星者德星也其狀無常常出於有道之國凡望雲氣仰而望之三四百里平望在桑榆上千餘里二千里（千餘下當依毛本刪里字下文去之十餘里淩以棟校一本作十餘廿餘里漢志作十餘廿里又下文高丈餘二丈平準書遠者三千近者千餘里皆古人文法大宛傳大者數百少者百餘人又云使多者十餘少者五六輩皆上句損一字下句足成之是其例也）登高而望之下屬地者三千里雲氣有獸居上者勝自華以南氣下黑上赤嵩

高三河之郊。氣正赤。恒山之北。氣下黑上青。勃碣海岱之閒。氣皆黑。江淮之閒。氣皆白。徒氣白。土功氣黃。車氣乍高乍下。往往而聚。騎氣卑而布。卒氣摶。前卑而後高者疾。前方而高者兌。後兌而卑者卻。當依漢本刪者兌二字晉志同其氣平者其行徐。前高而後卑者不止而反。氣相遇者卑勝高。兌勝方。氣來卑而循車通者。梁云漢志作車道。案漢志誤。此所謂諱轍之字為通也。又案車通當依漢書作車道。退之云不出諱車轍之轍爲某字不過三四日。去之五六里見。氣來高七八尺者。不過五六日。去之十餘二十餘里見。氣來高丈餘二丈者。不過三四十日。去之五六十里見。稍雲精白者。當依漢志作捎雲晉灼音霄韋昭音髾其將悍。其士怯。其大根而前絕遠者當戰。青白。其前低者戰勝。漢志青作精。案上已有精白。此當依史本文作青其前赤而仰者戰不勝。陣雲如立垣。杼雲類杼。軸雲摶。兩端兌。當依漢志兩作而杓雲如繩者。居前亘天。其半半天。其蛪者類闕旗故。言以其類闕上之旗故謂之蛪也。漢志改

爲門旗句下又增銳字似失史文句鉤雲句曲。諸此雲見。以五色合占。而澤摶密。其見動

人。乃有占。兵必起。合鬭其直。方侍郎謂此七字乃諸星下脫文非也此必起猶言若起何如傳中行說言必我行

也爲漢患者與此必義同漢志合作占當依改王朔所候。決於日旁。日旁雲氣。人主象。皆如其

形以占。故北夷之氣。如羣畜穹閭。南夷之氣。類舟船幡旗。大水處。敗軍

場破國之虛。下有積錢金寶之上。積錢錢字當作泉徐廣注云古作泉字是皆有氣。不可不

察。海旁蜄氣象樓臺。廣野氣成宮闕然。雲氣各象其山川人民所聚積。

故候息耗者。入國邑。視封疆田疇之正治。城郭室屋門戶之潤澤。次至

車服畜產精華。實息者吉。虛耗者凶。若烟非烟。若雲非雲。郁郁紛紛。蕭

索輪囷。是謂卿雲。卿雲見。喜氣也。若霧非霧。衣冠而不濡。見則其域被

甲而趨。夫本作天依漢志改雷電蝦虹辟歷夜明者。陽氣之動者也。春夏則發。

秋冬則藏。故候者無不司之。天開縣物。地動坼絕。山崩及徙。徙當依漢書作陁

川塞谿壑。水澹地長。澤竭見象。地長二字本在澤竭下依漢志乙城郭門閭。閨臬槀枯。本作枯槀依景祐本漢志乙閨臬漢志作閨息宮廟邸第。人民所次。謠俗車服。觀民飲食。五穀草木。觀其所屬。倉府廄庫。四通之路。六畜禽獸。所產去就。魚鼈鳥鼠。觀其所處。鬼哭若呼。其人逢俉。其當依漢志作與化言。誠然。化當依漢書作訛張皋文云訛言與誠然

二者俱占也凡候歲美惡。謹候歲始。歲始或冬至日。產氣始萌。臘明日。人衆卒歲一會飲食。發陽氣。故曰初歲。正月旦。王者歲首。立春日。四時之卒始也。四始者。候之日。四始者謂冬至也臘明日也正月旦也立春日也他人皆於此四始候日而魏鮮則於臘明正月旦彙候八風也而漢魏鮮集臘明正月旦決八風。風從南方來。大旱。西南。小旱。西方。有兵。西北。戎菽爲。小雨。趣兵。北方。爲中歲。東北。爲上歲。東方。大水。東南。民有疾疫。歲惡。故八風各與其衝對。課多者爲勝。多勝少。久勝亟。疾勝徐。旦至食。爲麥。食至日昳。爲稷。昳至餔。爲黍。餔至下餔。爲菽。下餔

至日入為麻。欲終日有雨。案下文雨為歲惡此衍有雨二字漢書無有雲有風有日。當其時者。當上本重日字依漢志刪深而多實。無雲有風日。當其時淺而多實。有雲風無日。當其時。深而少實。有日無雲不風。當其時者。稼有敗。如食頃。小敗。熟五斗米頃。大敗。則風復起。有雲。其稼復起。各以其時。用雲色占種所宜。所上依漢志刪其字其雨雪若寒。歲惡。是日光明。聽都邑人民之聲。聲宮。則歲善吉。商則有兵。徵旱。羽水。角歲惡。或從正月旦比數雨。率日食一升。至七升而極。過之不占。數至十二日。日直其月。占水旱。為其環域本作城依漢志改千里內占。則其為天下候。竟正月。某案此條時語秦分天下為三十六郡故占候宜竟一月月所離列宿日風雲占其國。然必察太歲所在。在金穰。水毀。木饑。火旱。此其大經也。正月上甲。風從東方。東方西方下漢志皆有來字宜蠶。風從西方。若旦黃雲。惡。冬至短極。縣土炭。方侍郎云炭當作灰某案御覽引作灰炭動。鹿解角。此句史記本作鹿王氏雜志謂當依漢志作賧今江南局本徑作賧張刻歸氏史記因之非史文之舊。蘭根出●泉水躍●漢書御覽躍作踊略以知日至要決晷景●歲星所在●五穀逢昌○其對爲衝○歲乃有殃○

太史公曰●自初生民以來●世主曷嘗不厤日月星辰●及至五家三代●紹而明之●內冠帶外夷狄●分中國爲十有二州●仰則觀象於天●俯則法類於地●天則有日月●地則有陰陽●天有五星●地有五行●天則有列宿●地則有州域●三光者●陰陽之精●氣本在地●而聖人統理之●幽厲以往●尙矣●所見天變●皆國殊窟穴●家占物怪●以合時應●其文圖籍機祥不法●是以孔子論六經●紀異而說不書●至天道命●不傳●王氏雜志謂命上當有性字非是王不知古人造句法此何增性字則常語矣此文兼括子貢語及子罕言命二事亦自不容增性字也傳其人●不待告●告非其人●雖言不著●昔之傳天數者●高辛之前●重黎●於唐虞●羲和●有夏●昆吾●殷商●巫咸●周室●史佚●萇弘●於宋●子韋●鄭則裨竈●在齊●甘公●楚●唐眛●趙●尹皋●魏●石申●

夫天運三十歲一小變百年中變五百載大變三大變一紀三紀而大
備此其大數也爲國者必貴三五上下各千歲然后天人之際續備太
史公推古天變未有可考于今者蓋略以以字斷句以讀爲矣禮書不外是以荀子作不外是矣莊
辛說襄王黃雀因是以蔡靈侯之事因是以與莊子適得而幾矣因是已句法同是以與矣已幷同春秋二百四十二年
之閒日蝕三十六彗星三見宋襄公時星隕如雨天子微諸侯力政五
伯代興更爲主命自是之後衆暴寡大幷小秦楚吳越夷狄也爲彊伯
田氏篡齊三家分晉竝爲戰國爭於攻取兵革更起城邑數屠因以饑
饉疾疫焦苦臣主共憂患其察禨祥候星氣尤急近世十二諸侯七國
相王言從衡者繼踵而皋唐甘石因時務論其書傳故其占驗淩雜米
鹽二十八舍主十二州斗秉兼之錢云秉即柄字所從來久矣秦之疆也候在
太白占於狼弧吳楚之疆候在熒惑占於鳥衡燕齊之疆候在辰星占

張廉卿云以驅邁駿雄之氣運瑰瑋深博之詞漢人文大率皆然而史公尤擅其勝

於虛危宋鄭之疆候在歲星占於房心晉之疆亦候在辰星占於參罰及秦幷吞三晉燕代自河山以南者中國中國於四海內則在東南爲陽陽則日歲星熒惑塡星占於街南畢主之其西北則胡貉月氏諸衣旃裘引弓之民爲陰陰則月太白辰星占於街北昴主之故中國山川東北流其維首在隴蜀尾沒于勃碣是以秦晉好用兵復占太白太白主中國而胡貉數侵掠獨占辰星辰星出入躁疾常主夷狄其大經也此更爲客主人熒惑爲孛外則理兵內則理政故曰雖有明天子必視熒惑所在諸侯更彊時菑異記無可錄者秦始皇之時十五年彗星四見久者八十日長或竟天其後秦遂以兵滅六王幷中國外攘四夷死人如亂麻因以張楚竝起三十年之閒兵相駘藉不可勝數自蚩尤以來未嘗若斯也項羽救鉅鹿枉矢西流山東遂合從諸侯西阬秦人誅

屠咸陽漢之興五星聚于東井平城之圍月暈參畢七重諸呂作亂日蝕晝晦吳楚七國叛逆彗星數丈天狗過梁野及兵起遂伏尸流血其下元光元狩蚩尤之旗再見長則半天其後京師師四出誅夷狄者數十年而伐胡尤甚越之亾熒惑守斗朝鮮之拔星茀于河戍兵征大宛星茀招搖此其犖犖大者若至委曲小變不可勝道由是觀之未有不先形見而應隨之者也夫自漢之爲天數者星則唐都氣則王朔占歲則魏鮮故甘石厤五星法惟獨熒惑有反逆行逆行所守及他星逆行日月薄蝕皆以爲占余觀史記考行事百年之中五星無出而不反逆行反逆行嘗盛大而變色日月薄蝕行南北有時此其大度也故紫宮房心權衡咸池虛危列宿部星此天之五官坐位也爲經不移徙大小有差闊狹有常水火金木塡星此五星者天之五佐爲經緯何義門云緯字衍某

五者謂緯星也日月暈適也雲也風也此上言五星見伏有時贏縮有度不宜爲占日月雲風天之客氣亦有大運不宜爲占此史公宗恉也下乃又言與政事俯仰近大人之符則當時人主信占候故又謬悠其詞而終之以終始古今深觀時變則又不信占候矣此史公閎識也蒼帝行德以下蓋後人附記非史記本文

案經字當衍但張守節本已有經字則言五星爲經星之緯亦通見伏有時。所過行贏縮有度。日變修德。月變省刑。星變結和。凡天變。過度乃占。國君彊大。有德者昌。弱小飾詐者亡。太上修德。其次修政。其次修救。其次修禳。正下無之。夫常星之變希見。而三光之占亟用。日月暈適。雲風。此天之客氣。其發見亦有大運。然其與政事俯仰。最近大人之符。正譌云大當爲天此五者。天之感動。爲天數者。必通三五。終始古今。深觀時變。察其精粗。則天官備矣。

蒼帝行德。天門爲之開。赤帝行德。天牢爲之空。黃帝行德。天夭爲之起。風從西北來。必以庚辛。一秋中。五至大赦。三至小赦。白帝行德。以正月二十日二十一日月暈圍。常大赦載。謂有太陽也。一日白帝行德。畢昴爲之圍。圍三暮。德乃成。不三暮及圍不合德。不成。二曰以辰圍。不出其旬。黑帝行德。天關爲之動。天行德。天子更立年。不德。風雨破石。三能三

衡者•天廷也•客星出天廷•有奇令•

天官書第五

此篇意義明了獨文字萬數千言如一筆書精神昌王脈絡貫輸後使無能企及

封禪書第六

自古受命帝王曷嘗不封禪蓋有無其應而用事者矣未有睹符瑞見而不臻乎泰山者也雖（某案雖讀曰唯）受命而功不至至（至下依方侍郎校删梁父二字）矣而德不洽洽矣而日有不暇給是以即事用希傳曰三年不爲禮禮必廢三年不爲樂樂必壞每世之隆則封禪答焉及衰而息厥曠遠者千有餘載近者數百載故其儀闕然湮滅其詳不可得而記聞云尚書曰舜在璇璣玉衡以齊七政遂類于上帝禋于六宗望山川徧羣神輯五瑞擇吉月日見四嶽諸牧還瑞歲二月東巡狩至于岱宗岱宗泰山也柴望秩於山川遂覲東后東后者諸侯也（某案諸侯上當有東字）合時月正日同律度量衡修五禮五玉三帛二生一死贄五月巡狩至南嶽南嶽衡山也八月巡狩至西嶽西嶽華山也十一月巡狩至北嶽北嶽恒山也皆如

岱宗之禮。中嶽嵩高也。五載一巡狩。禹遵之。後十四世（漢書作十三世非）至帝孔甲。淫德好神。神瀆。二龍去之。其後三世。湯伐桀。欲遷夏社。不可。作夏社。後八世。至帝太戊。有桑穀生於廷。一暮大拱。懼。伊陟曰。妖不勝德。太戊修德。桑穀死。伊陟贊巫咸。巫咸之興。自此始。後十四世（漢書作十三世）帝武丁得傅說為相。殷復興焉。稱高宗。有雉登鼎耳雊。武丁懼。祖己曰。修德。武丁從之。位以永寧。後五世。帝武乙慢神而震死。後三世。帝紂淫亂。武王伐之。由此觀之。始未嘗不肅祇。後稍怠慢也。周官曰。冬日至。祀天於南郊。迎長日之至。夏日至。祭地祇。皆用樂舞。而神乃可得而禮也。天子祭天下名山大川。五嶽視三公。四瀆視諸侯。諸侯祭其疆內名山大川。四瀆者。江河淮濟也。天子曰明堂辟雍。諸侯曰泮宮。周公既相成王。郊祀后稷以配天。宗祀文王於明堂以配上帝。自禹興而修社祀。后稷稼因雍有故時遂徵論及方士無稽之說以爲後文張本郤將雍之諸祠自此與離之他所使人目眩此昔人所謂筆墨流珠處也此等皆爲後壽宮神君等作影．

積故有稷祠郊社所從來尚矣自周克殷後十四世（漢書作十三世此三字是）世益衰禮樂廢諸侯恣行而幽王爲犬戎所敗周東徙雒邑秦襄公攻戎救周始列爲諸侯秦襄公既侯居西垂自以爲主少皞之神作西時祠白帝其牲用騮駒黃牛羝羊各一云其後十六年（漢書作十四年非）秦文公東獵汧渭之閒卜居之而吉文公夢黃蛇自天下屬地其口止於鄜衍文公問史敦敦曰此上帝之徵君其祠之於是作鄜時用三牲郊祭白帝焉自未作鄜時也而雍旁故有吳陽武時雍東有好時皆廢無祠或曰自古以雍州積高神明之隩故立時郊上帝諸神祠皆聚云蓋黃帝時嘗用事雖晚周亦郊焉其語不經見縉紳者不道作鄜時後九年文公獲若石云於陳倉北阪城祠之其神或歲不至或歲數來來也常以夜光輝若流星從東南來集於祠城則若雄雞其聲殷云野雞夜雊以一牢

繆公上天句謠傳之事斡旋之筆

祠命曰陳寶作鄜時後七十八年秦德公既立卜居雍後子孫飲馬於河遂都雍雍之諸祠自此興用三百牢於鄜時作伏祠磔狗邑四門以禦蠱菑德公立二年卒其後六年秦宣公作密時於渭南祭青帝其後十四年（漢書作十三年）秦繆公立病臥五日不寤寤乃言夢見上帝上帝命穆公平晉亂史書而記藏之府而後世皆曰秦繆公上天秦繆公卽位九年齊桓公既霸會諸侯於葵丘而欲封禪管仲曰古者封泰山禪梁父者七十二家而夷吾所記者十有二焉昔無懷氏封泰山禪云云虙羲封泰山禪云云神農封泰山禪云云炎帝封泰山禪云云黃帝封泰山禪亭亭顓頊封泰山禪云云帝俈封泰山禪云云堯封泰山禪云云舜封泰山禪云云禹封泰山禪會稽湯封泰山禪云云周成王封泰山禪社首皆受命然後得封禪桓公曰寡人北伐山戎過孤竹西伐大夏涉

流沙束馬懸車上卑（齊語卑作辟）耳之山南伐至召陵登熊耳山以望江漢兵車之會三而乘車之會六九合諸侯一匡天下諸侯莫違我昔三代受命亦何以異乎於是管仲睹桓公不可窮以辭因設之以事曰古之封禪鄗上之黍北里之禾所以為盛江淮之閒一茅三脊所以為藉也東海致比目之魚西海致比翼之鳥然後物有不召而自至者十有五焉今鳳皇麒麟不來嘉穀不生而蓬蒿藜莠茂鴟梟數至而欲封禪毋乃不可乎於是桓公乃止是歲秦繆公內晉君夷吾其後三置晉國之君平其亂繆公立三十九年而卒其後百有餘年而孔子論述六藝傳略言易姓而王封泰山禪乎梁父者七十餘王矣其俎豆之禮不章蓋難言之或問禘之說孔子曰不知知禘之說其於天下也視其掌詩云紂在位文王受命（盧學士云說詩者以虞芮質成為文王受命之年史公所引卽此）政不及泰山武王

跡云此是剟支他人文字無此今案此殆精神橫恣處

秦靈公祭黃帝炎帝尙是人帝至獻公祀白帝則是五天帝之說起矣但秦襄公作西畤已祠白帝云主少皞之神天帝之說已久醬矣

克殷二年。梁氏志疑云漢律歷志作八年鄭詩譜四年周書六年管子七年淮南三年今按此二年字疑後人妄改中統本作三年亦未是金縢武王病在二年其云武王既喪則不必二年事矣周本紀云後而崩最合經指諸書紀年不同要非二年決也天下未寧而崩。爰周德之洽維成王。成王之封禪則近之矣。及後陪臣執政季氏旅於泰山。仲尼譏之。是時萇弘以方事周靈王。諸侯莫朝周。周力少。萇弘乃明鬼神事。設射貍首。貍首者。諸侯之不來者。依物怪欲以致諸侯。諸侯不從。而晉人執殺萇弘。周人之言方怪者自萇弘。其後百餘年。秦靈公作吳陽上畤。祭黃帝。作下畤。祭炎帝。後四十八年。周太史儋見秦獻公曰。秦始與周合。合而離。五百歲當復合。合十七年而霸王出焉。櫟陽雨金。秦獻公自以爲得金瑞。故作畦畤櫟陽而祀白帝。其後百二十歲而秦滅周。周之九鼎入於秦。或曰宋太丘社亡。而鼎沒於泗水彭城下。其後百一十五年而秦并天下。

秦始皇既并天下而帝。或曰黃帝

得土德黃龍地螾見夏得木德靑龍止於郊草木暢茂殷得金德銀自山溢周得火德有赤烏之符今秦變周水德之時昔秦文公出獵獲黑龍此其水德之瑞於是秦更命河曰德水以冬十月爲年首色上黑度以六爲名音上大呂事統上法卽帝位三年東巡郡縣祠騶嶧山頌秦功業於是徵從齊魯之儒生博士七十人至乎泰山下諸儒生或議曰古者封禪爲蒲車惡傷山之土石草木埽地而祭席用葅稭言其易遵也始皇聞此議各乖異難施用由此絀儒生而遂除車道上自泰山陽至巔立石頌秦始皇帝德明其得封也從陰道下禪於梁父其禮頗采太祝之祀雍上帝所用而封藏皆祕之世不得而記也始皇之上泰山中阪遇暴風雨休於大樹下諸儒生既絀不得與用於封事之禮聞始皇遇風雨則譏之於是始皇遂東遊海上行禮祠名山大川及八神求

此段推論方僊所由起通篇提頓處

宋本作陽

僊人羡門之屬八神將自古而有之或曰太公以來作之齊所以爲齊以天齊也其祀絕莫知起時八神一曰天主祠天齊天齊淵水居臨菑南郊山下者二曰地主祠泰山梁父蓋天好陰祠之必於高山之下小山之上命曰時地貴陽祭之必於澤中圜丘云三曰兵主祠蚩尤蚩尤在東平陸監鄉（索隱云監音闞錢云古文監與闞同左傳闞止史記作監止）齊之西境也四曰陰主祠三山五曰陽主祠之罘六曰月主祠之萊山皆在齊北並勃海七曰日主祠成山成山斗入海最居齊東北隅以迎日出云八曰四時主祠琅邪琅邪在齊東方蓋歲之所始皆各用一牢具祠而巫祝所損益珪幣雜異焉自齊威宣之時騶子之徒論著終始五德之運及秦帝而齊人奏之故始皇采用之而宋毋忌正伯僑充尚羡門高最後皆燕人爲方僊道形解銷化依於鬼神之事騶衍以陰陽主運顯於諸侯而燕齊

史公用然則字與後人不同自威宣燕昭再提再頓三神山一段爲後方士佚神入作影純用迷離惝怳之筆及至秦始皇句尤爲武帝影射

海上之方士傳其術不能通然則怪迂阿諛苟合之徒自此興不可勝數也自威宣燕昭使人入海求蓬萊方丈瀛洲此三神山者其傳在勃海中去人不遠患且至則船風引而去蓋嘗有至者諸僊人及不死之藥皆在焉其物禽獸盡白而黃金銀爲宮闕（銀上王懷祖校增白字謬甚若云黃金白銀小兒語耳王氏不解文法至如是）未至望之如雲及到三神山反居水下臨之風輒引去終莫能至云世主莫不甘心焉及至秦始皇并天下至海上則方士言之不可勝數始皇自以爲至海上而恐不及矣使人乃齎童男女入海求之船交海中皆以風爲解曰未能至望見之焉其明年始皇復游海上至琅邪過恒山從上黨歸後三年游碣石考入海方士從上郡歸後五年始皇南至湘山遂登會稽並海上冀遇海中三神山之奇藥不得還至沙丘崩二世元年東巡碣石並海南歷泰山至會稽皆禮祠之而刻

借秦刺武帝借秦事極力
騰挪提下名山川

勒始皇所立石書旁以章始皇之功德其秋諸侯畔秦三年而二世弒死始皇封禪之後十二歲秦亡諸儒生疾秦焚詩書誅僇文學百姓怨其法天下畔之皆譌曰始皇上泰山爲暴風雨所擊不得封禪此豈所謂無其德而用事者邪昔三代之居本作君依漢志改皆在河洛之閒故嵩高爲中嶽而四嶽各如其方四瀆咸在山東至秦稱帝都咸陽則五嶽四瀆皆并在東方自五帝以至秦軼興軼衰名山大川或在諸侯或在天子其禮損益世殊不可勝記及秦并天下令祠官所常奉天地名山大川鬼神可得而序也於是自殺以東名山五大川祠二曰太室太室嵩高也恒山泰山會稽湘山水曰濟曰淮春以脯酒爲歲祠因泮凍秋涸凍冬塞禱祠其牲用牛犢各一某案各一爲句牢具屬下句牢具珪幣各異自華以西名山七名川四曰華山薄山薄山者衰山也岳山梁云岳乃垂之誤地理志垂山古文

以爲犉物 岐山吳岳鴻冢瀆山瀆山蜀之汶山水曰河祠臨晉沔祠漢中湫淵祠朝那江水祠蜀亦春秋泮涸禱塞如東方名山川而牲漢書牲下有亦字牛犢牢具珪幣各異而四大冢鴻岐吳岳皆有嘗禾陳寶節來祠其河加有嘗醪此皆在雍州之域近天子之都故加車一乘騮駒四灞產長水灃澇涇渭皆非大川以近咸陽盡得比山川祠而無諸加汧洛二淵鳴澤蒲山嶽壻山之屬爲小山川亦皆歲禱塞泮涸祠禮不必同而雍有日月參辰南北斗熒惑太白歲星塡星辰星二字依漢書補二十八宿風伯雨師四海九臣十四臣諸布諸嚴諸逑之屬百有餘廟西亦有數十祠於湖有周天子祠於下邽有天神灃滈有昭明天子辟池於社亳有三社主之祠社亳當依索隱校改社爲杜漢志作杜三社句漢志亦作杜主案下文止言周之右將軍不得有三社疑社字是壽星祠而雍菅廟亦有社主此亦當作社主其云亦有者明承上三社主爲文解者引杜伯事失之社主故周

之右將軍。其在秦中最小鬼之神者。各以歲時奉祠。惟雍四時上帝爲尊。其光景動人民惟陳寶。故雍四時春以爲歲禱。因泮凍。秋涸凍。冬塞祠。五月嘗駒。及四仲之月祠。若月祠。（漢志作四仲之月月祠非是此文四仲之月祠若月祠乃兩事不得混而爲一若但四仲月祠不得謂之月祠矣）陳寶節來一祠。春夏用騂。秋冬用駵。時駒四匹。木禺龍欒車一駟。木禺車馬一駟。各如其帝色。黃犢羔各四。珪幣各有數。皆生瘞埋。無俎豆之具。三年一郊。秦以冬十月爲歲首。故常以十月上宿郊見。通權火。拜於咸陽之旁。而衣上白。其用如經祠云。西時畦時祠如其故。上不親往。諸此祠皆太祝常主。以歲時奉祠之。至如他名山用諸鬼及八神之屬。上過則祠。去則已。郡縣遠方神祠者。民各自奉祠。不領於天子之祝官。祝官有祕祝。卽有菑祥。輒祝祠移過於下。漢興。高祖之微時。嘗殺大蛇。有物曰。蛇白帝子也。而殺者赤帝子。高祖初起。禱豐枌榆社。徇沛爲沛公。則祀蚩尤。釁鼓旗。遂以十月至灞上。與諸侯平咸陽。立爲漢王。因以十月爲年首。而色上赤。二年。東擊項籍而還入關。問故秦時上帝祠何帝也。對曰。四帝。有白青黃赤帝之祠。高祖曰。吾聞天有五帝而四。（四上有有字依漢書刪）何也。莫知其說。於是高祖曰。吾知之矣。乃待我而具五也。乃立黑帝祠。命曰北畤。有司進祠。上不親往。悉召故秦祝官。復置太祝太宰。如其故儀禮。因令縣爲公社。下詔曰。吾甚重祠而敬祭。今上帝之祭。及山川諸神當祠者。各以其時禮祠之如故。後四歲。天下已定。詔御史令豐謹治枌榆社。常以四時春（漢志作時春是也此四字衍時春猶下文云時臘也王氏謂時臘之時爲衍字殊誤）以羊彘祠之。令祝官立蚩尤之祠於長安。長安置祠祝官女巫。其梁巫祠天地天社天水房中堂上之屬。晉巫祠五帝東君雲中司命（當依漢書雲中下有君字無司命字司命任下文領於荊巫也）巫社巫祠族人先炊之屬。

錄文帝制詔除秘祝移過及祝致敬無祈似甚不惑神怪矣後卒惑於公孫臣新垣平之邪說有渭陽五帝及日再中改元之事皆武帝先聲也

秦巫・祠社主巫保族纍之屬・荊巫・祠堂下巫先司命施糜之屬・九天巫・祠九天・皆以歲時祠宮中・其河巫・祠河於臨晉・而南山巫・祠南山秦中・秦中者二世皇帝・各有時月・其後二歲・或曰周興而邑邰立后稷之祠・至今血食天下・於是高祖制詔御史・其令郡國縣立靈星祠・常以歲時祠以牛・高祖十年春・有司請令縣常以春二月及時臘祀社稷以羊豕・民里社各自財以祠・制曰可・其後十八年・孝文帝即位・即位十三年・下詔曰・今祕祝移過於下・朕甚不取・自今除之・始名山大川在諸侯・諸侯祝各自奉祠・天子官不領・及齊淮南國廢・令太祝盡以歲時致禮如故・是歲制曰・朕即位十三年於今・賴宗廟之靈・社稷之福・方內艾安・民人靡疾・閒者比年登・朕之不德・何以饗此・皆上帝諸神之賜也・蓋聞古者饗其德必報其功・欲有增諸神祠・有司議增雍五時路車各一乘・駕被

具西畤畦畤禺車各一乘禺馬四匹駕被具其河湫漢水加玉各二及
諸祠各增廣壇場珪幣俎豆以差加之而祝釐者歸福於朕百姓不與
焉自今祝致敬毋有所祈魯人公孫臣上書曰始秦得水德今漢受之
推終始傳則漢當土德土德之應黃龍見宜改正朔易服色色上黃是
時丞相張蒼好律厤以為漢乃水德之始（始漢志作時）故河決金堤其符也
年始冬十月色外黑內赤與德相應如公孫臣言非也罷之後三歲黃
龍見成紀文帝乃召公孫臣拜為博士與諸生草改厤服色事其夏下
詔曰異物之神見於成紀無害於民歲以有年朕祈郊上帝諸神禮官
議無諱以勞朕有司皆曰古者天子夏親郊祠上帝於郊故曰郊於是
夏四月文帝始郊見雍五畤祠衣皆上赤其明年趙人新垣平以望氣
見上言長安東北有神氣成五采若人冠絻焉或曰東北神明之舍西

方神明之墓也天瑞下宜立祠上帝以合符應於是作渭陽五帝廟同宇帝一殿面各五門各如其帝色祠所用及儀亦如雍五畤夏四月文帝親拜霸渭之會以郊見渭陽五帝五帝廟南臨渭北穿蒲池溝水權火舉而祠若光煇然屬天焉於是貴平上大夫賜累千金而使博士諸生刺六經中作王制謀議巡狩封禪事文帝出長門若見五人於道北遂因其直北立五帝壇祠以五牢具其明年新垣平使人持玉杯上書闕下獻之平言上曰闕下有寶玉氣來者已視之果有獻玉杯者刻曰人主延壽平又言臣候日再中居頃之日卻復中於是始更以十七年爲元年令天下大酺平言曰周鼎亡在泗水中今河溢通泗臣望東北汾陰直有金寶氣意周鼎其出乎兆見不迎則不至於是上使使治廟汾陰南臨河欲祠出周鼎人有上書告新垣平所言氣神事皆詐也下

此將欲歙之必固張之也

平吏治誅夷新垣平自是之後文帝怠於改正朔服色神明之事而渭陽長門五帝使祠官領以時致禮不往焉明年匈奴數入邊興兵守禦後歲少不登數年而孝景卽位十六年祠官各以歲時祠如故無有所興至今天子今天子初卽位尤敬鬼神之祀元年漢興已六十餘歲矣天下艾安搢（武紀搢作薦）紳之屬皆望天子封禪改正度也而上鄉儒術招賢良趙綰王臧等以文學爲公卿欲議古立明堂城南以朝諸侯草巡狩封禪改厤服色事未就會竇太后治黃老言不好儒術使人微伺得趙綰等姦利事召案綰臧綰臧自殺諸所興爲皆廢後六年竇太后崩其明年徵文學之士公孫弘等明年今上初至雍郊見五時後常三歲一郊是時上求神君舍之上林中蹏氏觀（梁云蹏漢志作磃有嗁斯二音）神君者長陵女子以子死見神於先後宛若宛若祠之其室民多往祠平原君往祠

其後子孫以尊顯及今上即位則厚禮置祠之內中聞其言不見其人云是時李少君亦以祠竈穀道郤老方見上上尊之少君者故深澤侯舍人主方匿其年及所（本作其依武紀漢志改）生長常自謂七十能使物郤老其游以方徧諸侯無妻子人聞其能使物及不死更饋遺之常餘金錢衣食人皆以爲不治生業而饒給又不知其何所人愈信爭事之少君資好方善爲巧發奇中嘗從武安侯飲坐中有年（年字依武紀漢志補）九十餘老人少君乃言與其大父游射處老人爲兒時從其大父識其處一坐盡驚少君見上上有故銅器問少君少君曰此器齊桓公十年陳於柏寢已而案其刻果齊桓公器一宮盡駭以爲少君神數百歲人也少君言上曰祠竈則致物致物而丹沙可化爲黃金黃金成以爲飲食器則益壽益壽而海中蓬萊僊者乃可見見之以封禪則不死黃帝是也臣嘗游

海上見安期生安期生食臣棗大如瓜安期生僊者通蓬萊中合則見人不合則隱於是天子始親祠竈遣方士入海求蓬萊安期生之屬而事化丹沙諸藥齊爲黃金矣居久之李少君病死天子以爲化去不死也（也字依武紀漢書補）而使黃錘史寬舒受其方求蓬萊安期生莫能得而海上燕齊怪迂之方士多更來言神事矣亳人謬忌奏祠太一方曰天神貴者太一太一佐曰五帝古者天子以春秋祭太一東南郊用太牢七日爲壇開八通之鬼道於是天子令太祝立其祠長安東南郊常奉祠如忌方其後人有上書言古者天子三年一用太牢祠神三一（歸氏以神三爲句案後文以三一與冥羊馬行等並言則三一當爲句下云天一地一太一者釋三一之名也）天一地一太一天子許之令太祝領祠之於忌太一壇上如其方後人復有上書言古者天子常以春解祠祠黃帝用一梟破鏡冥羊用羊祠馬行用一青牡馬太一澤

山君梁云武紀漢志作皋山山君此脫山字澤與皋古通用詩傳皋澤也列女傳皋陶作睪陶書稱皋鴹先謙案索隱解澤為澤某案山字不應重皋山君如下所云武夷君也地長用牛武夷君用乾魚陰陽使者以一牛令祠官領之如其方而祠於忌太一壇旁其後天子苑有白鹿以其皮為幣以發瑞應造白金焉其明年郊雍獲一角獸若麃然有司曰陛下肅祗郊祀上帝報享錫一角獸蓋麟云於是以薦五畤畤加一牛以燎錫諸侯白金風符應合於天也於是濟北王以為天子且封禪乃上書獻太山及其旁邑天子以他縣償之常山王有罪遷天子封其弟於真定以續先王祀而以常山為郡然後五岳皆在天子之邦其明年齊人少翁以鬼神方見上上有所幸王夫人夫人卒少翁以方蓋夜致王夫人及竈鬼之貌云天子自帷中望見焉於是乃拜少翁為文成將軍賞賜甚多以客禮禮之文成言曰上即欲與神通宮室被服非象神神物不至乃

再頓

作畫雲氣車及各以勝日駕車辟惡鬼又作甘泉宮中爲臺室畫天地太一諸鬼神而置祭具以致天神居歲餘其方益衰神不至乃爲帛書以飯牛詳不知言曰此牛腹中有奇殺視得書書言甚怪天子識其手書問其人果僞書（果下依漢書武紀刪是字）於是誅文成將軍隱之其後則又作柏梁銅柱承露仙人掌之屬矣文成死明年天子病鼎湖甚（顧亭林云鼎湖宮名楊雄賦南至宜春鼎胡是也梁云湖胡古通用湖陵作胡陵風胡作風湖可證）巫醫無所不致不愈游水發根言上郡有巫病而鬼下之（依漢書武紀鬼下滅神字）上召置祠之甘泉及病使人問神君神君言曰天子無憂病病少愈彊與我會甘泉於是病愈遂起幸甘泉病良已大赦置壽宮神君壽宮神君最貴者太一其佐曰大禁司命之屬皆從之非可得見聞其言言與人音等時去時來來則風肅然居室帷中時晝言然常以夜天子祓然后入因巫爲主人關飲食所以（以武

服別本皆作望

紀漢書作欲欲字句絕言行下。又置壽宮北宮。張羽旗。設供具。以禮神君。神君所言。上使人受書其言。命之曰畫法。其所語。世俗之所知也。無絕殊者。而天子心獨喜。其事祕。世莫知也。其後三年。有司言元宜以天瑞命。不宜以一二數。一元曰建。二元以長星曰光。三元以郊得一角獸曰狩云。錢云元狩乃四元非三元班史作今元其明年冬。天子郊雍。議曰。今上帝朕親郊。而后土無祀。則禮不答也。有司與太史公祠官寬舒議。某案祠官領於太史故曰太史公祠官方侍郎乃以太史公爲遷自謂誤矣漢書太史公作太史令談亦謂談與寬舒二人封禪書所稱立壇興祠等大牢不經淫祀寬舒等無譏談合史公旨深譏之豈肯牽及厥考哉班氏殆誤讀其文不足徵信篇中稱祠官寬舒又稱史寬舒其爲一人明甚天地牲角繭栗。今陛下親祠后土。后土宜於澤中圜丘爲五壇。壇一黃犢太牢具。已祠盡瘞。而從祠衣上黃。於是天子遂東。始立后土祠汾陰脽上。依武紀漢書丘改上如寬舒等議。上親服拜。如上帝禮。禮畢。天子遂至滎陽而還。過雒陽。下詔曰。

三代邈絕遠矣難存其以三十里地封周後爲周子南君以奉其先祀焉是歲天子始巡郡縣侵尋於泰山矣其春樂成侯上書言欒大欒大膠東宮人故嘗與文成將軍同師已而爲膠東王尙方而樂成侯姊爲康王后無子康王死他姬子立爲王而康后有淫行與王不相中相危以法康后聞文成已死而欲自媚於上乃遣欒大入（依漢志補入字）因樂成侯求見言方天子既誅文成後悔恨（依武紀補恨字）其蚤死惜其方不盡及見欒大大說大爲人長美言多方略而敢爲大言處之不疑大言曰臣常往來海中見安期羨門之屬顧以臣爲賤不信臣又以爲康王諸侯耳不足與方臣數言康王康王又不用臣臣之師曰黃金可成而河決可塞不死之藥可得僊人可致也然臣恐效文成則方士皆奄口惡敢言方哉上曰文成食馬肝死耳子誠能脩其方我何愛乎大曰臣師非有求

人人者求之陛下必欲致之則貴其使者令有漢書有作爲親屬以客禮待之勿卑使各佩其信印乃可使通言於神人神人尙肯邪不邪致尊其使然后可致也於是上使驗小方鬭棊棊自相觸擊案補紀作旗棊案棊旗通借是時上方憂河決而黃金不就乃拜大爲五利將軍居月餘得四印佩天士將軍地士將軍大通將軍印制詔御史昔禹疏九江決四瀆閒者河溢皐陸隄繇不息朕臨天下二十有八年天若遺朕士而大通焉乾稱蜚龍鴻漸于般朕意庶幾與焉其以二千戶封地士將軍大爲樂通侯賜列侯甲第僮千人乘轝斥車馬帷幄器物以充其家又以衞長公主妻之齎金萬斤更命其邑曰當利公主天子親如五利之第使者存問供給相屬於道自大主將相以下皆置酒其家獻遺之於是天子又刻玉印曰天道將軍使使衣羽衣夜立白茅上五利將軍亦衣羽衣立立上

依武紀漢書刪夜字此字不應重白茅上受印以示不臣也而佩天道者且爲天子道天神也於是五利常夜祠其家欲以下神神未至而百鬼集矣然頗能使之其後裝治行張刻歸史記誤作治裝行東入海求其師云大見數月佩六印貴震天下而海上燕齊之閒莫不搤捥而自言有禁方能神僊矣其夏六月中汾陰巫錦爲民祠魏脽后土營旁見地如鉤狀掊視得鼎鼎大異於衆鼎文鏤無款識怪之言吏吏告河東太守勝勝以聞天子使使驗問巫得鼎無姦詐乃以禮祠迎鼎至甘泉從行上薦之至中山曣㬈武紀漢志作晏溫有黃雲蓋焉有麃過上自射之因以祭云至長安公卿大夫皆議請尊寶鼎天子曰閒者河溢歲數不登故巡祭后土祈爲百姓育穀今歲豐廡未報鼎曷爲出哉有司皆曰聞昔泰帝興神鼎一一者壹統天地萬物所繫終也梁云漢志終作象武紀亦作終某疑終乃絡之誤黃帝作寶鼎三象天地

人禹收九牧之金鑄九鼎皆嘗鬺亨上帝鬼神（鬺亨本作亨鬺依武紀漢書倒北宋本同顏監注鬺亨一也鬺亨煮而祀也亨普普庚反案顏說煮而祀是也其云鬺亨一及作亨普皆非也亨乃享之借古享多作亨）遭聖則興

鼎遷于夏商周德衰宋之社亾鼎乃淪（淪下依武紀漢書删沒字）伏而不見頌云自

堂徂基自羊徂牛鼐鼎及鼒不吳（武紀吳作虞）不驁胡考之休今鼎至甘泉

光潤龍變承休無疆合茲中山有黃白雲降蓋若獸爲符路弓乘矢集

獲壇下報祠大享惟受命而帝者心知其意而合德焉鼎宜見於祖禰

藏於帝廷以合明應制曰可入海求蓬萊者言蓬萊不遠而不能至者

殆不見其氣上乃遣望氣佐候其氣云其秋上幸雍且郊或曰五帝太

一之佐也宜立太一而上親郊之上疑未定齊人公孫卿曰今年得寶

鼎其冬辛巳朔旦冬至與黃帝時等卿有札書曰黃帝得寶鼎宛朐（武紀漢書朐作侯漢云侯旬聲相近）問於鬼臾區鬼臾區對曰皇帝得寶鼎神策是歲己酉

朔旦冬至。得天之紀。終而復始。於是黃帝迎日推筴。後率二十歲。復朔旦冬至。凡二十推。三百八十年。黃帝僊登于天。卿因所忠欲奏之。所忠視其書不經。疑其妄書。謝曰。寶鼎事已決矣。尚何以為。卿因嬖人奏之。上大說。乃召問卿。對曰。受此書申公。武紀公作功 申公已死。上曰。申公何人也。卿曰。申公齊人。與安期生通。受黃帝言。無書、獨有此鼎書。曰漢興復當黃帝之時。曰。漢之聖者在高祖之孫且曾孫也。寶鼎出而與神通。封禪。封禪七十二王。惟黃帝得上泰山封。申公曰。漢主亦當上封。上封則能僊登天矣。黃帝時萬諸侯。而神靈之封居七千。天下名山八。而三在蠻夷。五在中國。中國華山首山太室泰山東萊。此五山黃帝之所常游。與神會。黃帝且戰且學僊。患百姓非其道。道下依武紀漢書刪者字 乃斷斬非鬼神者。百餘歲然後得與神通。黃帝郊雍上帝。宿三月。鬼臾區號大鴻、死葬雍。故鴻冢是也。其後黃帝接萬靈明廷。明廷者甘泉也。所謂寒門者谷口也。黃帝采首山銅。鑄鼎於荆山下。鼎既成。有龍垂胡頷下迎黃帝。黃帝上騎。羣臣後宮從上龍（龍本作者依武紀漢書改）七十餘人。龍乃上去。餘小臣不得上。乃悉持龍頷。龍頷拔墮。墮黃帝之弓。百姓仰望黃帝既上天。乃抱其弓與胡頷號。故後世因名其處曰鼎湖。其弓曰烏號。於是天子曰。嗟乎。吾誠得如黃帝。吾視去妻子如脫躧耳。乃拜卿為郎。東使候神於太室。上遂郊雍。至隴西。西登崆峒（武紀漢書作空桐）幸甘泉。令祠官寬舒等具太一祠壇。祠壇放薄忌太一壇。壇三垓。五帝壇環居其下。各如其方。黃帝西南。除八通鬼道。太一其所用如雍一時物。而加醴棗脯之屬。殺一貍（武紀漢書貍作犛）牛。以為俎豆牢具。而五帝獨有俎豆醴進。其下四方地為醊食羣神（神本作臣依武紀漢書改）從者及北斗云。已祠。胙餘皆燎之。其牛色白。鹿居其中。彘在鹿中。水而洎之。（漢書洎作酒）祭日以牛。祭月以羊彘特。太一祝宰則衣紫及繡。五帝各如其色。日赤。月白。十一月辛巳朔旦冬至。昧爽。天子始郊拜太一。朝朝日。夕夕月。則揖。而見太一如雍郊禮。其贊饗曰。天始以寶鼎神策授皇帝。朔而又朔。終而復始。皇帝敬拜見焉。而衣上黃。其祠列火滿壇。壇旁亨炊具。有司云。祠上有光焉。公卿言皇帝始郊見太一雲陽。有司奉瑄玉嘉牲薦饗。是夜有美光。及晝。黃氣上屬天。太史公祠官寬舒等曰。神靈之休。祐福兆祥。宜因此地光域立太畤壇以明應。令太祝領秋及臘閒祠。三歲天子一郊見。其秋。為伐南越。告禱太一。以牡荊畫幡日月北斗登龍。（錢云登與升同）以象太一三星。為太一鋒。（梁云漢志作太一鋒旗。宋祁謂淳化本作絳旗）命曰靈旗。為兵禱。則太史奉以指所伐國。而五利將軍使不敢入海之泰山祠。上使人隨驗。實無所見。五利妄言見其師。其方

盡多不讎上乃誅五利其冬公孫卿候神河南言見僊人跡緱氏城上
有物如雉往來城上天子親幸緱氏城視跡問卿得毋效文成五利乎
卿曰僊者非有求人主人主者求之其道非少寬假神不來言神事事
如迂誕積以歲乃可致也於是郡國各除道繕治宮觀名山神祠所以
望幸矣（矣本作也依武紀漢書改神祠所句絕淺人失其讀遂妄改也字）其春既滅南越上有嬖臣李
延年以好音見上善之下公卿議曰民間祠尚有鼓舞樂今郊祀（武紀作祠）
而無樂豈稱乎公卿曰古者祠天地皆有樂而神祇可得而禮或曰
太帝使素女鼓五十弦瑟悲帝禁不止故破其瑟爲二十五弦於是塞
南越禱祠太一后土始用樂舞益召歌兒作二十五弦及空侯琴瑟自
此起其來年冬上議曰古者先（澤）振兵澤旅然后封禪乃遂北巡朔方勒
兵十餘萬還祭黃帝冢橋山釋兵須如上曰吾聞黃帝不死今有冢何

自得寶鼎以下正敘封禪仍數層提振此一提也

再提

也。或對曰。黃帝已僊上天。羣臣葬其衣冠。既至甘泉。爲且用事泰山。先類祠太一。自得寶鼎。上與公卿諸生議封禪。封禪用希曠絕。莫知其儀禮。而羣儒采封禪尚書周官王制之望祀射牛事。齊人丁公年九十餘曰。封禪者合不死之名也。秦皇帝不得上封。陛下必欲上。稍上卽無風雨。遂上封矣。上於是乃令諸儒習射牛草封禪儀。數年。至且行。天子既聞公孫卿及方士之言。黃帝以上封禪皆致怪物與神通。欲放黃帝以上接神僊人蓬萊士。高世比德於九皇。而頗采儒術以文之。羣儒既已不能辯明封禪事。又牽拘於詩書古文而不能騁。上爲封禪祠器示羣儒。羣儒或曰不與古同。徐偃又曰太常諸生行禮不如魯善。周霸屬圖封禪事。於是上絀偃霸。而盡罷諸儒不用。三月。遂東幸緱氏。禮登中岳太室。從官在山下。聞若有言萬歲云。問上。上不言。問下。下不言。於是以

三提

上即見大跡八句跌宕四提

三百戶封太室奉祀（武紀祀作祠）命曰崇高邑東上泰山泰山之草木葉未
生乃令人上石立之泰山巔上遂東巡海上行禮祠八神齊人之上疏
言神怪奇方者以萬數然無驗者乃益發船令言海中神山者數千人
求蓬萊神人公孫卿持節常先行候名山至東萊言夜見大人長數丈
就之則不見見其跡甚大類禽獸云羣臣有言見一老父牽狗言吾欲
見巨公已忽不見上即見大跡未信及羣臣有言老父則大以爲僊人
也宿留海上予方士傳車及閒使求神（依漢書補神字）僊人以千數四月還至
奉高上念諸儒及方士言封禪人人殊不經難施行天子至梁父禮祠
地主乙卯令侍中儒者皮弁薦紳射牛行事封泰山下東方如郊祠太
一之禮封廣丈二尺高九尺其下則有玉牒書書祕禮畢天子獨與侍
中奉車子侯上泰山亦有封其事皆禁明日下陰道丙辰禪泰山下阯

又嘆折入求仙數以公孫卿言爲章法

東北肅然山如祭后土禮天子皆親拜見衣上黃而盡用樂焉江淮閒一茅三脊爲神藉五色土益雜封縱遠方奇獸蜚禽及白雉諸物頗以加禮（武紀漢書禮作祠）兕牛犀象之屬不用皆至泰山然后去（然後去三字本作祭后土依武紀漢書改）封禪祠其夜若有光晝有白雲起封中天子從禪還坐明堂羣臣更上壽於是制詔御史朕以眇眇之身承至尊兢兢焉懼不任維德菲薄不明於禮樂脩祠太一若有象景光屑如有望震於怪物欲止不敢遂登封泰山至于梁父而後禪肅然自新嘉與士大夫更始賜民百戶牛一酒十石加年八十孤寡布帛二匹復博奉高蛇丘歷城無出今年租稅其大赦天下如乙卯赦令行所過毋有復作事在二年前皆勿聽治又下詔曰古者天子五載一巡狩用事泰山諸侯有朝宿地其令諸侯各治邸泰山下天子既已封泰山無風雨災而方士更言蓬萊諸神

若將可得於是上欣然庶幾遇之乃復東至海上望冀遇蓬萊焉奉車子侯暴病一日死上乃遂去並海上北至碣石巡自遼西歷北邊至九原五月反至甘泉有司言寶鼎出爲元鼎以今年爲元封元年其秋有星茀於東井後十餘日有星茀於三能望氣王朔言候獨見塡星出如瓜（塡當依武紀作其索隱云樂產包愷并作旗旗其之借字漢志作塡誤字也其星即上茀星若塡星則光微小不能如瓜也）食頃復入焉有司皆曰陛下建漢家封禪天其報德星云其來年冬郊雍五帝還拜祝太一贊饗曰德星昭衍厭維休祥壽星仍出淵耀光明信星昭見皇帝敬拜大祝之享其春公孫卿言見神人東萊山若云欲見天子天子於是幸緱氏城拜卿爲中大夫遂至東萊宿留之數日無所見見大人跡云復遣方士求神怪采芝藥以千數是歲旱於是天子既出無名乃禱萬里沙過祠泰山還至瓠子自臨塞決河留二日沈祠而去

使二卿將卒塞決河。徙二渠。復禹之故跡焉。是時既滅兩越。越人勇之乃言。越人俗鬼。而其祠皆見鬼。數有效。昔東甌王敬鬼。壽百六十歲。後世怠慢。故衰耗。乃令越巫立越祝祠。安臺無壇。亦祠天神上帝百鬼。而以雞卜。上信之。越祠雞卜始用。公孫卿曰。僊人可見。而上往常遽。以故不見。今陛下可為觀。如緱氏（依武紀漢書補氏字）城。置脯棗。神人宜可致也。且僊人好樓居。於是上令長安則作蜚廉桂觀。甘泉則作益延壽觀。（益延壽觀謂益壽延壽二觀也札記不解古人句法謂益為衍字殊繆）使卿持節設具而候神人。乃作通天莖臺。置祠具其下。將招來僊。神人之屬。於是甘泉更置前殿。始廣諸宮室。夏有芝生殿房（武紀房作防）內中。天子為塞河。興通天臺。若見有光云。乃下詔。甘泉房中（武紀房作防）生芝九莖。赦天下。毋有復作。其明年。伐朝鮮。夏旱。公孫卿曰。黃帝時封則天旱。乾封三年。上乃下詔曰。天旱。意乾封乎。其令天下尊祠靈星焉。其明年。上郊雍。通囘中道。巡之。春至鳴澤。從西河歸。其明年。冬。上巡南郡。至江陵。而東登禮灊之天柱山。號曰南嶽。浮江自尋陽出樅陽。據此則樅陽在彭蠡上今桐城之樅陽殆非也過彭蠡。禮其名山川。北至琅邪。竝海上。四月中至奉高脩封焉。初天子封泰山。泰山東北阯。古時有明堂處。處險不敞。上欲治明堂奉高旁。未曉其制度。濟南人公玉帶上黃帝時明堂圖。明堂圖中有一殿。四面無壁。以茅蓋。通水。圜宮垣為複道。漢志圖上重水字非是此句下六字連讀上有樓。從西南入。命曰昆侖。天子從之入。以拜祠上帝焉。於是上令奉高作明堂汶上。如帶圖。及五年修封。則祠太一五帝於明堂上坐。令高皇帝祠坐對之。祠后土於下房。以二十太牢。天子從昆侖道入。始拜明堂如郊禮。禮畢。燎堂下。而上又上泰山。自有祕祠其巔。而泰山下。祠五帝各如其方。黃帝并赤帝所。所本作而依漢書改所字句絕有司侍祠焉。山上舉火。下悉應之。其後二歲十一月甲子朔旦冬至。推曆者以本統。天子親至泰山。以十一月甲子朔旦冬至日祠上帝明堂。毋修封禪。武紀漢書毋作毋某案毋字是是年不修封禪但以甲子朔旦冬至爲推曆者本統遂至泰山祠明堂故以贊饗以增授神策爲詞也其贊饗曰。天增授皇帝太元神策。周而復始。皇帝敬拜太一。東至海上。考入海及方士求神者。莫驗。然益遣。冀遇之。十一月乙酉。柏梁烖。十二月甲午朔。上親禪高里。祠后土。臨勃海。將以望祀蓬萊之屬。冀至殊廷焉。上還。以柏梁烖故。朝受計甘泉。公孫卿曰。黃帝就靑靈臺。十二日燒。黃帝乃治明廷。明廷。甘泉也。方士多言古帝王有都甘泉者。其後天子又朝諸侯甘泉。甘泉作諸侯邸。勇之乃曰。越俗有火烖。復起屋必以大。用勝服之。於是作建章宮。度爲千門萬戶。前殿度高未央。其東則鳳闕。高二十餘丈。其西則唐中。梁云漢志作商中然西都西京賦皆用唐中字數十里虎圈。其北治大

池漸臺高二十餘丈命曰太液池中有蓬萊方丈瀛洲壺梁象海中神
山龜魚之屬其南有玉堂壁門大鳥之屬乃立神明臺井幹樓度五十
丈輦道相屬焉夏漢改厤以正月爲歲首而色上黃官名更印章以五
字爲太初元年（武紀漢書爲上有因字）是歲西伐大宛蝗大起丁夫人雒陽虞初
等以方祠詛匈奴大宛焉其明年有司上言雍五畤無牢熟具芬芳不
備乃令祠官進畤犢牢具色食所勝而以木禺馬代駒焉獨五月嘗駒
行親郊用駒及諸名山川用駒者悉以木禺馬代行過乃用駒他禮如
故其明年東巡海上考神僊之屬未有驗者方士有言黃帝時爲五城
十二樓以候神人於執期命曰迎年上許作之如方命曰明年上親禮
祠上犢黃焉（本作上親禮祠上帝焉武紀上帝下多衣上黃三字今依漢志校改此但候神人不祀上帝也）公玉帶曰
黃帝時雖封泰山然風后封巨（梁云補紀人表郊祀志幷作封鉅）岐伯令黃帝封東泰

以下一篇總會

再提爲下候神無效作𢿱神氣縱遊梁氏志疑乃云繆劇漢志隔絕文義眞肓論也

山禪凡山合符然後不死焉天子既令設祠具至東泰山東依武紀漢志補東字泰山卑小不稱其聲乃令祠官禮之而不封禪焉其後令帶奉祠候神物夏遂還泰山修五年之禮如前而加以禪祠石閭石閭者在泰山下阯南方方士多言此僊人之閭也故上親禪焉其後五年復至泰山修封還過祭恒山今天子所興祠太一后土三年親郊祠建漢家封禪五年一修封薄忌太一及三一冥羊馬行赤星五寬舒之祠梁云漢志作五牀寬舒之祠地理志谷口縣有五牀山祠此脫牀字官以歲時致禮凡六祠皆太祝領之至如八神諸神明年凡山他名祠行過則祠行去則已方士所興祠各自主其人終則已祠官不主他祠皆如其故今上封禪其後十二歲而還徧於五嶽四瀆矣而方士之候祠神人入海求蓬萊終無有驗而公孫卿之候神者猶以大人之跡爲解無有效天子益怠厭方士之怪迂語矣然羈縻

不絕。冀遇其眞。自此之後。方士言祠神者彌衆。然其效可睹矣。

太史公曰。余從巡祭天地諸神名山川而封禪焉。入壽宮侍祠神語。究觀方士祠官之意。於是退而論次自古以來用事於鬼神者。具見其表裏。後有君子。得以覽焉。若至俎豆珪幣之詳。獻酬之禮。則有司存。

某案此書以怪迂不經爲主

此引書與封禪詩引云紂在位文王受命政不及泰山皆非今詩書中語

河渠書第七

夏書曰禹抑（索隱抑者遏也漢志作堙錢云堙抑遏閼皆相轉益稷疏引作湮）洪水十三年過家不入門（當依益稷疏句上有三字）陸行乘（北宋本作載益稷疏同）車水行載舟泥行蹈（索隱毳益稷作乘蹺作橇音蹻其引漢書作毳）山行即橋（漢志即橋作則蹻）以別九州隨山浚川任土作貢通九道陂九澤度九山然河菑衍（漢志衍作羨顏音同衍）溢害中國也尤甚惟是為務故道河自積石歷龍門南到華陰東下砥（漢志砥作底下同）柱及孟津雒汭（漢志孟作盟汭作內）至于大邳（漢書作伾）於是禹以為河所從來者高水湍悍難以行平地數為敗乃廝二渠以引其河（廝當依索隱本作灑）北載之高地過降水至于大陸播為九河同為逆（當依漢志逆作迎觀後贊作迎河則史記本亦作迎）河入于勃海九川既疏九澤既灑諸夏艾安功施于三代自是之後滎陽下引河東南為鴻溝以通宋鄭陳蔡曹衛與濟汝淮泗會於楚西方則通渠漢水雲夢之野

茅順甫云傳河渠幷及天
下名川經緯可觀某案此
皆所謂渠也以河爲經以
諸渠爲緯故曰河渠書

東方則通鴻溝江淮之閒梁云鴻字因上鴻溝而衍漢志無某案漢志脫鴻字此通鴻溝通江淮兩事也若作通溝
則與上通渠句不變又通渠改言通溝則不辭鴻溝與淮泗會故爲楚瀆於吳則通渠三江五湖於齊則通
菑濟之閒於蜀蜀守冰鑿離碓漢志碓作堆辟沫水之害穿二江成都之中
漢書無之字此渠皆可行舟有餘則用漑浸百姓饗其利至於所過往往引
其水益用漑田疇之渠以萬億計然莫足數也西門豹引漳水漑鄴漢書
以此爲史起事幷載起言西門豹不知用漳水案褚少孫續滑稽傳言西門豹鑿十二渠引河水灌田水經注兩載豹起引漳事載記歧異不
專以漢志爲據也以富魏之河內而韓聞秦之好興事欲罷之毋令東伐乃使
水工鄭國閒說秦令鑿涇水自中山通典中作仲西邸瓠口爲渠竝北山東
注洛三百餘里欲以漑田中作而覺秦欲殺鄭國鄭國曰始臣爲閒然
渠成亦秦之利也秦以爲然卒使就渠渠就用注塡閼之水顏云閼同淤音於據
反漑澤索隱一作舄或作斥漢志作舄鹵之地四萬餘頃收皆畝一鍾於是關中爲沃

此何神理振勁與下卒塞瓠子決蚡壍相通凡爲文必有此等然後氣足以舉其詞

鄭當時番係張湯莊熊羆等奏言通渠事文辭皆極骫楝太史公論事文多用此種

野無凶年秦以富彊卒幷諸侯因命曰鄭國渠漢興三十九年孝文時（事在十二年）河決酸棗東潰金堤於是東郡大興卒塞之其後四十有餘年（某案四當爲三漢興三十九年當文帝之十二年班書文紀是歲河決東郡即此文所云決酸棗也其後三十六年當武帝元光三年武紀是年河水決濮陽氾郡十六發卒十萬救決河即此文決瓠子也漢志正作三十六年）今天子元光之中而河決於瓠子東南注鉅野通於淮泗於是天子使汲黯鄭當時興人徒塞之輒復壞是時武安侯田蚡爲丞相其奉邑食鄃鄃居河北河決而南則鄃無水菑邑收多蚡言於上曰江河之決皆天事未易以人力爲彊塞塞之未必應天而望氣用數者亦以爲然於是天子久之不事復塞也是時鄭當時爲大農言曰異時關東漕粟從渭上（渭下依漢志删中字）度六月而罷（漢書無而字）而漕水道九百餘里時有難處引渭穿渠起長安並南山下至河三百餘里徑易漕度可令三月罷而渠下民田萬餘頃又可得以溉

田（田讀維禹甸之之甸下文今溉田田之是其證漢志誤奪田字）此損漕省卒而益肥關中之地得穀

天子以爲然令齊人水工徐伯表悉發卒數萬人穿漕渠（漢書無悉字）三歲

而通通以漕大便利其後漕稍多而渠下之民頗得以溉田矣其後河

東守番係言漕從山東西歲百餘萬石更砥柱之限（漢志限作艱某案下文山東從汚無

限限字是）敗亾甚多而亦煩費穿渠引汾溉皮氏汾陰下引河溉汾陰蒲坂

下度可得五千頃五千頃故盡河壖（堧）棄地民茭牧其中耳今溉田之度

可得穀二百萬石以上穀從渭上與關中無異而砥柱之東可無復漕

天子以爲然發卒數萬人作渠田數歲河移徙渠不利則田者不能償

種久之河東渠田廢予越人令少府以爲稍入（周禮內宰注稍吏祿廩也索隱說爲稍少其說

陋甚）其後人有上書欲通褒斜道及漕事下御史大夫張湯湯問其事因

言抵蜀從故道故道多阪回遠今穿褒斜道少阪近四百里而褒水通

此處忽遙接前文敍極斗峻此下兼及封禪巡察乾封絫敍閼遂乘勢落塞決河神不散漫此史公舊法

沔斜水通渭皆可以行船漕漕從南陽上沔入褒褒之(漢志無之字案有者是此句注下爲文)絕水至斜閒百餘里以車轉從斜下下渭(漢志不重下字非是斜下者斜水之下也)如此漢中之穀可致山東從沔無限(無限無關限也猶上言更砥柱之限正義云無限言多也陋甚)便於砥柱之漕且褒斜材木竹箭之饒擬於巴蜀天子以爲然拜湯子卬爲漢中守發數萬人作褒斜道五百餘里道果便近而水湍石(徐云湍一作浚)不可漕其後莊熊羆言(漢志無熊字)臨晉民願穿洛以溉重泉以東萬餘頃故鹵地(漢志鹵作惡通典同)誠得水可令畝十石於是爲發卒萬餘人穿渠自徵引洛水至商顏(服虔音崖)下(本作商顏山下衍山字梁云顏與岸同人表屠岸賈作屠顏賈)岸善崩乃鑿井深者四十餘丈往往爲井井下相通行水水頽(隤)以絕商顏東至山嶺十餘里閒井渠之生自此始穿渠得龍骨故名曰龍首渠作之十餘歲渠頗通猶未得其饒自河決瓠子後二十餘歲歲因以數不登而梁楚之地

二歌亦與前錄諸奏相對此布局之警

尤甚天子既封禪巡祭山川其明年旱乾封少雨天子乃使汲仁郭昌發卒數萬人塞瓠子決於是天子已用事萬里沙（地理志東萊郡曲成有萬里沙廟）則還自臨決河沈（湛）白馬玉璧於河令羣臣從官自將軍已下皆負薪竇決河是時東郡燒草以故薪柴少而下淇園之竹以爲楗天子既臨河決悼功之不成乃作歌曰瓠子決兮將奈何皓皓旰旰（漢志旰作洋）兮閭殫爲河（錢云漢志閭作慮慮閭以同音借用遼東無慮縣以醫無閭山得名）殫爲河兮地不得寧功無已時兮吾山平（徐云東郡東阿有魚山或者是乎）吾山平兮鉅野溢魚沸（漢書作弗）鬱兮柏冬日延（徐廣云延一作正錢云漢書作正古文正與征通征或作延因譌爲延）道弛兮離常流蛟龍騁兮方（梁云漢志水經方作放）遠遊歸舊川兮神哉沛不封禪兮安知外爲我謂河伯兮何不仁泛濫不止兮愁吾人齧桑浮兮淮泗滿久不反兮水維緩一曰河湯湯兮激潺湲北渡迂兮浚流難（漢志迂作迴浚作迅）搴長茭（師古云茭字宜從竹梁云說文緊傳引作

於是七句用重筆鎮壓前文此下為餘波仍從諸渠用一句收入河峻極

治河除水害穿渠與水利也

茭兮沈美玉河伯許兮薪不屬薪不屬兮衛人罪燒蕭條兮噫乎何以禦水穨林竹兮楗石菑（某案菑讀公羊傳以人為菑之菑）宣房（漢志房作防）塞兮萬福來於是卒塞瓠子築宮其上名曰宣房宮而道河北行二渠復禹舊迹而梁楚之地復寧無水災自是之後用事者爭言水利朔方西河河西酒泉皆引河及川谷以溉田而關中輔渠靈軹引堵水汝南九江引淮東海引鉅定泰山下引汶水皆穿渠為溉田各萬餘頃佗小渠披山通道者（漢書作陂山某案五帝紀披山通道徐廣云他本亦作陂字披語誠合今世然古今不必同也）不可勝言然其著者在宣房

太史公曰余南登廬山觀禹疏九江遂至於會稽太湟上姑蘇望五湖東闚洛汭大邳迎河行淮泗濟漯洛渠西瞻蜀之岷山及離碓北自龍門至於朔方曰甚哉水之為利害也余從負薪塞宣房悲瓠子之詩而

作河渠書●

某案此書以水之利害爲主治河除水害也穿渠興水利也

河渠書第七　　　　史記二十九

張廉卿云歸震川大塘打綫之說唯此文曲盡其妙又云文如神龍蜿蜒煙雲繚繞變滅光采鱗爚鱗甲隱見奇妙無匹當爲史公第一篇文字又云篇中妙處最在以卜式爲奇兵時時出沒不常使人不可捉摸

柯維騏姚郎中皆以贊爲此文發端愚謂此起句漢與接秦之弊正以無端而來爲貴後贊以秦弊終之爲此句申解亦自相首尾柯姚說似不足據

平準書第八

漢興接秦之弊丈夫從軍旅老弱轉糧饟作業劇而財匱自天子不能具鈞駟（漢書鈞作醇）而將相或乘牛車齊民無藏蓋於是爲秦錢重難用更令民鑄莢錢（依索隱本增莢字）黃金一斤（何上刪一字北宋本無此字索隱本同傳寫誤衍）約法省禁而不軌逐利之民蓄積餘業（漢書作贏）以稽市物物踊騰（當依大姚糶屬下句）糶米至石萬錢馬一匹則百金天下已平高祖乃令賈人不得衣絲乘車重租稅以困辱之孝惠高后時爲天下初定復弛商賈之律然市井之子孫亦不得（依漢書刪仕字）宦爲吏量吏祿度官用以賦於民而山川園池市井租稅之入自天子以至于封君湯沐邑皆各爲私奉養焉不領於天下之經費漕轉山東粟以給中都官歲不過數十萬石至孝文時莢錢益多輕乃更鑄四銖錢其文爲半兩令民縱得自鑄錢故吳諸侯也以即山

泳歎盛美轉入衰耗總挈後文氣體醲厚他家所無

鑄錢富埒天子其後卒以叛逆鄧通大夫也以鑄錢財過王者故吳鄧氏錢布天下而鑄錢之禁生焉匈奴數侵盜北邊屯戍者多邊粟不足給食當食者於是募民能輸及轉粟於邊者拜爵爵得至大庶長孝景時上郡以西旱亦復脩賣爵令（錢云此賣爵非賣官爵自公士至公乘凡八等雖有爵猶不得復除與編戶無異自五大夫至大庶長十等爵雖高初無職事孝武乃有入羊爲郎之例其後置武功爵爵至官首得試補吏先除雖云賣爵亦得入仕蓋祖朝錯而失之者也）而裁其價以招民（裁本作賤依漢志改）及徒復作得輸粟縣官以除罪益造苑馬以廣用而宮室列觀輿馬益增脩矣至今上即位數歲漢興七十餘年之閒國家無事非遇水旱之災民則人給家足都鄙廩庾皆滿（漢書皆作盡）而府庫餘貨財京師之錢累巨萬貫朽而不可校太倉之粟陳陳相因充溢露積於外至腐敗不可食衆庶街巷有馬阡陌之閒成羣而乘字牝者擯而不得聚會守閭閻者食粱肉爲吏者長子孫居官

張云由文景至武帝作兩層頓挫條理分明局度緬邈又使文氣磅薄昌盛厚集其勢至天下苦其勞以下三行將後文種種一總蹴括在內而以闊遠之勢出之遂使全篇一齊挈起以後雖縱橫拉雜敘去而萬變騰躍盡入環中自爾有條而不紊也

者以爲姓號故人人自愛而重犯法先行義而後絀恥辱焉王氏雜志依漢志減後字非是此文後絀二字連讀去一字則句勢不壯當此之時網疏而民富役財驕溢或至兼并豪黨之徒以武斷於鄉曲宗室有土公卿大夫以下爭于奢侈室廬輿服僭于上無限度物盛而衰固其變也自是之後嚴助朱買臣等招來東甌事兩越江淮之閒蕭然煩費矣唐蒙司馬相如開路西南夷鑿山通道千餘里以廣巴蜀巴蜀之民罷焉彭吳賈滅朝鮮錢云漢志彭吳穿穢貊朝鮮疑滅當爲濊字之譌與歲穢同賈讀商賈之賈謂彭吳與穢朝鮮貿易因得通道置郡也某案他無可見無以決其是非姑兩存之置滄海之郡則燕齊之閒靡然發動及王恢設謀馬邑匈奴絕和親侵擾北邊兵連而不解天下苦其勞而干戈日滋行者齎居者送中外騷擾而相奉百姓抏弊以巧法財賂衰耗而不贍入物者補官出貨者除罪選舉陵遲廉恥相冒武力進用法嚴令具興利之臣自此始也其後漢將

張云以擊胡通西南夷而田南夷入粟興利之事一

張云以與滄海郡築朔方而募民入奴婢入羊興利之事二

歲以數萬騎出擊胡。及車騎將軍衛青取匈奴河南地。築朔方。當是時。漢通西南夷道。（元光五年）作者數萬人千里負擔饋糧。率十餘鍾致一石散幣於卭僰以集之。數歲道不通。蠻夷因以數攻吏。吏發興誅之。（依漢志重吏字）（發兵依索隱改發興興謂興兵漢律有興篇）悉巴蜀租賦。不足以更之。乃募豪民田南夷入粟縣官。而內受錢於都內。東置滄海之郡。人徒之費。擬於南夷。又興十萬餘人築衛朔方。轉漕甚遼遠。自山東咸被其勞。費數十百巨萬。府庫益虛。乃募民能入奴婢。得以終身復。爲郎增秩。及入羊爲郎。始於此。其後四年。而漢遣大將軍。（依漢書武紀將下補軍字下文作大將軍）將六將軍。軍十餘萬。擊右賢王。獲首虜萬五千級。明年大將軍將六將軍。仍再出擊胡。得首虜萬九千級。捕斬首虜之士受賜黃金二十餘萬斤。虜數萬人皆得厚賞。衣食仰給縣官。而漢軍之士馬死者十餘萬。兵甲之財。轉漕之費不與焉。

張云以鬻胡而賣爵興利之事三因言以賣爵而吏雜職廢以至于峻法雖尊儒術而俗益騖於功利爲文中樞紐

於是大農陳藏錢經經徑之借字耗賦稅既竭猶不足以奉戰士有司言天子曰朕聞五帝之教不相復而治禹湯之法不同道而王所由殊路而建德一也北邊未安朕甚悼之日者大將軍攻匈奴斬首虜萬九千級留蹛無所食議令民得買爵及贖禁固漢書武紀作錮免減罪請置賞官此句以上皆有司引詔書之言此句以下乃有司自列所請三王世家儒林傳序所載諸奏引詔書皆此例命曰武功爵級十七萬劉貢父云十七萬衍萬字蓋其級十七也姚郎中云上言捕斬首虜之士受賜黃金二十餘萬而大農無以與之乃置武功爵以賞戰士戰士得此爵得賣與民其直錢十七萬則當一級劉貢父衍萬字非也某案以民買爵之錢充賞戰士故命所賣爵曰武功爵姚謂軍士得賣爵與民亦非凡直三十餘萬金諸買武功爵官首者試補吏先除千夫如五大夫其有罪又減二等爵得至樂卿此舊爵之樂卿也據漢書音義舊二十爵十爵以上至十八爵爲樂卿十九至二十爵爲公此言賣爵得至十八爵十八爵乃大庶長此與文帝時賣爵得至大庶長無異但此爲武功爵以舊爵比例耳臣瓚注引茂陵書武功爵十一級其第八級曰樂卿師古據以釋此文是武功止八爵矣大誤故索隱謂是後人紀述失次也又案索隱官首武功

張廉卿以此爲上段收束非也上段止官職耗廢句此文乃下段發端言張湯峻法爲害雖外假儒術無益於俗功利由此大盛遂致財竭而用桑孔也

張云篇中敘事往往橫鶩別驅敘此事未竟忽入他事若有意若無意若相屬若不相屬然細尋繹之意緒皆自然貫串一綫相承實無一不連屬也廢格沮誹四字沮即沮事誹即腹誹見酷吏傳

張云以復擊胡及諸耗費

爵第五千夫武功爵第七悉謂上文武功爵級十七萬凡直三十餘萬金疑武功爵止官首千夫二級級十七萬二級直三十餘萬也爵得至樂卿者謂有爵者也樂卿十爵以上前云如五大夫五大夫十爵以下蓋舊無爵則可買千夫比十爵以下之五大夫舊有爵則可加高其爵得比十爵以上之樂卿也以顯軍功軍功多用越等大者封侯卿大夫小者郎吏吏道雜而多端則官職耗廢自公孫弘以春秋之義繩臣下取漢相張湯用峻文決理爲廷尉於是見知之法生而廢格沮誹窮治之獄用矣其明年元狩元年淮南衡山江都王謀反迹見而公卿尋端治之竟其黨與而坐死者數萬人長吏益慘急而法令明察當是之時招尊方正賢良文學之士或至公卿大夫公孫弘以漢相布被食不重味爲天下先然無益於俗稍騖於功利矣其明年驃騎仍再出擊胡春出隴西夏出北地獲首四萬其秋渾邪王率數萬之衆來降於是漢發車二萬乘迎之既至受賞賜及有功之士是歲費凡百餘巨萬初先是往十餘歲河決觀瓚云是時河決瓠子

而造白金皮幣興利之事四因及孔僅等進用以開下鹽鐵興利之事

上文千迴百轉乃入此句方頓又起轉入商賈不佐

不及觀也漢書作灌某案依文當作觀屬上讀若作灌梁楚之地則下固己數困句虛懸無薄也梁楚之地固己數困而緣河之郡隄塞河輒決壞費不可勝計其後番係欲省底柱之漕穿汾河渠以為溉田作者數萬人鄭當時為渭漕渠回遠鑿直渠自長安至華陰作者數萬人朔方亦穿渠作者數萬人各歷二三期功未就費亦各巨萬十數天子為伐胡故依漢志補故字屬上讀盛養馬馬之來食長安者數萬匹卒牽掌者關中不足乃調旁近郡而胡降者皆衣食縣官縣官不給天子乃損膳解乘輿駟出御府禁藏以贍之其明年元狩三年山東被水菑民多飢乏於是天子遣使者虛郡國倉廥以振貧民猶不足又募豪富人相貸假尚不能相救乃徙貧民於關以西及充朔方以南新秦中七十餘萬口衣食皆仰給縣官數歲假予產業使者分部護之冠蓋相望其費以億計不可勝數於是縣官大空而富商大賈或蹛漢書作墆財

縣官黎民重困與縣官大空作兩層頓束始入造幣贍用筆勢十分酣恣

張云著此數語下文鹽鐵緡錢均輸平準及鬻爵卜式諸事悉皆樓臺倒影矣

役貧轉轂百數廢居居邑封君皆氐首仰給（氐晉灼音抵拒顏音丁奚反）冶鑄煑鹽財或累萬金而不佐國家之急黎民重困於是天子與公卿議更錢造幣以贍用而摧浮淫并兼之徒是時禁苑有白鹿而少府多銀錫自孝文更造四銖錢至是歲四十餘年從建元以來用少縣官往往即多銅山而鑄錢民亦間盜鑄錢不可勝數錢益多而輕物益少而貴有司言曰古者皮幣諸侯以聘享金有三等黃金爲上白金爲中赤金爲下今半兩錢法重四銖而姦或盜摩錢裏取鋊錢益輕薄而物貴則遠方用幣煩費不省乃以白鹿皮方尺緣以藻繢（集解藻一作紫）爲皮幣直四十萬王侯宗室朝覲聘享必以皮幣薦璧然後得行又造銀錫爲白金以爲天用莫如龍地用莫如馬人用莫如龜故白金三品其一曰重八兩圜之其文龍名曰白選（漢書作撰）直三千（棻案三字疑衍直千直五百直三百三等相權若直三千則與五百三百輕重甚不

張云至此出宏羊乃文中驪龍珠也餘皆雲也卜式尤雲之奇變莫測者也三人言利事析秋豪矣語意已趨注末段矣

前文往復頓挫乃入此三句而以言利析秋毫逆攝後半篇張廉卿云前段之末連及張湯峻文繩下以下節次相承究極其事至杜周治緡錢而縣官用饒此段之末連及咸陽桑孔以下節次相承究極其事至於宏羊建置平準而天下用饒某謂張說未是宏羊置平準爲一篇歸宿張湯杜周等皆是客義不能與爲對待此由廉卿誤以宏湯峻文繩下爲前段收束不知其爲此段緣起酷刑無益浮淫并兼不能摧盜鑄不能禁於是乃用桑

倖矣

二曰以重差小方之其文馬直五百三曰復小撱之其文龜直三百令縣官銷半兩錢更鑄三銖錢文如其重盜鑄諸金錢罪皆死而吏民之盜鑄白金者不可勝數於是以東郭咸陽孔僅爲大農丞領鹽鐵事桑弘羊以計算用事侍中此句漢書作而桑弘羊貴幸咸陽齊之大煑鹽孔僅南陽大冶皆致生累千金故鄭當時進言之弘羊雒陽賈人子以心計年十三侍中故三人言利事析秋豪矣法既益嚴吏多廢免兵革數動民多買復及五大夫千夫二字依漢志補徵發之士益鮮錢云晁錯言爵至五大夫乃復卒一人武帝置武功爵千夫如五大夫故五大夫與千夫皆不在徵召之限於是除千夫五大夫爲吏不欲者出馬錢云吏多廢免買爵者多不顧除吏故又使出馬故吏皆適適上依索隱本删通字令伐棘上林作昆明池

其明年元狩四年太將軍驃騎大出擊胡得首虜八九萬級賞賜五十萬金漢軍馬死者十餘萬匹轉漕車甲之費不與焉是時財匱戰士頗不得

孔則宏湯峻法正桑孔進用之由桑孔進用又以孔客而桑主其神氣直貫注平準結處也

張云承前法嚴吏廢因言復以伐胡財匱而舉行鹽鐵興利之事五

又云篇中一路踏蹲相銜純以斷續之法行之每每更迭相間以遙爲承遞局勢彌極展拓衰遠而彌極緊湊

張云承前幣言遺以商賈積貨而算緡錢興利之事六中插鬻卜式一段尤爲俶詭與前後若不相屬然空靈洞映神光合離實極草蛇灰綫嶺斷雲連之妙

祿矣。有司言三銖錢輕易姦詐。乃更請諸郡國鑄五銖錢。周郭其下。令不可磨取鋊焉。（漢書不可下有得字無焉字）大農上鹽鐵丞孔僅咸陽言山海天地之藏也。皆宜屬少府。陛下不私。以屬大農佐賦。願募民自給費。因官器作煑鹽。官與牢盆。浮食奇民。欲擅管山海之貨。以致富羨。役利細民。其沮事之議不可勝聽。敢私鑄鐵器煑鹽者。釱左趾。沒入其器物。郡不出鐵者。置小鐵官。便屬在所縣。使孔僅東郭咸陽乘傳舉行天下鹽鐵。作（顔監以作字下屬誤此讀自作字絕之下文諸賈人末作諸作有租及鑄上文因官器作幷與此作字同）官府除故鹽鐵家富者。爲吏。吏道益雜。不選。而多賈人矣。商賈以幣之變。多積貨逐利。於是公卿言。郡國頗被菑害。貧民無產業者。募徙廣饒之地。陛下損膳省用。出禁錢以振元元。寬貸賦。而民不齊出於南畝。商賈滋衆。貧者畜積無有。皆仰縣官。異時算軺車賈人緡錢皆有差。（錢云異時謂漢初也高祖重租稅以困辱賈人）

突起提下此篇中特筆

張云入卜式一段最奇蕩不可狀史公此等處所謂乘風翻雲所謂絕迹無行地也

蓋謂此請算如故。諸賈人末作貰貸賣買。案說文賣讀若育玉篇賣或作粥潚此賈買及上文賈鬻字皆作賣讀潚與賣字形似而亂、居邑稽諸物及商以取利者。雖無市籍。各以其物自占。率緡錢二千而一算。諸作有租及鑄。率緡錢四千一算。非吏比者三老北邊騎士。軺車以一算。商賈人軺車二算。船五丈以上一算。匿不自占占不悉。戍邊一歲。沒入緡錢。有能告者。以其半畀之。賈人有市籍者及其家屬。皆無得籍名田以便農。漢志脫籍字誤敢犯令。沒入田僮。天子乃思卜式之言。召拜式爲中郎。爵左庶長。賜田十頃。布告天下。使明知之。初卜式者。河南人也。以田畜爲事。親死。式有少弟。弟壯。式脫身出分。獨取畜羊百餘。田宅財物盡予弟。式入山牧十餘歲。羊致千餘頭。買田宅。而其弟盡破其業。式輒復分與弟者數矣。是時漢方數使將擊匈奴。卜式上書。願輸家之半縣官助邊。天子使使問式。欲官乎。式曰。臣少牧不習仕宦不願也使問曰家豈有寃欲言事乎式曰臣生與人無分爭某案分當讀忿式邑人貧者貸之不善者教順之所居人皆從式式何故見寃於人無所欲言也使者曰苟如此子何欲而然式曰天子誅匈奴愚以爲賢者宜死節於邊有財者宜輸委如此而匈奴可滅也使者具其言入以聞天子以語丞相弘弘曰此非人情不軌之臣不可以爲化而亂法願陛下勿許於是上久不報式數歲乃罷式式歸復田牧歲餘會軍數出渾邪王等降縣官費衆倉府空其明年貧民大徙皆仰給縣官無以盡贍卜式持錢二十萬予河南守以給徙民河南上富人助貧人者籍天子見卜式名識之曰是固前而欲輸其家半助邊乃賜式外繇四百人式又盡復予縣官是時富豪皆爭匿財惟式尤欲輸之助費天子於是以式終長者故尊顯以風百姓初式不願爲郎上曰吾有羊上林中王氏

而孔僅之使六句突然挽轉卽遞入均輸爲平準張本平準因均輸立也張云因卜式拜齊太傅趁勢入僅拜大農遂趁勢入宏羊而逗出均輸與末一段蚡蠁相通矣

羅志羊下校增任字誤甚王氏往往改古句爲俗句欲令子牧之式乃拜爲郎布衣屩而牧羊歲餘羊肥息上過其羊所善之本作上過見其羊依漢志改式曰非獨羊也治民亦猶是也以時起居惡者輒斥去毋令敗羣上以式爲奇拜爲緱氏令試之緱氏便之遷爲成皋令將漕最上以爲式朴忠拜爲齊王太傅而孔僅之使天下鑄作器三年中拜爲大農列於九卿而桑弘羊爲大農丞筦諸會計事稍稍置均輸以通貨物矣始令吏得入穀補官郎至六百石

自造白金五銖錢後五歲元鼎五年赦吏民之坐盜鑄金錢死者數十萬人其不發覺相殺者不可勝計赦自出者百餘萬人然不能半自出天下大抵無慮皆鑄金錢矣犯者衆吏不能盡誅取於是遣博士褚大徐偃等分曹循行郡國舉兼并之徒守相爲吏者漢志吏誤利此事漢書武紀在元狩六年前造白金皮幣在元狩四年均與平準書差互不同而御史大夫張湯方隆貴用事減宣杜周等爲中

顏異誅句與前天子乃思卜式句同

張云又承造白金五銖錢而及張湯等刻深之事前與張湯決理後與杜周治緡錢爲脈絡以著因與利而峻法之弊而究其終極也

張云算緡錢尊卜式而天下莫應因至告緡錢興利之事七赤側錢及輸銅三官興利之事八　又云此

丞義縱尹齊王溫舒等用慘急刻深爲九卿而直指夏蘭之屬始出矣而大農顏異誅初異爲濟南亭長以廉直稍遷至九卿上與張湯旣造白鹿皮幣問異異曰今王侯朝賀以蒼璧直數千而其皮薦反四十萬本末不相稱天子不說張湯又與異有郤及人有告異以他議事下張湯治異異與客語客語初令下有不便者異不應微反脣湯奏當異九卿見令不便不入言而腹誹論死自是之後有腹誹之法比比字本作以此二字表漢志改比則例也淺人妄改以此二字而公卿大夫多諂諛取容矣天子旣下緡錢令而尊卜式百姓終莫分財佐縣官於是楊可告緡錢縱矣王氏校刪楊可二字非是郡國民依索隱本增民字多姦鑄錢錢多輕而公卿請令京師鑄鍾官赤側梁云百官表水衡都尉之屬有鍾官主鑄錢者一當五賦官用非赤側不得行白金稍賤民不寶用縣官以令禁之無益歲餘白金終廢不行是歲也張湯死而民不思元鼎

段起處陡入楊可告緡忽閃入鑄錢叙至盜鑄益少復繞轉告緡一併趨入杜周治緡錢而商賈家破縣官用饒勢極飄忽奇縱而於事乃益順而得其實叙事眞有神工鬼斧風馳電掣之妙

張云卽治郡國緡錢與利之事九株遂徙入財與利之事十又云空中轉捩橫厲邁往奇宕恣肆又云篇中自所叙數大端外其餘興利峻法及一切苟且之計侈虛之政米鹽淩雜各以意隨時帶叙牽連附著其下不主故常閒綴微詞與爲跌宕以其理得而氣盛故曆焉而皆得其所安

（五年）其後二歲，赤側錢賤，民巧法用之，不便，又廢。於是悉禁郡國無鑄錢，專令上林三官鑄。錢既多，而令天下非三官錢不得行，諸郡國所前鑄錢皆廢銷之，輸其銅三官。而民之鑄錢益少，計其費不能相當，惟眞工大姦乃盜爲之。卜式相齊，而楊可告緡徧天下，中家以上大抵皆遇告。杜周治之，獄少反者。乃分遣御史廷尉正監分曹往，卽治郡國緡錢，得民財物以億計，奴婢以千萬數，田大縣數百頃，小縣百餘頃，宅亦如之。於是商賈中家以上大率破，民偷甘食好衣，不事畜藏之產業（當依漢志衍產字），而縣官有鹽鐵緡錢之故（漢書有作以），用益饒矣。益廣關，置左右輔。初，大農筦鹽鐵官布多，置水衡，欲以主鹽鐵。及楊可告緡錢，上林財物衆，乃令水衡主上林。上林既充滿，益廣。是時越欲與漢用船戰逐，乃大修昆明池，列觀環之。治樓船，高十餘丈，旗幟加其上，甚壯（漢書幟作織）。於是天子

張云此段又承上段縣官用饒而益侈費耗財無已故雖以鹽鐵均輸僅能贍之特爲縱極言之詞繁而不殺其意以起下一段有所注重故也

感之乃作柏梁臺高數十丈宮室之修由此日麗乃分緡錢諸官而水衡少府大農太僕各置農官往往卽郡縣比沒入田田之其沒入奴婢分諸苑養狗馬禽獸及與諸官諸官益雜置多徒奴婢衆（張刻歸史記徒作徙乃依誤本北宋本作徒）而下河漕度四百萬石及官自糴乃足所忠言世家子弟富人或鬭雞走狗馬弋獵博戲亂齊民乃徵諸犯令相引數千人命曰株送徒入財者得補郎郎選衰矣是時山東被河菑及歲不登數年人或相食方一二千里天子憐之詔曰江南火耕水耨令飢民得流就食江淮閒欲留留處遣使冠蓋相屬於道護之下巴蜀粟以振之其明年（元鼎四年）天子始巡郡國東度河河東守不意行至不辦自殺行西踰隴隴西守以行往卒天子從官不得食隴西守自殺於是上北出蕭關從數萬騎行獵新秦中（依漢志獵上增行字）以勒邊兵而歸新秦中或千里無亭徼於是

張云封君以下以差出牝馬興利之事十一張云忽又入卜式上書前與天子嘗卜式後與篇末數語爲橐籥也

誅北地太守以下・而令得民畜牧邊縣・官假馬母三歲而歸・及息什一・以除告緡用充仞新秦中・既得寶鼎・立后土太一祠・公卿議封禪事・而天下郡國皆豫治道橋・繕故宮・及當馳道縣・縣治官儲・設供具・而望以待幸・其明年・元鼎五年南越反・西羌侵邊爲桀・於是天子爲山東不贍・赦天下・梁云漢志作赦天下囚此缺囚字因南方樓船卒二十餘萬人擊南越・數萬人發三河以西騎擊西羌・又數萬人渡河築令居・索隱令音零姚氏音連錢云連令聲相近初置張掖酒泉郡・而上郡朔方西河河西開田官・斥塞卒六十萬人戍田之中・國繕道餽糧・遠者三千・近者千餘里・皆仰給大農・邊兵不足・乃發武庫工官兵器以贍之・車騎馬乏絕・縣官錢少・買馬難得・乃著令・令封君以下至三百石以上吏・以差出牝馬天下亭・亭有畜牸馬・歲課息・齊相卜式上書曰・臣聞主憂臣辱・南越反・臣願父子與齊習船者往死之・天子

下詔曰卜式雖躬耕牧不以爲利有餘輒助縣官之用今天下不幸有急而式奮願父子死之雖未戰可謂義形於內賜爵關內侯金六十斤田十頃布告天下天下莫應列侯以百數皆莫求從軍擊羌越至酎少府省金而列侯坐酎金失侯者百餘人乃拜式爲御史大夫式既在位見郡國多不便縣官作鹽鐵器苦惡（句上重鐵字依索隱本刪）賈貴或彊令民賣買之而船有算商者少物貴乃因孔僅言船算事上由是不悅卜式漢連兵三歲誅羌滅南越番禺以西至蜀南者置初郡十七（南海蒼梧鬱林合浦交阯九眞日南珠崖儋耳武都牂牁越嶲沈犂汶山犍爲零陵益州）且以其故俗治毋賦稅南陽漢中以往郡各以地比給初郡吏卒奉食幣物傳車馬被具而初郡時時小反殺吏漢發南方吏卒往誅之閒歲萬餘人費皆仰給大農大農以均輸調鹽鐵助賦故能贍之然兵所過縣爲以訾給毋乏而已不敢言擅賦法矣

張云此一段乃通篇歸宿故著此特筆而以卜式貶秩緣起意匠乃尤爲奇妙也

張云此吳道子畫龍點睛法也又云建置平準與利之事十二入粟補官贖罪給復興利之事十三

徐廣云擅一作緇某案擅賦蓋行軍時得專用民賦給軍也輸臺詔云止擅賦其法至彼時始止也其明年元封元年卜式貶秩爲太子太傅而桑弘羊爲治粟都尉領大農盡代僅筦天下鹽鐵弘羊以諸官各自市相與爭物故騰躍而天下賦輸或不償其僦費乃請置大農部丞數十人分部主郡國各往往縣置均輸鹽鐵官令遠方各以其物貴時商賈所轉販者爲賦而相灌輸置平準於京師都受天下委輸召工官治車諸器皆仰給大農大農之諸官盡籠天下之貨物貴卽賣之賤則買之如此富商大賈無所牟大利則反本而萬物不得騰踊故抑天下物名曰平準方侍郎云先是水衡少府大僕大農分受緡錢至是宏羊欲歸併大農也前此稍置均輸猶官自輸故或不償僦費今則令民以次相灌輸名不加賦而私費不留過之某案郡縣各置均輸官亦非令民自輸乃郡縣均輸官輸之京師但以物貴時價直爲賦爲加重耳天子以爲然許之於是天子北至朔方東到太山巡海上竝北邊以歸所過賞賜用帛百餘萬匹錢金以巨萬計皆取

六句極著平準功效最狡猶張云以上為結束篇中敘述擊胡以來興利之事愈多而愈不足至宏羊置平準令吏民入粟則民不益賦而天下用饒若以著其功者已乃綴此語以終之而無限痛疾孤憤之意悉隱寓於詞表妙遠不測至斯極矣

足大農。弘羊又請令吏得入粟補官。及罪人贖罪。令民能入粟甘泉各有差。以復終身不告緡。他郡國各輸急處。索隱及漢志并誤奪國字而諸農各致粟。山東漕益歲六百萬石。一歲之中太倉甘泉倉滿。邊餘穀諸物均輸帛漢志無物字五百萬匹。民不益賦而天下用饒。於是弘羊賜爵左庶長。黃金再百斤焉。是歲小旱。上令官求雨。卜式言曰。縣官當食租衣稅而已。今弘羊令吏坐市列。列下依索隱本校刪肆字販物求利。亨弘羊。天乃雨。

太史公曰。農工商交易之路通。而龜貝金錢刀布之幣興焉。所從來久遠。自高辛氏之前尚矣。靡得而記云。故書道唐虞之際。詩述殷周之世。安寧則長庠序。先本絀末。以禮義防于利。事變多故而亦反是。是以物盛則衰。時極而轉。一質一文。終始之變也。禹貢九州。各因其土地所宜。人民所多少而納職焉。湯武承弊易變。使民不倦。各兢兢所以為治。而

言利之臣與窮兵黷利相爲表裏此所謂事勢之相激也

稍陵遲衰微齊桓公用管仲之謀通輕重之權徼山海之業以朝諸侯用區區之齊顯成霸名魏用李克盡地力爲彊君自是之後天下爭於戰國貴詐力而賤仁義先富有而後推讓故庶人之富者或累巨萬而貧者或不厭糟糠有國彊者或并羣小以臣諸侯而弱國或絕祀而滅世以至於秦卒并海內虞夏之幣金爲三品或黃或白或赤或錢或布或刀或龜貝及至秦中一國之幣爲三等當依漢志爲二等黃金以溢名爲上幣銅錢識曰半兩重如其文爲下幣而珠玉龜貝銀錫之屬爲器飾寶藏不爲幣然各隨時而輕重無常於是外攘夷狄內興功業海內之士力耕不足糧饟女子紡績不足衣服古者嘗竭天下之資財以奉其上猶自以爲不足也無異故云事勢之流相激使然曷足怪焉

某案此文以事執相激爲主

平準書第八

吳太伯世家第一

吳太伯。太伯弟仲雍。皆周太王之子。而王季歷之兄也。季歷賢而有聖子昌。太王欲立季歷以及昌。於是太伯仲雍二人乃犇荊蠻。文身斷髮。示不可用。以避季歷。季歷果立。是爲王季。而昌爲文王。太伯之犇荊蠻。自號句吳。荊蠻義之。從而歸之（通志之作者）千餘家。立爲吳太伯。太伯卒。無子。弟仲雍立。是爲吳仲雍。仲雍卒。子季簡立。季簡卒。子叔達立。叔達卒。子周章立。是時周武王克殷。求太伯仲雍之後。得周章。周章已君吳。因而封之。乃封周章弟虞仲於周之北故夏虛。是爲虞仲。列爲諸侯。周章卒。子熊遂立。熊遂卒。子柯相立。柯相卒。子彊鳩夷立。彊鳩夷卒。子餘橋疑吾立。餘橋疑吾卒。子柯盧立。柯盧卒。子周繇立。周繇卒。子屈羽立。屈羽卒。子夷吾立。夷吾卒。子禽處立。禽處卒。子轉立。轉卒。子頗高立。頗高

此文外曲致也與越敗夫差對而不對

敘申公巫臣與子胥伯嚭對照

吳通中國爲下文楚越連兵黃池爭長張本此提挈之筆

卒子句卑立（梁云句卑吳越春秋作句畢古字通吳邑卑梁史漢表作畢梁齊世家卑耳山正義音畢某案通志亦作畢）是時晉獻公滅周北虞公以開晉伐虢也句卑卒子去齊立去齊卒子壽夢立壽夢立而吳始益大稱王自太伯作吳五世而武王克殷封其後爲二其一虞在中國其一吳在夷蠻十二世而晉滅中國之虞中國之虞滅二世而夷蠻之吳興大凡從太伯至壽夢十九世王壽夢二年楚之亡大夫申公巫臣怨楚將子反而犇晉自晉使吳教吳用兵乘車令其子爲吳行人吳於是始通於中國吳伐楚（遂本作吳案此承上句不宜再稱吳今依通志）十六年楚共王伐吳至衡山（錢云今當塗縣北有橫山即衡山也）二十五年王壽夢卒壽夢有子四人長曰諸樊次曰餘祭次曰餘眛次曰季札季札賢而壽夢欲立之季札讓不可於是乃立長子諸樊攝行事當國王諸樊元年諸樊已除喪讓位季札季札謝曰曹宣公之卒也諸侯與曹人不義曹君將

方侍郎云吳世家詳季札論樂禮製徵覺重發某案此與越世家載范蠡事同吳越事少故世家兼苞二人小傳

立子臧子臧去之以成曹君君子曰能守節矣君義嗣誰敢干君有國非吾節也札雖不材願附於子臧之義吳人固立季札季札弃其室而耕乃舍之秋吳伐楚楚敗我師四年晉平公初立十三年王諸樊卒有命授弟餘祭欲傳以次必致國於季札而止以稱先王壽夢之意且嘉季札之義兄弟皆欲致國令以漸至焉季札封於延陵故號曰延陵季子王餘祭三年齊相慶封有罪自齊來犇吳吳予慶封朱方之縣以為奉邑以女妻之富於在齊四年吳使季札聘於魯請觀周樂為歌周南召南曰美哉始基之矣猶未也然勤而不怨歌邶鄘衛曰美哉淵乎憂而不困者也吾聞衛康叔武公之德如是是其衛風乎歌王曰美哉思而不懼其周之東乎歌鄭曰其細已甚民不堪也是其先亡乎歌齊曰美哉泱泱乎大風也哉表東海者其太公乎國未可量也歌豳曰美哉

蕩蕩乎。樂而不淫。其周公之東乎。歌秦。曰此之謂夏聲。夫能夏則大。大之至也。其周之舊乎。歌魏。曰。美哉渢渢乎。錢云說文無渢字蓋卽汎之異文大而婉。儉而易行。梁云索隱本婉作寬讀爲婉儉左傳作險古通用易否卦儉德虞翻曰或作險荀子富國篇下疑俗儉楊倞注儉當爲險劉脩碑勤乎儉中今易作險賈昌朝羣經音辨險約也音儉以德輔此。則盟主也。盟左傳作明歌唐。曰。思深哉。其有陶唐氏之遺風乎。不然。何憂之遠也。非令德之後。誰能若是。歌陳。曰。國無主。其能久乎。自鄶以下無譏焉。歌小雅。曰。美哉。思而不貳。怨而不言。其周德之衰乎。猶有先王之遺民也。歌大雅。曰。廣哉。熙熙乎。曲而有直體。其文王之德乎。歌頌。曰。至矣哉。直而不倨。曲而不詘。近而不偪。遠而不攜。遷而不淫。復而不厭。哀而不愁。樂而不荒。用而不匱。廣而不宣。施而不費。取而不貪。處而不底。行而不流。五聲和。八風平。節有度。守有序。盛德之所同也。見舞象箾南籥者。曰。美哉。猶有憾。索隱憾作感見舞大武曰美哉周之盛也其若此乎見舞韶護者曰聖人之弘也猶有慚德聖人之難也見舞大夏曰美哉勤而不德非禹其誰能及之見舞招箾曰德至矣哉大矣如天之無不燾也如地之無不載也雖甚盛德無以加矣觀止矣若有他樂吾不敢觀去魯遂使齊說晏平仲曰子速納邑與政無邑無政乃免於難齊國之政將有所歸未得所歸難未息也故晏子因陳桓子以納政與邑是以免於欒高之難去齊使於鄭見子產如舊交謂子產曰鄭之執政侈難將至矣政必及子子為政愼以禮不然鄭國將敗去鄭適衛說蘧瑗史狗史鰌公子荊公叔發公子朝曰衛多君子未有患也自衛如晉將舍於宿錢云宿卽戚也古音戚如蹙蹙與縮通少牢禮注古文縮爲蹙是也聞鐘聲曰異哉吾聞之辯而不德必加於戮夫子獲罪於君以在此懼猶不足而又可以畔乎錢云畔與般同索隱此畔字宜讀曰樂梁云畔通作般集古錄云張表碑畔桓利正

畔桓疑是盤桓古字簡少假借耳盤與般同　夫子之在此。猶燕之巢於幕也。君在殯而可以樂乎。遂去之。文子聞之。終身不聽琴瑟。適晉說趙文子韓宣子魏獻子。曰。晉國其萃於三家乎。將去。謂叔向曰。吾子勉之。君侈而多良。大夫皆富。政將在三家。吾子直。必思自免於難。季札之初使。北過徐君。徐君好季札劍。口弗敢言。季札心知之。爲使上國。未獻。還至徐。徐君已死。於是乃解其寶劍。繫之徐君冢樹而去。從者曰。徐君已死。當本作尚依御覽改誰予乎。季子曰。不然。始吾心已許之。豈以死倍吾心哉。七年。楚公子圍弒其王夾敖而代立。是爲靈王。十年。楚靈王會諸侯而以伐吳之朱方。以誅齊慶封。吳亦攻楚。取三邑而去。十一年。楚伐吳至雩婁。十二年。楚復來伐。次於乾谿。楚師敗走。十七年。王餘祭卒。弟餘眛立。梁云餘眛乃夷末之誤王餘眛二年。楚公子弃疾弒其君靈王代立焉。四年。王餘眛卒。欲授弟季札。

楚公子圍弑夾敖公子弃疾弑靈王皆與公子光對照誅齊慶封亦與誅伯嚭對照

季札讓逃去。於是吳人曰。先王有命。兄卒弟代立。必致季子。季子今逃位。則王餘眛後立。今卒。其子當代。乃立王餘眛之子僚為王。王僚二年。公子光伐楚。敗而亾王舟。光懼。襲楚。復得王舟而還。五年。楚之亾臣伍子胥來犇。公子光客之。公子光者。王諸樊之子也。常以為吾父兄弟四人。當傳至季子。季子卽不受國。光父先立。卽不傳季子。光當立。陰納賢士。欲以襲王僚。八年。吳使公子光伐楚。敗楚師。迎楚故太子建母於居巢以歸。因北伐。敗陳蔡之師。九年。公子光伐楚。拔居巢鍾離。初楚邊邑卑梁氏之處女。與吳邊邑之女爭桑。二女家相怒。喧。本作二女家怒相滅藝文類聚如此似勝今本兩國邊邑長聞之。怒而相攻。滅吳之邊邑。吳王怒。故遂伐楚。取兩都而去。伍子胥之初犇吳。說吳王僚以伐楚之利。公子光曰。胥之父兄為僇於楚。欲自報其仇耳。未見其利。於是伍員知光有他志。乃求勇士

子胥退耕何提頓之筆

專諸見之光。光喜。乃客伍子胥。子胥退而耕於野。以待專諸之事。十二年冬。楚平王卒。十三年春。吳欲因楚喪而伐之。使公子蓋餘燭庸。（梁云蓋餘左傳作掩餘燭庸刺客傳作屬庸）以兵圍楚之六灊。使季札於晉。以觀諸侯之變。楚發兵絕吳兵後。吳兵不得還。於是吳公子光曰。此時不可失也。告專諸曰。不索何獲。我眞王嗣。當立。吾欲求之。季子雖至。不吾廢也。專諸曰。王僚可殺也。母老子弱。而兩公子將兵攻楚。楚絕其路。方今吳外困於楚。而內空無骨鯁之臣。是無奈我何。光曰。我身子之身也。四月丙子。光伏甲士於窟室。而謁王僚飲。王僚使兵陳於道。自王宮至光之家。門階戶席。皆王僚之親也。人夾持鈹。公子光詳爲足疾。入於窟室。使專諸置匕首於炙魚之中以進食。手匕首刺王僚。鈹交於匈。遂弒王僚。公子光竟代立爲王。是爲吳王闔廬。闔廬乃以專諸子爲卿。季子至曰。苟先君無廢

敘擧子胥謀國即入伯嚭此吳國興亡之關鍵

祀民人無廢主社稷有奉乃吾君也吾敢誰怨乎哀死事生以待天命非我生亂立者從之先人之道也復命哭僚墓復位而待吳公子燭庸蓋餘二人將兵遇圍於楚者聞公子光弒王僚自立乃以其兵降楚楚封之於舒王闔廬元年舉伍子胥為行人而與謀國事楚誅伯州犁其孫伯嚭亡犇吳吳以為大夫三年吳王闔廬與子胥伯嚭將兵伐楚拔舒殺吳亡將二公子闔廬（二字本作光依通志改）謀欲入郢將軍孫武曰民勞未可待之四年伐楚取六與灊五年伐越敗之六年楚使子常囊瓦伐吳迎而擊之大敗楚軍於豫章取楚之居巢而還九年吳王闔廬謂伍子胥孫武曰始子之言郢未可入今果如何二子對曰楚將子常貪而唐蔡皆怨之王必欲大伐必得唐蔡乃可闔廬從之悉興師與唐蔡西伐楚至於漢水楚亦發兵拒吳夾水陳吳王闔廬弟夫槩欲戰闔廬弗許

入越事飄忽

此史公閒淡處乃精神旁溢所爲亦與封夫差甬東對照

夫槩曰王已屬臣兵兵以利爲上尚何待焉遂以其部五千人襲冒楚楚兵大敗走於是吳王遂縱兵追之比至郢五戰楚五敗楚昭王亾出郢犇鄖鄖公弟欲弒昭王昭王與鄖公犇隨而吳兵遂入郢子胥伯嚭鞭平王之尸以報父讎十年春越聞吳王之在郢國空乃伐吳吳使別兵擊越楚告急秦秦遣兵救楚擊吳吳師敗闔廬弟夫槩見秦越交敗吳吳王畱楚不去夫槩亾歸吳而自立爲吳王闔廬聞之乃引兵歸攻夫槩夫槩敗犇楚楚昭王乃得以九月復入郢而封夫槩於堂谿爲堂谿氏十一年吳王使太子夫差伐楚取番楚恐而去郢徙鄀十五年孔子相魯十九年夏吳伐越越王句踐迎擊之檇李越使死士挑戰三行造吳師呼自剄吳師觀之越因伐吳敗之姑蘇傷吳王闔廬指軍卻七里吳王病傷而死闔廬使立太子夫差謂曰爾而忘句踐殺汝父乎 王氏

以報越爲志句提頓之筆

雖志謂爾字誤衍非也此爾而猶爾若對曰不敢三年乃報越王夫差元年以大夫伯嚭爲太宰習戰射常以報越爲志二年吳王悉精兵以伐越通志無王字敗之夫椒報姑蘇也梁云越世家依左傳作檇李此與子胥傳作姑蘇新論禍福篇吳有姑蘇之困越王句踐乃以甲兵五千人棲於會稽使大夫種因吳太宰嚭而行成請委國爲臣妾吳王將許之伍子胥諫曰昔有過氏殺斟灌以伐斟尋滅夏后帝相帝相之妃后緡方娠逃於有仍而生少康少康爲有仍牧正有過又欲殺少康少康犇有虞有虞思夏德於是妻之以二女而邑之於綸有田一成有衆一旅後遂收夏衆撫其官職使人誘之遂滅有過氏復禹之績祀夏配天不失舊物今吳不如有過之彊而句踐大於少康今不因此而滅之又將寬之不亦難乎且句踐爲人能辛苦今不滅後必悔之吳王不聽聽太宰嚭卒許越平與盟而罷兵去七年吳王夫差聞齊景公

死。而大臣爭寵。新君弱。乃興師北伐齊。子胥諫曰。越王句踐。食不重味。衣不重采。弔死問疾。且欲有所用其衆。此人不死。必爲吳患。今越在腹心疾。而王不先。而務齊。不亦謬乎。吳王不聽。遂北伐齊。敗齊師於艾陵。至繒。召魯哀公而徵百牢。季康子使子貢以周禮說太宰嚭。乃得止。因留略地於齊魯之南。九年。爲騶伐魯。至與魯盟乃去。十年。因伐齊而歸。十一年。復北伐齊。越王句踐率其衆以朝吳。厚獻遺之。吳王喜。唯子胥懼。曰。是弃吳也。諫曰。越在腹心。今得志於齊。猶石田。無所用。且盤庚之誥。有顚越勿遺。商之以興。吳王不聽。使子胥於齊。子胥屬其子於齊鮑氏。還報吳王。吳王聞之。大怒。賜子胥屬鏤之劍以死。將死。曰。樹吾墓上以梓。令可爲器。抉吾眼置之吳東門。以觀越之滅吳也。齊鮑氏弒齊悼公。吳王聞之。哭於軍門外。三日。乃從海上攻齊。齊人敗吳。吳王乃引兵歸。十三年。吳召魯衛之君會於槖皋。十四年春。吳王北會諸侯於黃池。欲霸中國。以全周室。六月戊子。越王句踐伐吳。乙酉。越五千人與吳戰。丙戌。虜吳太子友。丁亥。入吳。吳人告敗于王夫差。夫差惡其聞也。或泄其語。吳王怒。斬七人於幕下。七月辛丑。吳王與晉定公爭長。吳王曰。於周室。我爲長。晉定公曰。於姬姓。我爲伯。趙鞅怒。將伐吳。乃長晉定公。吳王已盟。與晉別。欲伐宋。太宰嚭曰。可勝而不能居也。乃引兵歸國。國亡太子。內空。王居外久。士皆罷敝。於是乃使厚幣以與越平。十五年。齊田常殺簡公。十八年。越益彊。越王句踐率兵使伐敗吳師於笠澤。楚滅陳。二十年。越王句踐復伐吳。二十一年。遂圍吳。二十三年十一月丁卯。越敗吳。越王句踐欲遷吳王夫差於甬東。予百家居之。吳王曰。孤老矣。不能事君王也。吾悔不用子胥之言。自令陷此。遂自剄死。越王滅吳。誅太

宰嚭以爲不忠而歸

太史公曰孔子言太伯可謂至德矣三以天下讓民無得而稱焉余讀春秋古文乃知中國之虞與荊蠻句吳兄弟也延陵季子之仁心慕義無窮見微而知淸濁嗚呼又何其閎覽博物君子也

某案此文以爭讓二義爲主太伯季札讓國者也吳楚釁起兩女子之爭桑闔閭爭國夫差爭長於中原而吳亾矣

此等支離俗說史皆載之所以傳異聞此古人所以博其趣也

齊太公世家第二

太公望呂尙者東海上人其先祖嘗爲四嶽佐禹平水土甚有功虞夏之際封於呂或封於申姓姜氏夏商之時申呂或封枝庶子孫或爲庶人尙其後苗裔也本姓姜氏從其封姓故曰呂尙呂尙蓋嘗窮困年老矣以漁釣奸周西伯西伯將出獵卜之曰所獲非龍非彲非虎非羆梁云後漢注文選注初學記御覽引幷作非熊非羆東京賦失熊羆而獲人沈約王太尉碑卜非熊羆唐人詩多用非熊字今本作虎誤某案梁說是所獲霸王之輔於是周西伯獵果遇太公於渭之陽與語大說曰自吾先君太公曰當有聖人適周周以興子眞是邪吾太公望子久矣故號之曰太公望載與俱歸立爲師或曰太公博聞嘗事紂紂無道去之游說諸侯無所遇而卒西歸周西伯或曰呂尙處士隱海濱周西伯拘羑里散宜生閎夭素知而招呂尙呂尙亦曰吾聞西伯賢又善養老盍

往焉。三人者爲西伯求美女奇物。獻之於紂。以贖西伯。西伯得以出反國。言呂尚所以事周雖異。然要之爲文武師。周西伯昌之脫羑里歸。與呂尚陰謀修德以傾商政。其事多兵權與奇計。故後世之言兵及周之陰權。皆宗太公爲本謀。周西伯政平。及斷虞芮之訟。而詩人稱西伯受命曰文王。伐崇密須犬夷。（錢云犬夷即昆夷）大作豐邑。天下三分其二歸周者。太公之謀計居多。文王崩。武王即位。九年。欲修文王業。東伐以觀諸侯集否。師行。師尚父左杖黃鉞。右把白旄以誓。曰。蒼兕蒼兕。總爾衆庶。與爾舟楫。後至者斬。遂至盟津。諸侯不期而會者八百諸侯。諸侯皆曰。紂可伐也。武王曰。未可。還師。與太公作此太誓。居二年。紂殺王子比干。囚箕子。武王將伐紂。卜龜兆不吉。風雨暴至。羣公盡懼。唯太公彊之勸武王。武王於是遂行。十一年正月甲子。誓於牧野。伐商紂。紂師敗績。紂反

以上運用頓挫之筆

以補叙作東極力頓挫

齊爲大國句頓住

齊由此得征伐句頓住

走登鹿臺遂追斬紂明日武王立于社羣公奉明水衛康叔封布采席師尙父牽牲史佚策祝以告神討紂之罪散鹿臺之錢發鉅橋之粟以振貧民封比干墓釋箕子囚遷九鼎脩周政與天下更始師尙父謀居多於是武王已平商而王天下封師尙父於齊營丘東就國道宿行遲逆旅之人曰吾聞時難得而易失客寢甚安殆非就國者也太公聞之夜衣而行犂明至國萊侯來伐與之爭營丘營丘邊萊萊人夷也會紂之亂而周初定未能集遠方是以與太公爭國太公至國脩政因其俗簡其禮通商工之業便魚鹽之利而人民多歸齊齊爲大國及周成王少時管蔡作亂淮夷畔周乃使召康公命太公曰東至海西至河南至穆陵北至無棣五侯九伯實得征之齊由此得征伐爲大國都營丘蓋太公之卒百有餘年子丁公呂伋立（錢云說文丁作玎）丁公卒子乙公得立乙

周厲王之亂諸國皆失治平此天下盛衰關鍵齊以後多爭國篡弑之禍亦以此爲轉捩

公卒子癸公慈母立癸公卒子哀公不辰立哀公時紀侯譖之周周烹哀公而立其弟靜是爲胡公胡公徙都薄姑而當周夷王之時哀公之同母少弟山怨胡公乃與其黨率營丘人襲攻殺胡公而自立是爲獻公獻公元年盡逐胡公子因徙薄姑都治臨菑（梁云蒸民詩傳以齊去薄姑遷臨淄在宣王時與世家獻公元年異）九年獻公卒子武公壽立武公九年周厲王出犇居彘十年王室亂大臣行政號曰共和二十四年周宣王初立二十六年武公卒子厲公無忌立厲公暴虐故胡公子復入齊齊人欲立之乃與攻殺厲公胡公子亦戰死齊人乃立厲公子赤爲君是爲文公而誅殺厲公者七十人文公十二年卒子成公脫立（梁云脫詩譜疏引作說）成公九年卒子莊公購立莊公二十四年犬戎殺幽王周東徙雒秦始列爲諸侯五十六年晉弑其君昭侯六十四年莊公卒子釐公祿甫立釐公九年魯隱公初

方侍郎云觀史公所增易益知左氏敘事神施鬼設之奇某謂史公能於左氏外別出奇致未易軒輊

立。十九年。魯桓公弒其兄隱公。而自立為君。二十五年。北戎伐齊。鄭使太子忽來救齊。齊欲妻之。忽曰。鄭小齊大。非我敵。遂辭之。三十二年。釐公同母弟夷仲年死。其子曰公孫無知。釐公愛之。令其秩服奉養比太子。三十三年。釐公卒。太子諸兒立。是為襄公。襄公元年。始為太子時。嘗與無知鬬。及立。絀無知秩服。無知怨。四年。魯桓公與夫人如齊。齊襄公故嘗私通魯夫人。魯夫人者。襄公女弟也。自釐公時。嫁為魯桓公婦。及桓公來。而襄公復通焉。魯桓公知之。怒夫人。夫人以告齊襄公。齊襄公與魯君飲。醉之。使力士彭生抱上魯君車。因拉殺魯桓公。梁云拉殺左傳疏引作搚殺與魯世家同桓公下車則死矣。魯人以為讓。而齊襄公殺彭生以謝魯。八年伐紀。紀遷去其邑。十二年。初。襄公使連稱管至父戍葵丘。瓜時而往。及瓜而代。往戍一歲。卒瓜時。而公弗為發代。或為請代。公弗許。故此二人怒因公孫無知謀作亂連稱有從妹在公宮無寵使之閒襄公曰事成以女爲無知夫人冬十二月襄公游姑棼遂獵沛丘（錢云左傳沛作貝沛有貝音楚世家夕發渭邱即此貝丘也）見彘從者曰彭生公怒射之彘人立而啼公懼墜車傷足失屨反而鞭主屨者茀三百（梁云費茀古通）茀出宮而無知連稱管至父等聞公傷乃遂率其衆襲宮逢主屨茀茀曰且無入驚宮驚宮未易入也無知弗信茀示之創乃信之待宮外令茀先入茀先入即匿襄公戶閒良久無知等恐遂入宮茀反與宮中及公之幸臣攻無知等不勝皆死無知入宮求公不得或見人足於戶閒發視乃襄公遂弒之而無知自立爲齊君桓公元年春齊君無知游於雍林（此當是據左氏爲文疑今左氏作雍廩而以爲齊大夫者傳寫之異釋者望文爲說非史公所見左氏本也）雍林人嘗有怨無知及其往游雍林人襲殺無知告齊大夫曰無知弒襄公自立臣謹行誅唯大夫更立公子之當

總上數段以爲提掇

以補叙作束與前叙太公就國同亦相與爲章法

立者。唯命是聽。初。襄公之醉殺魯桓公。通其夫人。殺誅數不當。淫於婦人。數欺大臣。羣弟恐禍及。故次弟糾奔魯。其母魯女也。管仲召忽傅之。次弟小白奔莒。鮑叔傅之。小白母衞女也。有寵於釐公。小白自少好善。大夫高傒。及雍林人殺無知。議立君。高國先陰召小白於莒。魯聞無知死。亦發兵送公子糾。而使管仲別將兵遮莒道。射中小白帶鉤。小白詳死。管仲使人馳報魯。魯送糾者行益遲。六日至齊。則小白已入。高傒立之。是爲桓公。桓公之中鉤。佯死以誤管仲。已而載溫車中馳行。亦有高國內應。故得先入立。發兵距魯。秋。與魯戰于乾時。魯兵敗走。齊兵掩絕魯歸道。齊遺魯書曰。子糾兄弟。弗忍誅。請魯自殺之。召忽管仲讎也。請得而甘心醢之。不然將圍魯。魯人患之。遂殺子糾于笙瀆。（梁云笙瀆左傳作生竇鄒誕生本作莘瀆瀆竇古通生笙義通生莘音近）召忽自殺。管仲請囚。桓公之立。發兵攻魯。心欲殺管仲鮑叔牙曰臣幸得從君君竟以立君之尊臣無以增君君將治齊卽高傒與叔牙足也君且欲霸王非管夷吾不可夷吾所居國國重不可失也於是桓公從之乃佯爲召管仲欲甘心實欲用之管仲知之故請往鮑叔牙迎受管仲及堂阜而脫桎梏齋祓而見桓公桓公厚禮以爲大夫任政桓公既得管仲與鮑叔隰朋高傒修齊國政連五家之兵設輕重魚鹽之利以贍貧窮祿賢能齊人皆說二年伐滅郯郯子犇莒初桓公亾時過郯（方侍郎云郯後別見此以郯譚同聲而誤是也）郯無禮故伐之五年伐魯魯將師敗魯莊公請獻遂邑以平桓公許與魯會柯而盟魯將盟曹沫以匕首劫桓公於壇上曰反魯之侵地桓公許之已而曹沫去匕首北面就臣位桓公後悔欲無與魯地而殺曹沫管仲曰夫劫許之而倍信殺之愈一小快耳而弃信於諸侯失天下之援不可於是遂與曹沫三

此下亦敎用頓挫之筆

田子成句與篇終脟鑾

敗所以地於魯。諸侯聞之。皆信齊而欲附焉。七年。諸侯會桓公於甄。宋本甄作鄄，通志同。梁云甄與鄄同，并音絹。而桓公於是始霸焉。十四年。陳厲公子完號敬仲來犇齊。齊桓公欲以為卿。讓。於是以為工正。田成子常之祖也。二十三年。山戎伐燕。燕告急於齊。齊桓公救燕。遂伐山戎。至于孤竹而還。燕莊公遂送桓公入齊境。桓公曰。非天子。諸侯相送不出境。吾不可以無禮於燕。於是分溝割燕君所至與燕。命燕君復修召公之政。納貢事周。事本作于，依舊刻本改。如成康之時。諸侯聞之。皆從齊。二十七年。魯湣公母曰哀姜。桓公女弟也。哀姜淫於魯公子慶父。慶父弒湣公。哀姜欲立慶父。魯人更立釐公。桓公召哀姜。殺之。二十八年。衞文公有狄亂。告急於齊。齊率諸侯城楚丘而立衞君。二十九年。桓公與夫人蔡姬戲船中。蔡姬習水。蕩公。公懼。止之。不止。出船。怒。歸蔡姬。弗絕。蔡亦怒。嫁其女。桓公聞而怒。

興師往伐•三十年春•齊桓公率諸侯伐蔡•蔡潰•遂伐楚•楚成王興師問曰•何故涉吾地•管仲對曰•昔召康公命我先君太公曰•五侯九伯•若實征之•以夾輔周室•賜我先君履•東至海•西至河•南至穆陵•北至無棣•楚貢包茅不入•王祭不具•是以來責•昭王南征不復•是以來問•楚王曰•貢之不入•有之•寡人罪也•敢不共乎•昭王之出不復•君其問之水濱•齊師進次于陘•夏•楚王使屈完將兵扞齊•齊師退次召陵•桓公矜屈完以其衆•屈完曰•君以道則可•若不則楚方城以爲城•江漢以爲溝•君安能進乎•乃與屈完盟而去•過陳•陳袁濤塗詐齊•令出東方•覺•秋•齊伐陳•是歲•晉殺太子申生•三十五年夏•會諸侯于葵丘•周襄王使宰孔賜桓公文武胙•彤弓矢•大路•命無拜•桓公欲許之•管仲曰•不可•乃下拜受賜•秋•復會諸侯於葵丘•益有驕色•周使宰孔會•諸侯頗有叛者•晉侯病•後•遇宰

叙事中振起使天下大勢分明最有關係此史公獨勝處

桓公稱曰以下此叙事總會氣脈貫輸處

孔宰孔曰齊侯驕矣弟無行從之是歲晉獻公卒里克殺奚齊卓子秦穆公以夫人入公子夷吾爲晉君桓公於是討晉亂至高梁使隰朋立晉君還是時周室微唯齊楚秦晉爲彊晉初與會獻公死國內亂秦穆公辟遠不與中國會盟楚成王初收荆蠻有之夷狄自置唯獨齊爲中國會盟而桓公能宣其德故諸侯賓會於是桓公稱曰寡人南伐至召陵望熊山北伐山戎離枝孤竹西伐大夏涉流沙束馬懸車登太行至卑耳山而還諸侯莫違寡人寡人兵車之會三乘車之會六九合諸侯一匡天下昔三代受命有何以異於此乎吾欲封泰山禪梁父管仲固諫不聽乃說桓公以遠方珍怪物至乃得封桓公乃止三十八年周襄王弟帶與戎翟合謀伐周齊使管仲平戎於周周欲以上卿禮管仲管仲頓首曰臣陪臣安敢三讓乃受下卿禮以見三十九年周襄王弟帶

管仲死四句爲上下樞紐以上叙桓公之霸以下叙桓公死後之亂且以見齊之霸由管仲爲之輔也

總挈於此以後六段分應

來犇齊。齊使仲孫請王爲帶謝。襄王怒弗聽。四十一年。秦穆公虜晉惠公復歸之。是歲管仲隰朋皆卒。管仲病。桓公問曰。羣臣誰可相者。管仲曰。知臣莫如君。公曰。易牙如何。對曰。殺子以適君。非人情。不可。公曰。開方如何。對曰。倍親以適君。非人情。難近。公曰。豎刀如何。對曰。自宮以適君。非人情。難親。管仲死。而桓公不用管仲言。卒近用三子。三子專權。四十二年。戎伐周。周告急於齊。中統本無於字通志同齊令諸侯各發卒戍周。是歲晉公子重耳來。桓公妻之。四十三年。初。齊桓公之夫人三。曰王姬徐姬蔡姬。皆無子。桓公好內。多內寵。如夫人者六人。長衛姬生無詭。梁云左傳作無虧古通人表亦作詭少衛姬生惠公元。鄭姬生孝公昭。葛嬴生昭公潘。密姬生懿公商人。宋華子生公子雍。桓公與管仲屬孝公於宋襄公。以爲太子。雍巫有寵於衛共姬。因宦者豎刀以厚獻於桓公。亦有寵。桓公許之立無

桓公十有餘子何再提以複爲貴

詭管仲卒五公子皆求立冬十月乙亥齊桓公卒易牙入與豎刁因內寵殺羣吏而立公子無詭爲君太子昭犇宋桓公病五公子各樹黨爭立及桓公卒遂相攻以故宮中空莫敢棺桓公尸在牀上六十七日尸蟲出于戶十二月乙亥無詭立乃棺赴辛巳夜殮殯桓公十有餘子要其後立者五人無詭立三月死無諡次孝公次昭公次懿公次惠公孝公元年三月宋襄公率諸侯兵送齊太子昭而伐齊齊人怒殺其君無詭齊人將立太子昭四公子之徒攻太子太子走宋宋遂與齊人四公子戰五月宋敗齊四公子師而立太子昭是爲齊孝公宋以桓公與管仲屬之太子故來征之以亂故八月乃葬齊桓公六年春齊伐宋以其不同盟于齊也夏宋襄公卒七年晉文公立十年孝公卒孝公弟潘因衛公子開方殺孝公子而立潘是爲昭公昭公桓公子也其母曰葛嬴

昭公元年。晉文公敗楚於城濮。而會諸侯踐土朝周。天子使晉稱伯。六年。翟侵齊。晉文公卒。秦兵敗于殽十二年。秦穆公卒十九年五月。昭公卒。子舍立爲齊君。舍之母無寵於昭公。國人莫畏昭公之弟商人。以桓公死。爭立而不得。陰交賢士。附愛百姓。百姓說。及昭公卒。子舍立。孤弱。即與衆十月即墓上弒齊君舍。而商人自立。是爲懿公。懿公桓公子也。其母曰密姬。懿公四年春。初。懿公爲公子時。與丙戎之父獵。爭獲不勝。及即位。斷丙戎父足。而使丙戎僕。庸職之妻好。錢云丙戎左傳作邴歜戎蜀聲相近庸職左傳作閻職庸閻聲相近書曰若火始炎炎漢書作庸庸公內之宮。使庸職驂乘。五月。懿公游於申池。二人浴戲。職曰斷足子。戎曰奪妻者。二人俱病此言。乃怨。謀與公游竹中。二人弒懿公車上。弃竹中而亡去。懿公之立。驕民不附。齊人廢其子而迎公子元於衞。立之。是爲惠公。惠公桓公子也。其母衞女曰少衞姬。

避齊亂故在衛。惠公二年。長翟來。王子城父攻殺之。埋之於北門。晉趙穿弒其君靈公。十年。惠公卒。子頃公無野立。初。崔杼有寵於惠公。惠公卒。高國畏其偪也。逐之。崔杼犇衛。頃公元年。楚莊王彊。伐陳。二年。圍鄭。鄭伯降。已復國鄭伯。六年春。晉使郤克於齊。齊使夫人帷中而觀之。郤克上。夫人笑之。郤克曰。不是報。不復涉河。歸。請伐齊。晉侯弗許。齊使至晉。郤克執齊使者四人河內。殺之。八年。晉伐齊。齊以公子彊質晉。晉兵去。十年春。齊伐魯衛。魯衛大夫如晉請師。皆因郤克。晉使郤克以車八百乘為中軍將。士燮將上軍。欒書將下軍。以救魯衛。伐齊。六月壬申。與齊侯兵合靡笄下。癸酉。陳于鞌。逢丑父為齊頃公右。頃公曰。馳之。破晉軍會食。射傷郤克。流血至履。克欲還入壁。其御曰。我始入。再傷。不敢言疾。恐懼士卒。願子忍之。遂復戰。戰。毛本不重戰字 案戰一字句 齊急。丑父恐齊侯得乃易處。頃公爲右。車絓於木而止。晉小將韓厥。伏齊侯車前。曰。寡君使臣救魯衞。戲之。丑父使頃公下取飲。因得以脫。去入其軍。晉郤克欲殺丑父。丑父曰。代君死而見僇。後人臣無忠其君者矣。克舍之。丑父遂得以歸齊。於是晉軍追齊至馬陵。齊侯請以寶器謝。不聽。必得笑克者蕭桐叔子。令齊東畝。對曰。叔子。齊君母。齊君母亦猶晉君母。子安置之。且子以義伐。而以暴爲後。其可乎。於是乃許。令反魯衞之侵地。十一年。晉初置六卿。左傳疏引作六軍 賞鞌之功。齊頃公朝晉。欲尊王晉景公。晉景公不敢受。梁云左傳疏困學紀聞引作不敢當 乃歸。歸而頃公弛苑囿。薄賦斂。振孤問疾。虛積聚以救民。民亦大說。厚禮諸侯。竟頃公卒。百姓附。諸侯不犯。十七年。頃公卒。子靈公環立。靈公九年。晉欒書弑其君厲公。十年。晉悼公伐齊。齊令公子光質晉。十九年。立子光爲太子。高厚傅之。令會諸侯盟于鍾離。

二十七年。晉使中行獻子伐齊。齊師敗。靈公走入臨菑。晏嬰止靈公。靈公弗從。曰。君亦無勇矣。晉兵遂圍臨菑。臨菑城守不敢出。晉焚郭中而去。二十八年。初。靈公取魯女。生子光。以爲太子。仲姬。戎姬。（仲姬上當有諸子字。或諸姬字）戎姬嬖。仲姬生子牙。屬之戎姬。戎姬請以爲太子。公許之。仲姬曰。不可。光之立。列於諸侯矣。今無故廢之。君必悔之。公曰。在我耳。遂東太子光。使高厚傅牙爲太子。靈公疾。崔杼迎故太子光而立之。是爲莊公。莊公殺戎姬。五月壬辰。靈公卒。莊公即位。執太子牙於句竇之丘。殺之。八月。崔杼殺高厚。晉聞齊亂。伐齊。至高唐。莊公三年。晉大夫欒盈奔齊。莊公厚客待之。晏嬰田文子諫。公弗聽。四年。齊莊公使欒盈閒入晉曲沃。爲內應。以兵隨之。上太行。入孟門。欒盈敗。齊兵還。取朝歌。六年。初。棠公妻好。棠公死。崔杼取之。莊公通之。數如崔氏。以崔杼之冠賜人。侍者曰。

不可•崔杼怒•因其伐晉•欲與晉合謀襲齊•而不得閒•莊公嘗笞宦者賈舉•賈舉復侍•爲崔杼閒公以報怨•五月莒子朝齊•齊以甲戌饗之•崔杼稱病不視事•乙亥•公問崔杼病•遂從崔杼妻•崔杼妻入室•與崔杼自閉戶不出•公擁柱而歌•宦者賈舉遮公從官而入閉門•崔杼之徒持兵從中起•公登臺而請解•不許•請盟•不許•請自殺於廟•不許•皆曰君之臣杼疾病•不能聽命•近於公宮•陪臣爭趣有淫者•不知二命•公踰牆•射中公股•公反墜•遂弑之•晏嬰立崔杼門外•曰•君爲社稷死則死之•爲社稷亾則亾之•若爲己死己亾•非其私暱•誰敢任之•門開而入•枕公尸而哭•三踊而出•人謂崔杼必殺之•崔杼曰•民之望也•舍之得民•丁丑•崔杼立莊公異母弟杵臼•是爲景公•景公母•魯叔孫宣伯女也•景公立•以崔杼爲右相•慶封爲左相•二相恐亂起•乃與國人盟•曰•不與崔慶者死•晏子仰

後幅敘崔慶之敗皆爲田氏張本

天曰嬰所不獲唯忠於君利社稷者是從不肯盟慶封欲殺晏子崔杼曰忠臣也舍之齊太史書曰崔杼弑莊公崔杼殺之其弟復書崔杼復殺之少弟復書崔杼乃舍之景公元年初崔杼生子成及彊其母死取東郭女生明東郭女使其前夫子無咎與其弟偃相崔氏成有罪二相急治之立明爲太子成請老於崔杼（方侍郎校刪杼字吳春照校同）崔杼許之二相弗聽曰崔宗邑不可成彊怒告慶封慶封與崔杼有郤欲其敗也成彊殺無咎偃於崔杼家家皆犇亡崔杼怒無人使一宦者御見慶封慶封曰請爲子誅之使崔杼仇盧蒲嫳攻崔氏殺成彊盡滅崔氏崔氏婦自殺崔杼毋歸亦自殺慶封爲相國專權三年十月慶封出獵初慶封已殺崔杼益驕嗜酒好獵不聽政令慶舍用政已有內郤田文子請桓子曰亂將作田鮑高欒氏相與謀慶氏慶舍發甲圍慶封宮（圍讀曰衛）四家徒共

擊破之。慶封還。不得入犇魯。齊人讓魯。封犇吳。吳與之朱方。聚其族而居之。富於在齊。其秋。齊人徙葬莊公。僇崔杼尸於市以說衆。九年。景公使晏嬰之晉。與叔向私語曰。齊政卒歸田氏。田氏雖無大德。以公權私有德於民。民愛之。十二年。景公如晉。見平公。欲與伐燕。十八年。公復如晉。見昭公。二十六年。獵魯郊。因入魯。與晏嬰俱問魯禮。三十一年。魯昭公辟季氏難。犇齊。齊欲以千社封之。子家止昭公。昭公乃請齊伐魯。取鄆以居昭公。三十二年。彗星見。景公坐柏寢。歎曰。堂堂誰有此乎。羣臣皆泣。晏子笑。公怒。晏子曰。臣笑羣臣諛甚。景公曰。彗星出東北。當齊分野。寡人以爲憂。晏子曰。君高臺深池。賦斂如弗得。刑罰恐弗勝。茀星將出。（錢云茀字即孛字）彗星何懼乎。公曰。可禳否。晏子曰。使神可祝而來。亦可禳而去也。百姓苦怨以萬數。而君令一人禳之。安能勝衆口乎。是時景公好

此與桓公事相應

治宮室聚狗馬奢侈厚賦重刑故晏子以此諫之四十二年吳王闔閭伐楚入郢四十七年魯陽虎攻其君不勝犇齊請齊伐魯鮑子諫景公乃囚陽虎陽虎得亡犇晉四十八年與魯定公好會夾谷犂鉏曰梁云孔子世家作黎鉏韓子內儲作黎且馬總意林引韓子作黎沮後書馮衍傳作犂鉏左傳作犂彌下公子駔左傳作鉏即左哀六年南郭且于也孔丘知禮而怯請令萊人爲樂因執魯君可得志景公害孔丘相魯懼其霸故從犂鉏之計方會進萊樂孔子歷階上使有司執萊人斬之以禮讓景公景公慙乃歸魯侵地以謝而罷去是歲晏嬰卒五十五年范中行反其君於晉晉攻之急來請粟田乞欲爲亂樹黨於逆臣說景公曰范中行數有德於齊不可不救乃使乞救而輸之粟五十八年夏景公夫人燕姬適子死景公寵妾芮姬生子荼荼少其母賤無行諸大夫恐其爲嗣乃言願擇諸子長賢者爲太子景公老惡言嗣事又愛荼母

欲立之。憚發之口。乃謂諸大夫曰。爲樂耳。國何患無君乎。秋。景公病。命國惠子高昭子立少子荼爲太子。逐羣公子。遷之萊。景公卒。太子荼立。是爲晏孺子。冬。未葬。而羣公子畏誅。皆出亡。荼諸異母兄公子壽駒黔犇衛。公子駔陽生犇魯。萊人歌之曰。景公死乎弗與埋。三軍事乎弗與謀。師乎師乎。胡黨之乎。晏孺子元年春。田乞僞事高國者。每朝乞驂乘。言曰。子得君。大夫皆自危。欲謀作亂。又謂諸大夫曰。高昭子可畏。及未發先之。大夫從之。六月。田乞鮑牧乃與大夫以兵入公宮。攻高昭子。昭子聞之。與國惠子救公。公師敗。田乞之徒追之。國惠子犇莒。遂反殺高昭子。晏圉犇魯。八月。齊秉意茲句下脫犇魯二字田乞敗二相。乃使人之魯召公子陽生。召毛本作昭昭招同字陽生至齊。私匿田乞家。十月戊子。田乞請諸大夫曰。常之母有魚菽之祭。幸來會飲。會飲。田乞盛陽生橐中。置坐中央。

芮子故賤何再提以復爲贅

發橐出陽生曰此乃齊君矣大夫皆伏謁將與大夫盟而立之鮑牧醉乞誣大夫曰吾與鮑牧謀共立陽生鮑牧怒曰子忘景公之命乎諸大夫相視欲悔陽生前頓首曰可則立之否則已鮑牧恐禍起乃復曰皆景公子也何爲不可乃與盟立陽生是爲悼公悼公入宮使人遷晏孺子於駘殺之幕下而逐孺子母芮子芮子故賤而孺子少故無權國人輕之悼公元年齊伐魯取讙闡初陽生亡在魯季康子以其妹妻之及歸即位使迎之季姬與季魴侯通言其情魯弗敢與故齊伐魯竟迎季姬季姬嬖齊復歸魯侵地鮑子與悼公有郤不善四年吳魯伐齊南方鮑子弑悼公赴于吳吳王夫差哭於軍門外三日將從海入討齊齊人敗之吳師乃去晉趙鞅伐齊至賴而去齊人共立悼公子壬是爲簡公簡公四年春初簡公與父陽生俱在魯也監止有寵焉及即位使爲政

田成子憚之。驟顧於朝。御鞅言簡公曰。田監不可並也。君其擇焉。弗聽。子我夕。田逆殺人。逢之。遂捕以入。田氏方睦。使囚病而遺守囚者酒。醉而殺守者。得亡。子我盟諸田於陳宗。初。田豹欲爲子我臣。使公孫言豹。豹有喪而止。後卒以爲臣。幸於子我。子我謂曰。吾盡逐田氏而立女。可乎。對曰。我遠田氏矣。且其違者不過數人。何盡逐焉。遂告田氏。子行曰。彼得君。弗先。必禍子。子行舍於公宮。夏五月壬申。成子兄弟四乘如公。子我在幄。出迎之。遂入。閉門。宦者禦之。子行殺宦者。公與婦人飲酒于檀臺。成子遷諸寢。公執戈將擊之。太史子餘曰。非不利也。將除害也。成子出舍于庫。聞公猶怒。將出。曰。何所無君。子行拔劍曰。需事之賊也。誰非田宗。所不殺子者。有如田宗。乃止。子我歸。屬徒攻闈與大門。皆弗勝。乃出。田氏追之。豐丘人執子我以告。殺之郭關。成子將殺大陸子方。田

呂氏遂絕其祀三句鎮壓全篇

逆請而免之。以公命取車於道。出雍門。田豹與之車。弗受。曰。逆爲余請。豹與余車。余有私焉。事子我而有私於其讎。何以見魯衛之士。庚辰。田常執簡公于徐州。（梁云徐州左氏作舒說文作郐舒徐古通易來徐徐子夏傳作茶茶即古舒字十二侯表楚伐舒即伐徐吳世家拔舒即春秋滅徐）公曰。余蚤從御鞅言。不及此。甲午。田常弒簡公于徐州。田常乃立簡公弟驁。是爲平公。平公即位。田常相之。專齊之政。割齊安平以東爲田氏封邑。平公八年。越滅吳。二十五年卒。子宣公積立。（梁云宣公表名就匝）宣公五十一年卒。子康公貸立。田會反廩丘。康公二年。韓魏趙始列爲諸侯。十九年。田常曾孫田和始爲諸侯。遷康公海濱。二十六年。康公卒。呂氏遂絕其祀。田氏卒有齊國。爲齊威王。彊於天下。

太史公曰。吾適齊。自泰山屬之琅邪。北被于海。膏壤二千里。其民闊達多匿知。其天性也。以太公之聖。建國本。桓公之盛。修善政。以爲諸侯會盟稱伯。盟下當脫主字不亦宜乎。洋洋哉固大國之風也。

某案此文以多匿知爲主太公之計謀桓公之得國得管仲及霸諸侯皆匿知矣田氏謀齊與崔慶鮑闞之事皆以匿知取之所謂齊俗多詐也

叙周公相武王事簡而要以下將詳敘所作之書故此處不得不簡據史文牧誓乃周公作此代言之始下歷敘所作書此爲發端

魯周公世家第三

周公旦者。周武王弟也。自文王在時。旦爲子孝。篤仁。異於羣子。及武王卽位。旦常輔翼武王。用事居多。武王九年。東伐至盟津。周公輔行。十一年。伐紂至牧野。周公佐武王作牧誓。破殷入商宮。已殺紂。周公把大鉞。召公把小鉞。以夾武王。釁社。告紂之罪於天及殷民。釋箕子之囚。封紂子武庚祿父。使管叔蔡叔傅之。以續殷祀。徧封功臣同姓戚者。封周公旦於少昊之虛曲阜。是爲魯公。周公不就封。留佐武王。武王克殷二年。天下未集。武王有疾。不豫。羣臣懼。太公召公乃繆卜。周公曰。未可以戚我先王。周公於是乃自以爲質。設三壇。周公北面立。戴璧秉圭。錢云戴卽載字尚書戴爲植鄭康成云植古置字戴置聲相近告於太王王季文王。史策祝曰。惟爾元孫王發。勤勞阻疾。若爾三王。是有負子之責於天。以旦代王發之身。旦巧能。多材多蓺。能事鬼神。乃王發不如旦多材多蓺。不能事鬼神。乃命於帝庭。
敷佑四方。用能定汝子孫于下地。四方之民罔不敬畏。無墜天之降寶
命。我先王亦永有所依歸。今我其卽命於元龜。爾之許我。我其以璧與
圭歸。以俟爾命。爾不許我。我乃屏璧與圭。周公已令史策告太王王季
文王。欲代武王發。於是乃卽三王而卜。卜人皆曰吉。發書視之。信吉。（方侍郞以爲六字衍文）
周公喜。開籥。乃見書遇吉。周公入賀武王曰。王其無害。旦新
受命三王。維長終是圖。茲道能念予一人。周公藏其策金縢匱中。誡守
者勿敢言。明日。武王有瘳。其後武王既崩。成王少在強葆之中。周公恐
天下聞武王崩而畔。周公乃踐阼代成王攝行政當國。管叔及其羣弟
流言於國曰。周公將不利於成王。周公乃告太公望召公奭曰。我之所
以弗辟而攝行政者。恐天下畔周。無以告我先王太王王季文王。三王

之憂勞天下久矣於今而后成武王蚤終成王少將以成周我所以爲之若此於是卒相成王而使其子伯禽代就封於魯周公戒伯禽曰我文王之子武王之弟成王之叔父我於天下亦不賤矣然我一沐三捉髮一飯三吐哺起（王懷祖據御覽引作三起後漢注引作三吐哺謂有兩本後人誤合其說非也史公自以三吐哺起爲句引者不具耳）以待士猶恐失天下之賢人子之魯慎無以國驕人管蔡武庚等果率淮夷而反周公乃奉成王命興師東伐作大誥遂誅管叔殺武庚放蔡叔收殷餘民以封康叔於衞封微子於宋以奉殷祀寧淮夷東土二年而畢定諸侯咸服宗周天降祉福唐叔得禾異母同穎獻之成王成王命唐叔以餽周公於東土作餽禾周公既受命禾嘉天子命作嘉禾東土以集周公歸報成王乃爲詩貽王命之曰鴟鴞王亦未敢訓周公成王七年二月乙未王朝步自周至豐使太保召公先之雒相土

其三月。周公往營成周雒邑。卜居焉曰吉。遂國之。成王長能聽政。於是周公乃還政於成王。成王臨朝。周公之代成王治。南面倍依以朝諸侯。及七年後。還政成王。北面就臣位。匔匔如畏然。集解匔匔一作嫛嫛錢云嫛窮聲相近初成王少時病。周公乃自揃其蚤沈之河。以祝於神曰。王少未有識。奸神命者乃旦也。亦藏其策於府。成王病有瘳。及成王用事。人或譖周公。周公奔楚。成王發府見周公禱書。乃泣反周公。周公歸。恐成王壯治有所淫佚。乃作多士。作毋逸。毋逸稱曰依通志校補曰字此與下多士稱曰爲偶爲人父母爲業至長久。子孫驕奢忘之。以亡其家。爲人子可不慎乎。故昔在殷王中宗。嚴恭敬畏天命。自度治民。震錢云震祗聲相近懼不敢荒寧。故中宗饗國七十五年。其在高宗。久勞於外。爲與小人作。其卽位。乃有錢云乃有書作乃或或有聲相近鄭論語注或之言有也亮闇三年不言。言乃讙。不敢荒寧。密靖殷國。至於小大無怨。

故高宗饗國五十五年。其在祖甲。不義惟王。久爲小人于外。知小人之依。能保施小民。不侮鰥寡。故祖甲饗國三十三年。多士稱曰。自湯至于帝乙。無不率祀明德。帝無不配天者。在今後嗣王紂。信本作誕依宋本改淫厥佚。不顧天及民之從也。其民皆可誅。周多士文王日中昃云云是毋逸中語脫簡在此周多士下有缺文通志周多士三字爲至于二字亦据誤本史記肊改文王日中昃不暇食。饗國五十年。作此以誡成王。成王在豐。天下已安。周之官政未次序。於是周公作周官。官別其宜。作立政。以便百姓。百姓說。周公在豐。病將沒。曰。必葬我成周。以明吾不敢離成王。周公既卒。成王亦讓。葬周公於畢。從文王。以明予小子不敢臣周公也。周公卒後。秋未穫。暴風雷雨。禾盡偃。大木盡拔。周國大恐。成王與大夫朝服以開金縢書。王乃得周公所自以爲功代武王之說。二公及王乃問史百執事。史百執事曰。信有。昔周公命我勿敢言。

此四句因上王出郊類敘用重筆鎮墜前文事與氣稱

逆攝後文凡大篇前幅必有此等提挈乃能籠照全篇此史公舊法

用管蔡等反串入作肸誓用法精深即以作肸誓終前周公作諸篇事

成王執書以泣曰自今後其無繆卜乎昔周公勤勞王家惟予幼人弗及知今天動威以彰周公之德惟朕小子其迎我國家禮亦宜之王出郊天乃雨反風禾盡起二公命國人凡大木所偃盡起而築之歲則大孰於是成王乃命魯得郊祭文王魯有天子禮樂者以褒周公之德也周公卒子伯禽固已前受封是為魯公魯公伯禽之初受封之魯三年而後報政周公周公曰何遲也伯禽曰變其俗革其禮喪三年然後除之故遲太公亦封於齊五月而報政周公周公曰何疾也曰吾簡其君臣禮從其俗為也及後聞伯禽報政遲乃歎曰嗚呼魯後世其北面事齊矣夫政不簡不易民不有近平易近民民必歸之伯禽即位之後有管蔡等反也淮夷徐戎亦並興反於是伯禽率師伐之於肸〔梁云數說文作粊北聲廣韵作粊比聲〕作肸誓曰陳爾甲胄無敢不善無敢傷牿馬牛其風臣妾逋

逃，勿敢越逐，敬復之，無敢寇攘，踰墻垣。魯人三郊三隧，峙爾芻茭、糗糧、楨榦，無敢不逮。我甲戌築而征徐戎，無敢不及，有大刑。作此肸誓，遂平徐戎，定魯。魯公伯禽卒，子考公酋立。考公四年卒，立弟熙，是謂煬公。煬公築茅闕門。〔梁云：韓子外儲、說苑至公篇皆言楚莊王立茅門之法，茅闕門當亦其類。集解謂煬公徙魯，疑是徙奄之譌。續志魯國即奄國，緣左傳商奄之民而誤也。奄至成王乃滅，蓋以益封魯耳。左傳疏奄近魯，非魯地。〕六年〔錢氏考異据漢律歷志作六十年〕卒，子幽公宰〔梁云：左傳疏引作圉〕立。幽公十四年，幽公弟潰殺幽公而自立，是為魏公。魏公五十年卒，子厲公擢立〔梁云：世本名翟，漢志兩載之〕。厲公三十七年卒，魯人立其弟具，是為獻公。獻公三十二年卒，子眞公濞〔梁云：眞乃慎之譌〕立。眞公十四年，周厲王無道，出奔彘，共和行政。二十九年，周宣王即位。三十年，眞公卒，弟敖立，是為武公。武公九年春，武公與長子括、少子戲西朝周宣王。宣王愛戲，欲立戲為魯太子。周之樊仲山父諫宣王曰：「廢長立少不順。不順必犯王命。犯王命必誅之。故出令不可不順也。令之不行。政之不立。行而不順。民將弃上。夫下事上。少事長。所以爲順。今天子建諸侯立其少。是教民逆也。若魯從之。諸侯效之。王命將有所壅。若弗從而誅之。是自誅王命也。誅之亦失。不誅亦失。王其圖之。宣王弗聽。卒立戲爲魯太子。夏。武公歸而卒。戲立。是爲懿公。懿公九年。懿公兄括之子伯御與魯人攻弒懿公。而立伯御爲君。伯御卽位十一年。周宣王伐魯。殺其君伯御。而問魯公子能道順諸侯者。以爲魯後。樊穆仲曰。魯懿公弟稱肅恭明神。敬事耈老。賦事行刑。必問於遺訓而咨於固實。不干所問。不犯所知。雜志据周語知作咨宣王曰。然。能訓治其民矣。乃立稱於夷宮。是爲孝公。自是後。諸侯多畔王命。孝公二十五年。諸侯畔周。犬戎殺幽王。秦始列爲諸侯。二十七年。孝公卒。子弗湟立。是爲惠公。惠公三十年。晉人弒其君昭侯。四十五年。晉人又弒其君孝侯。四十六年。惠公卒。長庶子息（梁玉繩據詩疏左氏穀梁二疏左傳釋文引史文皆作息姑今本脫姑字）攝當國。行君事。是爲隱公。初。惠公適夫人無子。公賤妾聲子生子息。息長。爲娶於宋。宋女至而好。惠公奪而自妻之。生子允。登宋女爲夫人。以允爲太子。及惠公卒。爲允少故。魯人共令息攝政。不言卽位。隱公五年。觀漁於棠。八年。與鄭易天子之太山之邑祊及許田。君子譏之。十一年冬。公子揮諂謂隱公曰。百姓便君。君其遂立。吾請爲君殺子允。君以我爲相。隱公曰。有先君命。吾爲允少。故攝代。今允長矣。吾方營菟裘之地而老焉。以授子允政。揮懼子允聞而反誅之。乃反譖隱公於子允曰。隱公欲遂立。去子。子其圖之。請爲子殺隱公。子允許諾。十一月。隱公祭鍾巫。齊於社圃。館於蔿氏。（毛本蔿作寪通志同）揮使人弒隱公于蔿氏。而立子允爲君。是爲桓公。桓公元年。鄭以璧易天子之許田。二年以宋之賂鼎入於太廟。君子譏之。三年。使揮迎婦于齊爲夫人。六年夫人生子。與桓公同日。故名曰同。同長爲太子。十六年。會于曹。伐鄭。入厲公。十八年春公將有行。遂與夫人如齊。申繻諫止公。當依舊刻本增公字不聽。遂如齊。齊襄公通桓公夫人。公怒夫人。夫人以告齊侯。夏四月丙子。齊襄公饗公。公醉。使公子彭生抱魯桓公。因命彭生摺其脅。公死于車。魯人告於齊曰。寡君畏君之威。不敢寧居。來脩好禮。禮成而不反。無所歸咎。請得彭生以除醜於諸侯。齊人殺彭生以說魯。立太子同。是爲莊公。莊公母夫人因留齊。不敢歸魯。莊公五年冬伐衞內衞惠公。八年。齊公子糾來犇。九年。魯欲內子糾於齊。後桓公。桓公發兵擊魯。魯急。殺子糾。召忽死。齊告魯生致管仲。齊人施伯曰。齊欲得管仲。非殺之也。將用之。用之則爲魯患。不如殺。以其屍與之。莊公不聽。遂囚管仲

提三桓爲後文綱領哀姜生亂叙次反復申明凡史公著意處多如此所謂詞之重焉言之復焉其中必有大美惡焉者也

與齊齊人相管仲十三年魯莊公與曹沫會齊桓公於柯曹沫劫齊桓公求魯侵地已盟而釋桓公桓公欲背約管仲諫卒歸魯侵地十五年齊桓公始霸二十三年莊公如齊觀社三十二年初莊公築臺臨黨氏見孟女說而愛之許立爲夫人割臂以盟孟女生子斑斑長說梁氏女往觀圉人犖自牆外與梁氏女戲斑怒鞭犖莊公聞之曰犖有力焉遂殺之是未可鞭而置也斑未得殺會莊公有疾莊公有三弟長曰慶父次曰叔牙次曰季友莊公取齊女爲夫人曰哀姜哀　無子哀姜娣曰叔姜生子開（梁云當作開方）莊公無適嗣愛孟女欲立其子斑莊公病而問嗣於弟叔牙叔牙曰一繼一及魯之常也慶父在可爲嗣君何憂莊公患叔牙欲立慶父退而問季友季友曰請以死立斑也莊公曰曩者叔牙欲立慶父柰何季友以莊公命命牙待於鍼巫氏使鍼季劫飲叔牙以

鴆・曰・飲此・則有後奉祀・不然・死且無後・牙遂飲鴆而死・魯立其子爲叔孫氏・八月癸亥・莊公卒・季友竟立子斑爲君・如莊公命・侍喪舍于黨氏・先時慶父與哀姜私通・欲立哀姜娣子開・及莊公卒而季友立斑・十月巳未・慶父使圉人犖殺魯公子斑於黨氏・季友犇陳・慶父竟立莊公子開・是爲湣公・湣公二年・慶父與哀姜通益甚・哀姜與慶父謀殺湣公而立慶父・慶父使卜齮襲殺湣公於武闈・季友聞之・自陳與湣公弟申如邾（弟字誤申乃湣公兄）請魯求內之・魯人欲誅慶父・慶父恐・犇莒・於是季友奉子申入立之・是爲釐公・釐公亦莊公少子・哀姜恐・犇邾・季友以賂如莒求慶父・慶父歸・使人殺慶父・慶父請犇・弗聽・乃使大夫奚斯行哭而往・慶父聞奚斯音・乃自殺・齊桓公聞哀姜與慶父亂以危魯・乃召之邾而殺之・以其屍歸・戮之魯・魯釐公請而葬之・季友母陳女・故亾在陳・陳故佐

補敘因及孟氏與前敘孫氏爲偶

送季友及子申季友之將生也父魯桓公使人卜之曰男也其名曰友閒于兩社爲公室輔季友亡則魯不昌及生有文在掌曰友遂以名之號爲成季其後爲季氏慶父後爲孟氏也釐公元年以汶陽鄪封季友季友爲相九年晉里克殺其君奚齊卓子齊桓公率釐公討晉亂至高梁而還立晉惠公十七年齊桓公卒二十四年晉文公即位三十三年釐公卒子興立是爲文公文公元年楚太子商臣弒其父成王代立三年文公朝晉襄公十一年十月甲午魯敗翟于鹹獲長翟喬如富父終甥舂其喉以戈殺之埋其首於子駒之門以命宣伯初宋武公之世鄋瞞伐宋司徒皇父帥師禦之以敗翟于長丘獲長翟緣斯晉之滅路獲喬如弟棼如齊惠公二年鄋正義本作廋瞞伐齊齊王子城父獲其弟榮如埋其首於北門衛人獲其季弟簡如鄋瞞由是遂亡十五年季文子使

魯由此公室卑二句文中關鍵

於晉，十八年二月，文公卒，文公有二妃，長妃齊女爲哀姜，生子惡及視，次妃敬嬴，嬖愛，生子俀，俀私事襄仲，襄仲欲立之，叔仲曰，不可，襄仲請齊惠公，惠公新立，欲親魯，許之，冬十月，襄仲殺子惡及視而立俀，是爲宣公，哀姜歸齊，哭而過市，曰，天乎，襄仲爲不道，殺適立庶，市人皆哭，魯人謂之哀姜，魯由此公室卑，三桓彊，宣公俀十二年，楚莊王彊，圍鄭，鄭伯降，復國之，十八年，宣公卒，子成公黑肱立，是爲成公，季文子曰，使我殺適立庶，失大援者，襄仲，襄仲立宣公，公孫歸父有寵，宣公欲去三桓，與晉謀伐三桓，會宣公卒，季文子怨之，歸父奔齊，成公二年春，齊伐取我隆，夏，公與晉郤克敗齊頃公於鞌，齊復歸我侵地，四年，成公如晉，晉景公不敬魯，魯欲背晉合於楚，或諫，乃不，十年，成公如晉，晉景公卒，因留成公送葬，魯諱之，十五年，始與吳王壽夢會鍾離，十六年，宣伯告晉，

季氏有美不掩又與平子對照

此大事應記與吳世家繁簡各有法

欲誅季文子文子有義晉人弗許十八年成公卒子午立是爲襄公是時襄公三歲也襄公元年晉立悼公往年冬晉欒書弒其君厲公四年襄公朝晉五年季文子卒家無衣帛之妾廄無食粟之馬府無金玉以相三君君子曰季文子廉忠矣九年與晉伐鄭晉悼公冠襄公於衛季武子從相行禮十一年三桓氏分爲三軍十二年朝晉十六年晉平公卽位二十一年朝晉平公二十二年孔丘生二十五年齊崔杼弒其君莊公立其弟景公二十九年吳延陵季子使魯問周樂盡知其意魯人敬焉三十一年六月襄公卒其九月太子卒魯人立齊歸之子裯爲君是爲昭公昭公年十九猶有童心穆叔不欲立曰太子死有母弟可立不卽立長年鈞擇賢義鈞則卜之今裯非適嗣且又居喪意不在戚而有喜色若果立必爲季氏憂季武子弗聽卒立之比及葬三易衰君子

曰是不終也。昭公三（志疑据表校改二）年朝晉至河。晉平公謝還之。魯耻焉。四年。楚靈王會諸侯於申。昭公稱病不往。七年。季武子卒。八年。楚靈王就章華臺。召昭公。昭公往賀。賜昭公寶器。已而悔。復詐取之。十二年。朝晉至河。晉平公謝還之。十三年。楚公子弃疾弒其君靈王代立。十五年。朝晉。晉留之葬晉昭公。魯耻之。二十年。齊景公與晏子狩竟。因入魯問禮。二十一年。朝晉至河。晉謝還之。二十五年春。鸜鵒來巢。師已曰。文成之世童謠曰。鸜鵒來巢。公在乾侯。鸜鵒入處。公在外野。季氏與郈氏鬬雞。季氏芥雞羽。郈氏金距。季平子怒而侵郈氏。郈昭伯亦怒平子。臧昭伯之弟會。僞讒臧氏。匿季氏。臧昭伯囚季氏人。季平子怒。囚臧氏老。臧郈氏以難告昭公。昭公九月戊戌伐季氏。遂入。平子登臺請曰。君以讒不察臣罪。誅之。請遷沂上。弗許。請囚於鄪。弗許。請以五乘亡。弗許。子家駒曰。君其許之。政自季氏久矣。爲徒者衆。衆（當依宋本減一衆字）將合謀。弗聽。郈氏曰。必殺之。叔孫氏之臣戾謂其衆曰。無季氏與有孰利。皆曰。無季氏是無叔孫氏。戾曰。然救季氏。遂敗公師。孟懿子聞叔孫氏勝。亦殺郈昭伯。郈昭伯爲公使。故孟氏得之。三家共伐公。公遂犇。己亥。公至于齊。齊景公曰。請致千社待君。子家曰。弃周公之業而臣於齊。可乎。乃止。子家曰。齊景公無信。不如早之晉。弗從。叔孫見公還。見平子。平子頓首。初欲迎昭公。孟孫季孫後悔。乃止。二十六年春。齊伐魯。取鄆。而居昭公焉。夏。齊景公將內公。令無受魯賂。申豐汝賈許齊臣高齕子將粟五千庾。子將言於齊侯曰。羣臣不能事魯君。有異焉。宋元公爲魯如晉。求內之。道卒。叔孫昭子求內其君。無病而死。不知天弃魯乎。抑魯君有罪于鬼神也。願君且待。齊景公從之。二十八年。昭公如晉。求入。季平子私於晉六卿。

此與成王賜魯郊鬬合成王得之魯失之

六卿受季氏賂。諫晉君。晉君乃止。居昭公乾侯。二十九年。昭公如晉。齊景公使人賜昭公書。自謂主君。〔案集解引服注比公於大夫之語是史文元與左傳無異自謂當是目謂傳寫誤也〕昭公恥之。怒而去乾侯。三十一年。晉欲內昭公。召季平子。平子布衣跣行。因六卿謝罪。六卿爲言曰。晉欲內昭公。衆不從。晉人止。三十二年。昭公卒於乾侯。魯人共立昭公弟宋爲君。是爲定公。定公立。趙簡子問史墨曰。季氏亡乎。史墨對曰。不亾。季友有大功於魯。受鄪爲上卿。至於文子武子。世增其業。〔通志業作美〕魯文公卒。東門遂殺適立庶。魯君於是失國政。政在季氏。於今四君矣。民不知君。何以得國。是以爲君愼器與名。不可以假人。定公五年。季平子卒。陽虎私怒。囚季桓子。與盟。乃捨之。七年。齊伐我。取鄆。以爲魯陽虎邑。以從政。八年。陽虎欲盡殺三桓適。而更立其所善庶子以代之。載季桓子將殺之。桓子詐而得脫。三桓共攻陽虎陽虎居陽關九年魯伐陽虎陽虎犇齊已而犇晉趙氏十年定公與齊景公會於夾谷孔子行相事齊欲襲魯君孔子以禮歷階誅齊淫樂齊侯懼乃止歸魯侵地而謝過十二年使仲由毀三桓城收其甲兵孟氏不肯墮城（通志城作成是）伐之不克而止季桓子受齊女樂孔子去十五年定公卒子將立是爲哀公哀公五年齊景公卒六年齊田乞弒其君孺子七年吳王夫差彊伐齊至繒徵百牢於魯季康子使子貢說吳王及太宰嚭以禮詘之吳王曰我文身不足責禮乃止八年吳爲鄒伐魯至城下盟而去齊伐我取三邑十年伐齊南邊十一年齊伐魯季氏用冉有有功思孔子孔子自衞歸魯十四年齊田常弒其君簡公於徐州（札記依齊世家索隱校改作徐）孔子請伐之哀公不聽十五年使子服景伯子貢爲介適齊齊歸我侵地田常初相欲親諸侯十六年孔子卒二十二年越王句

悼公之時三句文中關鍵

踐滅吳王夫差。二十七年春。季康子卒。夏。哀公患三桓。將欲因諸侯以
劫之。三桓亦患公作難。故君臣多閒。公游于陵阪。遇孟武伯於衢。（局本作街依各本改通志同）
曰。請問余及死乎。對曰。不知也。公欲以越伐三桓。八月。哀公
如陘氏。三桓攻公。公犇于衛。去如鄒。（梁云公孫于邾邾即鄒也）遂如越。國人迎哀公
復歸。卒于有山氏。子寧立。是爲悼公。悼公之時。三桓勝。魯如小侯。卑於
三桓之家。十三年。三晉滅智伯。分其地有之。三十七年。悼公卒。子嘉立。
是爲元公。元公二十一年卒。子顯立。是爲穆公。穆公三十三年卒。子奮
立。是爲共公。共公二十二年卒。子屯立。是爲康公。康公九年卒。子匽立。
是爲景公。景公二十九年卒。子叔立。是爲平公。是時六國皆稱王。平公
十二年。秦惠王卒。二十二年。平公卒。子賈立。是爲文公。（當依漢志作緡公）文公
七年。楚懷王死于秦。二十三年。文公卒。子讎立。是爲頃公。頃公二年。秦

魯世家三百行收束完密

拔楚之郢。楚頃王東徙於陳。十九年。楚伐我取徐州。索隱引說文作郤二十四年。楚考烈王伐滅魯。頃公亾遷於卞邑。索隱作下邑王本同爲家人。魯絕祀。頃公卒于柯。魯起周公至頃公。凡三十四世。男圍生謹案古人用然則字但作然此篇宣王曰然能訓治其民矣又戾曰然救季氏兩然字皆不斷句猶云然則也國策中亦多此種句法

太史公曰。余聞孔子稱曰。甚矣魯道之衰也。洙泗之閒斷斷梁云文選運命論注引作闇闇如也。觀慶父及叔牙閔公之際。何其亂也。隱桓之事。襄仲殺適立庶。三家北面爲臣。親攻昭公。昭公以犇。至其揖讓之禮則從矣。而行事何其戾也。

某案此篇以相臣執政爲主前言周公相周後言三桓專魯兩相對照

魯周公世家第三

史記三十三

史於君奭篇獨舉湯有伊尹大戊有伊陟臣扈云云者此篇以用人爲主噲用子之而亂昭王用樂毅而興皆與此相發也

燕惠侯當周厲王犇彘共和之時及繆侯七年而魯隱公元年也此等句皆當時治亂節目

燕召公世家第四

召公奭（梁云說文引史篇召公名醜）與周同姓姓姬氏周武王之滅紂封召公於北燕其在成王時召公爲三公自陝以西（梁云公羊釋文陝一云當作郟王城郟鄏余謂作郟爲允唐扶碑分郟之治）召公主之自陝以東周公主之成王既幼周公攝政當國踐祚召公疑之作君奭君奭不說周公周公乃稱湯時有伊尹假于皇天在太戊時則有若伊陟臣扈假于上帝巫咸治王家在祖乙時則有若巫賢在武丁時則有若甘般率維茲有陳保乂有殷於是召公乃說召公之治西方甚得兆民和召公巡行鄉邑有棠樹決獄政事其下自侯伯至庶人各得其所無失職者召公卒而民人思召公之政懷棠樹不敢伐哥詠之作甘棠之詩自召公已下九世至惠侯燕惠侯當周厲王犇彘共和之時惠侯卒子釐侯立是歲周宣王初卽位釐侯二十一年鄭

桓公初封於鄭•三十六年•釐侯卒•子頃侯立•頃侯二十年•周幽王淫亂•
爲犬戎所弒•秦始列爲諸侯•二十四年•頃侯卒•子哀侯立•哀侯二年卒•
子鄭侯立•鄭侯三十六年卒•子繆侯立•繆侯七年•而魯隱公元年也•十
八年卒•子宣侯立•宣侯十三年卒•子桓侯立•桓侯七年卒•子莊公立•莊
公十二年•齊桓公始霸•十六年•與宋衛共伐周惠王•惠王出奔溫•立惠
王弟穨爲周王•十七年•鄭執燕仲父而內惠王于周•二十七年•山戎來
侵我•齊桓公救燕•遂北伐山戎而還•燕君送齊桓公出境•桓公因割燕
所至地予燕•使燕共貢天子•如成周時職•使燕復脩召公之法•三十三
年卒•子襄公立•襄公二十六年•晉文公爲踐土之會稱伯•三十一年•秦
師敗于殽•三十七年•秦穆公卒•四十年•襄公卒•桓公立•桓公十六年卒•
宣公立•宣公十五年卒•昭公立•昭公十三年卒•武公立•是歲晉滅三郤

大夫武公十九年卒。文公立。文公六年卒。懿公立。懿公元年。齊崔杼弑其君莊公。四年卒。子惠公立。（梁云惠公當作簡公。）惠公元年。齊高止來奔。六年。惠公多寵姬。公欲去諸大夫而立寵姬宗。（宗本作宋，依索隱引劉氏本改，下句同。）大夫共誅姬宗。惠公懼。奔齊。四年。（札記据表改四年爲九年，非，是此謂惠公奔齊之四年也。）齊高偃如晉。請共伐燕。入其君。晉平公許。與齊伐燕。入惠公。惠公至燕而死。燕立悼公。悼公七年卒。共公立。共公五年卒。平公立。晉公室卑。六卿始彊大。平公十八年。吳王闔閭破楚入郢。十九年卒。簡公立。（梁云簡公當作惠公。）簡公十二年卒。獻公立。晉趙鞅圍范中行於朝歌。獻公十二年。齊田常弑其君簡公。十四年。孔子卒。二十八年。獻公卒。孝公立。（梁云孝公人表作考公。）孝公十二年。韓魏趙滅知伯。分其地。三晉彊。十五年。孝公卒。成公立。成公十六年卒。湣公立。湣公三十一年卒。釐公立。是歲。三晉列爲諸侯。釐公三十年。伐齊敗

燕在春秋事獨簡入戰國有國策可據故敘次特詳

子之用事由蘇秦蘇代情事極分明

于林營。（梁玉繩據表乙作伐敗齊殆是）釐公卒。桓公立。桓公十一年卒。文公立。是歲秦獻公卒。秦益彊。文公十九年。齊威王卒。二十八年。蘇秦始來見。說文公。文公予車馬金帛以至趙。趙肅侯用之。因約六國為從長。秦惠王以其女為燕太子婦。二十九年。文公卒。太子立。是為易王。易王初立。齊宣王因燕喪伐我取十城。蘇秦說齊。使復歸燕十城。十年。燕君為王。蘇秦與燕文公夫人私通。懼誅。乃說王使齊為反間。欲以亂齊。易王立十二年卒。子燕噲立。燕噲既立。齊人殺蘇秦。蘇秦之在燕。與其相子之為婚。而蘇代與子之交。及蘇秦死。而齊宣王復用蘇代。燕噲三年。與楚三晉攻秦。不勝而還。子之相燕。貴重主斷。蘇代為齊使於燕。燕王問曰。齊王奚如。對曰。必不霸。燕王曰。何也。對曰。不信其臣。蘇代欲以激燕王以尊子之也。於是燕王大信子之。子之因遺蘇代百金。而聽其所使。鹿毛壽謂燕王不如以國讓相子之人之謂堯賢者以其讓天下於許由許由不受有讓天下之名而實不失天下今王以國讓於子之子之必不敢受是王與堯同行也燕王因屬國於子之子之大重或曰禹薦益已而以啓人爲吏（此文累有已而字在益下索隱遂以益已連讀絕可笑啓人通志無人字）及老而以啓爲不足任乎天下傳之於益已而啓與交黨攻益奪之天下謂禹名傳天下於益已而實令啓自取之今王言屬國於子之而吏無非太子人者是名屬子之而實太子用事也王因收印自三百石吏已上而效之子之子之南面行王事而噲老不聽政顧爲臣國事皆決於子之三年國大亂百姓恫恐將軍市被與太子平謀將攻子之諸將謂齊湣王曰（諸將國策作儲子）因而赴之（赴國策作仆）破燕必矣齊王因令人謂燕太子平曰寡人聞太子之義將廢私而立公飭君臣之義明父子之位寡人之國小不足以爲

先後雖然則唯太子所以令之太子因要黨聚衆將軍市被圍公宮攻子之不克將軍市被及百姓反攻太子平將軍市被死以徇國搆難數月（國本作因史詮依國策改）死者數萬衆人恫恐百姓離志孟軻謂齊王曰今伐燕此文武之時不可失也（歸云太史公此言何所本耶不經甚矣某案蓋采之孟子外篇）王因令章子將五都之兵以因北地之衆以伐燕士卒不戰城門不閉燕君噲死齊大勝燕子之亾二年而燕人共立太子平是爲燕昭王燕昭王於破燕之後卽位卑身厚幣以招賢者謂郭隗曰齊因孤之國亂而襲破燕孤極知燕小力少不足以報然誠得賢士以（以與同字御覽引正作與國策同）共國以雪先王之恥孤之願也先生視可者得身事之郭隗曰王必欲致士先從隗始況賢於隗者豈遠千里哉於是昭王爲隗改築宮而師事之樂毅自魏往鄒衍自齊往劇辛自趙往士爭趨燕燕王弔死問孤與百姓同甘

莒。二十八年。燕國殷富。士卒樂軼輕戰。於是遂以樂毅爲上將軍。與秦楚三晉合謀以伐齊。齊兵敗。湣王出亡於外。燕兵獨追北。入至臨淄。盡取齊寶。燒其宮室宗廟。齊城之不下者。獨唯聊莒卽墨。梁玉繩據後書李通傳注引無聊字在索隱前當依校删其餘皆屬燕。六歲。昭王三十三年卒。子惠王立。惠王爲太子時。與樂毅有隙。及卽位。疑毅。使騎劫代將。樂毅亡走趙。齊田單以卽墨擊敗燕軍。騎劫死。燕兵引歸。齊悉復得其故城。湣王死于莒。乃立其子爲襄王。惠王七年卒。韓魏楚共伐燕。燕武成王立。武成王七年。齊田單伐我。拔中陽。十三年。秦敗趙於長平四十餘萬。十四年。武成王卒。子孝王立。孝王元年。秦圍邯鄲者解去。三年卒。子今王喜立。錢云今王蓋當時人所稱史公雜采戰國書未及刊正今王喜四年。秦昭王卒。燕王命相栗腹約歡趙。以五百金爲趙王酒。還報燕王曰。趙王壯者皆死長平。其孤未壯。可伐也。王召昌國君樂閒問之。對曰。趙。四戰之國。其民習兵。不可伐。王曰。吾以五而伐一。對曰。不可。燕王怒。羣臣皆以爲可。卒起三軍。車二千乘。栗腹將而攻鄗。卿秦攻代。唯獨大夫將渠謂燕王曰。與人通關約交。以五百金飲人之王。使者報而反攻之。不祥。兵無成功。燕王不聽。自將偏軍隨之。將渠引燕王綬止之。曰。王必無自往。往無成功。王蹴之以足。將渠泣曰。臣非以自爲。爲王也。燕軍至宋子。趙使廉頗將。擊破栗腹於鄗。破卿秦樂乘於代。樂閒犇趙。廉頗逐之五百餘里。圍其國。燕人請和。趙人不許。必令將渠處和。燕相將渠以處和。趙聽將渠。解燕圍。六年。秦滅東西周。置三川郡。七年。秦拔趙榆次三十七城。秦置太原郡。九年。秦王政初即位。十年。趙使廉頗將攻繁陽。拔之。趙孝成王卒。悼襄王立。使樂乘代廉頗。廉頗不聽。攻樂乘。樂乘走。廉頗犇大梁。十二年。趙使李牧攻燕。拔武遂

史公屢用此主客相形法而此特沈痛

方城。劇辛故居趙。與龐煖善。已而亡走燕。燕見趙數困於秦。而廉頗去令龐煖將也。欲因趙弊攻之。問劇辛。辛曰。龐煖易與耳。燕使劇辛將擊趙。趙使龐煖擊之。取燕軍二萬。殺劇辛。秦拔魏二十城。置東郡。十九年。秦拔趙之鄴九城。趙悼襄王卒。二十三年。太子丹質於秦。亡歸燕。二十五年。秦虜滅韓王安。置潁川郡。二十七年。秦虜趙王遷。滅趙。趙公子嘉自立爲代王。燕見秦且滅六國。秦兵臨易水。禍且至燕。太子丹陰養壯士二十人。使荊軻獻督亢地圖於秦。因襲刺秦王。秦王覺。殺軻。使將軍王翦擊燕。二十九年。秦攻拔我薊。燕王亡。徙居遼東。斬丹以獻秦。三十年。秦滅魏。三十三年。秦拔遼東。虜燕王喜。卒滅燕。是歲。秦將王賁亦虜代王嘉。

太史公曰。召公奭可謂仁矣。甘棠且思之。況其人乎。燕北迫蠻貉。王懷祖謂北當作外非是內措齊晉。崎嶇彊國之閒。最爲弱小。幾滅者數矣。然社稷血食者八九百歲。於姬姓獨後亾。豈非召公之烈邪。

某案此傳以用人爲主故以君奭書發端

燕召公世家第四

管蔡世家第五

管叔鮮蔡叔度者周文王子而武王弟也武王同母兄弟十人母曰太姒文王正妃也其長子曰伯邑考次曰武王發次曰管叔鮮次曰周公旦次曰蔡叔度次曰曹叔振鐸次曰成叔武次曰霍叔處次曰康叔封次曰冄季載（錢云左傳作聃季音乃甘反）冄季載最少同母昆弟十人唯發旦賢左右輔文王故文王舍伯邑考而以發為太子及文王崩而發立是為武王伯邑考既已前卒矣武王已克殷紂平天下封功臣昆弟於是封叔鮮於管封叔度於蔡二人相紂子武庚祿父治殷遺民封叔旦於魯而相周為周公封叔振鐸於曹封叔武於成封叔處於霍康叔封冄季載皆少未得封武王既崩成王少周公旦專王室管叔蔡叔疑周公之為不利於成王乃挾武庚以作亂周公旦承成王命伐誅武庚殺管叔而

放蔡叔。遷之。與車十乘徒七十人從。而分殷餘民爲二。其一封微子啓於宋。以續殷祀。其一封康叔爲衛君。是爲衛康叔。封季載於冉。冉季康叔皆有馴行。於是周公舉康叔爲周司寇。冉季爲周司空。以佐成王治。皆有令名於天下。蔡叔度既遷而死。其子曰胡。胡乃改行率德馴善。周公聞之。而舉胡以爲魯卿士。魯國治。於是周公言於成王。復封胡於蔡。以奉蔡叔之祀。是爲蔡仲。餘五叔皆就國。無爲天子吏者。蔡仲卒。子蔡伯荒立。蔡伯荒卒。子宮侯立。宮侯卒。子厲侯立。厲侯卒。子武侯立。武侯之時。周厲王失國奔彘。共和行政。諸侯多叛周。武侯卒。子夷侯立。夷侯十一年。周宣王即位。二十八年。夷侯卒。子釐侯所事立。釐侯三十九年。周幽王爲犬戎所殺。周室卑而東徙。秦始得列爲諸侯。四十八年。釐侯卒。子共侯興立。共侯二年卒。子戴侯立。戴侯十年卒。子宣侯措父立。梁云

此等皆史公取古書別鑪鍾之使語新而事態益顯凡取舊言與常語者最宜學之

（措父當作考父）宣侯二十八年。魯隱公初立。三十五年。宣侯卒。子桓侯封人立。桓侯三年。魯弒其君隱公。二十年。桓侯卒。弟哀侯獻舞立。哀侯十一年。初。哀侯娶陳。息侯亦娶陳。息夫人將歸過蔡。蔡侯不敬。息侯怒。請楚文王來伐我。我求救於蔡。蔡必來。楚因擊之可以有功。楚文王從之。虜蔡哀侯以歸。哀侯留九歲。死於楚。凡立二十年卒。蔡人立其子肸。是爲繆侯。繆侯以其女弟爲齊桓公夫人。十八年。齊桓公與蔡女戲船中。夫人蕩舟。桓公止之。不止。公怒。歸蔡女而不絕也。蔡侯怒。嫁其弟。齊桓公怒。伐蔡。蔡潰。遂虜繆侯。南至楚邵陵。已而諸侯爲蔡謝齊。桓侯歸蔡侯。二十九年。繆侯卒。子莊侯甲午立。莊侯三年。齊桓公卒。十四年。晉文公敗楚於城濮。二十年。楚太子商臣弒其父成王代立。二十五年。秦穆公卒。三十三年。楚莊王卽位。三十四年。莊侯卒。子文侯申立。文侯十四年。楚莊王伐陳殺夏徵舒。十五年。楚圍鄭。鄭降楚。楚復醳之。二十年。文侯卒。子景侯固立。景侯元年。楚莊王卒。四十九年。景侯爲太子般娶婦於楚。而景侯通焉。太子弑景侯而自立。是爲靈侯。靈侯二年。楚公子圍弑其王郟敖而自立。是爲靈王。（爲上依通志增是字）九年。陳司徒招弑其君哀公。楚使公子棄疾滅陳而有之。十二年。楚靈王以靈侯弑其父。誘蔡靈侯于申。伏甲飲之。醉而殺之。刑其士卒七十人。令公子棄疾圍蔡。十一月。滅蔡。使棄疾爲蔡公。楚滅蔡三歲。楚公子棄疾弑其君靈王代立。爲平王。平王乃求蔡景侯少子廬立之。是爲平侯。是年楚亦復立陳。楚平王初立。欲親諸侯。故復立陳蔡後。平侯九年卒。靈侯般之孫東國攻平侯子而自立。是爲悼侯。悼侯父曰隱太子友。（梁云友左傳公羊皆作有）隱太子友者。靈侯之太子。平侯立而殺隱太子。故平侯卒而隱太子之子東國攻平侯子而

後幅以陳與蔡爲客主人凡文字枯寂必別求生色也

代立。是爲悼侯。悼侯三年卒。弟昭侯申立。昭侯十年。朝楚昭王。持美裘二。獻其一昭王。昭王上依通志減於字此等字皆後人所增而自衣其一。楚相子常欲之。不與。子常讒蔡侯。留之楚三年。蔡侯知之。乃獻其裘於子常。子常受之。乃言歸蔡侯。蔡侯歸而之晉。請與晉伐楚。十三年春。與衛靈公會邵陵。蔡侯私於周萇弘。以求長於衛。衛使史鰌言康叔之功德。錢云據左傳乃祝鮀兩人皆字子魚乃長衛。夏。爲晉滅沈。楚怒。攻蔡。蔡昭侯使其子爲質於吳。以共伐楚。冬。與吳王闔閭遂破楚入郢。蔡怨子常。子常恐。奔鄭。十四年。吳去而楚昭王復國。十六年。楚令尹爲其民泣以謀蔡。蔡昭侯懼。二十六年。孔子如蔡。楚昭王伐蔡。蔡恐。告急於吳。吳爲蔡遠。約遷以自近。易以相救。昭侯私許。不與大夫計。吳人來救蔡。因遷蔡于州來。二十八年。昭侯將朝于吳。大夫恐其復遷。乃令賊利殺昭侯。錢云左傳弑昭公者公孫翩也已而誅賊利以解過•而立昭侯子朔•是爲成侯•成侯四年•宋滅曹•十年•齊田常弑其君簡公•十三年•楚滅陳•十九年•成侯卒•子聲侯產立•聲侯十五年卒•子元侯立•元侯六年卒•子侯齊立•侯齊四年•楚惠王滅蔡•蔡侯齊亡•蔡遂絕祀•後陳滅三十三年•伯邑考•其後不知所封•武王發•其後爲周•有本紀言•管叔鮮作亂誅死•無後•周公旦•其後爲魯•有世家言•蔡叔度•其後爲蔡•有世家言•曹叔振鐸•其後爲曹•有世家言•成叔武•其後世無所見•霍叔處•其後晉獻公時滅霍•康叔封•其後爲衛•有世家言•冄季載•其後世無所見•

太史公曰•管叔作亂•無足載者•然周武王崩•成王少•天下既疑•賴同母之弟成叔•冄季之屬十人爲輔拂•是以諸侯卒宗周•故附之世家言•

曹叔振鐸者•周武王弟也•武王已克殷紂•封叔振鐸於曹•叔振鐸卒•子

太伯脾立。太伯卒。子仲君平立。仲君平卒。子宮伯侯立。宮伯侯卒。子孝伯雲立。孝伯雲卒。子夷伯喜立夷伯二十三年。周厲王奔于彘。三十年卒。弟幽伯彊立。幽伯九年。弟蘇殺幽伯代立。是爲戴伯。戴伯元年。周宣王巳立三歲三十年。戴伯卒。子惠伯兕立。惠伯二十五年。周幽王爲犬戎所殺。因東徙。益卑。諸侯畔之。秦始列爲諸侯。三十六年。惠伯卒。子石甫立。其弟武殺之代立。是爲繆公。繆公三年卒。子桓公終生立。桓公三十五年。魯隱公立。四十五年。魯弒其君隱公。四十六年。宋華父督弒其君殤公。及孔父。五十五年。桓公卒。子莊公夕姑立。錢云夕者夜也功臣表趙將夜漢書作將夕夜又與射通春秋狐射姑公羊作夜姑莊公二十三年。齊桓公始霸。三十一年。莊公卒。子釐公夷立釐公九年卒。子昭公班立。昭公六年。齊桓公敗蔡。遂至楚召陵。九年。昭公卒。子共公襄立。共公十六年。初。晉公子重耳其亾過曹。曹君無禮•欲觀其駢脅•釐負羈諫•不聽•私善於重耳•二十一年•晉文公重耳伐曹•虜共公以歸•令軍毋入釐負羈之宗族閭•或說晉文公曰•昔齊桓公會諸侯•復異姓•今君囚曹君•滅同姓•何以令於諸侯•晉乃復歸共公•二十五年•晉文公卒•三十五年•共公卒•子文公壽立•文公二十三年卒•子宣公彊立•宣公十七年卒•弟成公負芻立•成公三年•晉厲公伐曹•虜成公以歸•已復釋之•五年•晉欒書•中行偃使程滑弒其君厲公•二十三年•成公卒•子武公勝立•武公二十六年•楚公子棄疾弒其君靈王代立•二十七年•武公卒•子平公頃立•平公四年卒•子悼公午立•是歲•宋衛陳鄭皆火•悼公八年•宋景公立•九年•悼公朝於宋•宋囚之•曹立其弟野•是爲聲公•悼公死於宋•歸葬•聲公五年•平公弟通弒聲公代立•是爲隱公•隱公四年•聲公弟露弒隱公代立•是爲靖公•靖公四年卒•子伯陽立•

伯陽三年。國人有夢衆君子立於社宮。謀欲亾曹。曹叔振鐸止之。請待公孫彊。許之。旦求之曹。無此人。夢者戒其子曰。我亾。爾聞公孫彊爲政。必去曹。無離曹禍。及伯陽即位。好田弋之事。六年。曹野人公孫彊亦好田弋。獲白鴈而獻之。且言田弋之說。因訪政事。伯陽大說之。有寵。使爲司城以聽政。夢者之子乃亾去。公孫彊言霸說於曹伯。十四年。曹伯從之。乃背晉干宋。宋景公伐之。晉人不救。十五年。宋滅曹。執曹伯陽及公孫彊以歸而殺之。曹遂絕其祀。

太史公曰。余尋曹共公之不用僖負羈。乃乘軒者三百人。史詮云乃一本作及知唯德之不建。及振鐸之夢。豈不欲引曹之祀者哉。如公孫彊不修厥政。叔鐸之祀忽諸。

某案此篇以武王同母昆弟爲主。曹叔附後。合傳體也。王少鶴謂當

別爲一篇者非是

管蔡世家第五

陳杞世家第六

陳胡公滿者虞帝舜之後也昔舜爲庶人時堯妻之二女居于嬀汭其後因爲氏姓姓嬀氏舜已崩傳禹天下而舜子商均爲封國夏后之時或失或續至于周武王克殷紂乃復求舜後得嬀滿封之於陳以奉帝舜祀是爲胡公胡公卒子申公犀侯立申公卒弟相公皋羊立梁云相或作柏相公卒立申公子突是爲孝公孝公卒子慎公圉戎立慎公當周厲王時慎公卒子幽公寧立幽公十二年周厲王奔于彘二十三年幽公卒子釐公孝立釐公六年周宣王即位三十六年釐公卒子武公靈立武公十五年卒子夷公說立是歲周幽王即位夷公三年卒弟平公燮立梁云燮詩譜疏引作燮平公七年周幽王爲犬戎所殺周東徙秦始列爲諸侯二十三年平公卒子文公圉立文公元年取蔡女生子佗十年文公卒長

子桓公鮑立。桓公二十三年。魯隱公初立。二十六年。衞殺其君州吁。三十三年。魯弒其君隱公。三十八年正月甲戌己丑。陳桓公鮑卒。桓公弟佗。其母蔡女。故蔡人爲佗殺五父及桓公太子免而立佗。是爲厲公。桓公病而亂作。國人分散。故再赴。厲公二年。生子敬仲完。周太史過陳。陳厲公使以周易筮之。卦得觀之否。曰（曰字依通志補）是爲觀國之光。利用賓于王。此其代陳有國乎。不在此。其在異國。非此其身。在其子孫。若在異國。必姜姓。姜姓太嶽之後。物莫能兩大。陳衰此其昌乎。厲公取蔡女。蔡女與蔡人亂。厲公數如蔡淫。七年。厲公所殺桓公太子免之三弟。長曰躍。中曰林。少曰杵臼。共令蔡人誘厲公以好女。與蔡人共殺厲公而立躍。是爲利公。（梁云春秋經傳厲公名躍古利厲通用論語利其器梅福傳作厲左傳厲兵卽利兵也）利公者。桓公子也。利公立五月卒。立中弟林。是爲莊公。莊公七年卒。少弟杵臼立。是爲

宣公•宣公三年•楚武王卒•楚始彊•十七年•周惠王取陳女爲后•二十一
年•宣公後有嬖姬生子款•欲立之•乃殺其太子禦寇•禦寇素愛厲公子
完•完懼禍及己•乃犇齊•齊桓公欲使陳完爲卿•完曰•羈旅之臣•幸得免
負擔•君之惠也•不敢當高位•桓公使爲工正•齊懿仲欲妻陳敬仲•卜之
占曰•是謂鳳皇于飛•和鳴鏘鏘•有嬀之後•將育于姜•五世其昌•並于正
卿•八世之後•莫之與京•三十七年•齊桓公伐蔡•蔡敗•南侵楚•至召陵•還
過陳•陳大夫轅濤塗惡其過陳•詐齊令出東道•東道惡•桓公怒•執陳轅
濤塗•是歲•晉獻公殺其太子申生•四十五年•宣公卒•子款立•是爲穆公
穆公•五年•齊桓公卒•十六年•晉文公敗楚師于城濮•是歲•穆公卒•子共
公朔立•共公六年•楚太子商臣弒其父成王代立•是爲穆王•十一年•秦
穆公卒•十八年•共公卒•子靈公平國立•靈公元年•楚莊王卽位•六年•楚

此卽舊語新造

伐陳。十年。陳及楚平。十四年。靈公與其大夫孔寧儀行父皆通於夏姬。衷其衣以戲於朝。泄冶諫曰。君臣淫亂。民何效焉。靈公以告二子。二子請殺泄冶。公弗禁。遂殺泄冶。十五年。靈公與二子飲於夏氏。公戲二子曰。徵舒似汝。二子曰。亦似公。徵舒怒。靈公罷酒出。徵舒伏弩廄門射殺靈公。孔寧儀行父皆奔楚。靈公太子午奔晉。徵舒自立爲陳侯。徵舒故陳大夫也。夏姬御叔之妻。舒之母也。成公元年冬。楚莊王爲夏徵舒殺靈公。率諸侯伐陳。謂陳曰。無驚。吾誅徵舒而已。已誅徵舒。因縣陳而有之。羣臣畢賀。申叔時使於齊來還。獨不賀。莊王問其故。對曰。鄙語有之。牽牛徑人田。田主奪之牛。徑則有罪矣。奪之牛。不亦甚乎。今王以徵舒爲賊弑君。故徵兵諸侯。以義伐之。已而取之。以利其地。則後何以令於天下。是以不賀。莊王曰。善。乃迎陳靈公太子午於晉而立之。復君陳如

敘事忽出事外發議最有態

此與魯世家載史鰌語同一機軸皆藉為文中關鍵

故是為成公孔子讀史記至楚復陳曰賢哉楚莊王輕千乘之國而重一言二十八年楚莊王卒二十九年陳倍楚盟三十年楚共王伐陳是歲成公卒子哀公弱立楚以陳喪罷兵去哀公三年楚圍陳復釋之二十八年楚公子圍弒其君郟敖自立為靈王三十四年初哀公娶鄭長姬生悼太子師少姬生偃二嬖妾長妾生留少妾生勝留有寵哀公哀公屬之其弟司徒招哀公病三月招殺悼太子立留為太子哀公怒欲誅招招發兵圍守哀公哀公自經殺招卒立留為陳君四月陳使使赴楚楚靈王聞陳亂乃殺陳使者使公子弃疾發兵伐陳陳君留奔鄭九月楚圍陳十一月滅陳使弃疾為陳公招之殺悼太子也太子之子名吳出奔晉晉平公問太史趙曰陳遂亡乎對曰陳顓頊之族陳氏得政於齊乃卒亡自幕至於瞽瞍無違命舜重之以明德至於遂世世守之

及胡公周賜之姓使祀虞帝且盛德之後必百世祀虞之世未也其在
齊乎楚靈王滅陳五歲楚公子弃疾弑靈王代立是爲平王平王初立
欲得和諸侯乃求故陳悼太子師之子吳立爲陳侯是爲惠公惠公立
探續哀公卒時年而爲元空籍五歲矣十年陳火十五年吳王僚使公
子光伐陳取胡沈而去二十八年吳王闔閭與子胥敗楚入郢是年惠
公卒子懷公柳立懷公元年吳破楚在郢召陳侯陳侯欲往大夫曰吳
新得意楚王雖亡與陳有故不可倍懷公乃以疾謝吳四年吳復召懷
公懷公恐如吳吳怒其前不往留之因卒吳陳乃立懷公之子越是爲
湣公湣公六年孔子適陳吳王夫差伐陳取三邑而去十三年吳復來
伐陳陳告急楚楚昭王來救軍於城父吳師去是年楚昭王卒於城父
時孔子在陳十五年宋滅曹十六年吳王夫差伐齊敗之艾陵使人召

陳侯。陳侯恐，如吳。楚伐陳。二十一年，齊田常弒其君簡公。二十三年，楚之白公勝殺令尹子西、子綦，襲惠王。葉公攻敗白公，白公自殺。二十四年，楚惠王復國，以兵北伐，殺陳湣公，遂滅陳而有之。是歲，孔子卒。杞東樓公者，夏后禹之後苗裔也。殷時或封或絕。周武王克殷紂，求禹之後，得東樓公，封之於杞，以奉夏后氏祀。東樓公生西樓公，西樓公生題公，題公生謀娶公。集解謀一作謨。錢云謀謨聲相近。說文有婜無娵，娵婜本一字，故娶讀子臾反。謀娶公當周厲王時。謀娶公生武公。武公立四十七年卒，子靖公立。靖公二十三年卒，子共公立。共公八年卒，子德公立。德公十八年卒，弟桓公姑容立。桓公十七年卒，子孝公匄立。孝公十七年卒，弟文公益姑立。文公十四年卒，弟平公鬱立。梁云鬱左穀作郁釐，公羊作鬱釐，譙周云名鬱來。鬱郁音近，釐來字通，釐爲聲之餘，如樂祁爲樂祁犂之類。平公十八年卒，子悼公成立。悼公十二年卒，子隱公乞立。七月，隱公弟遂梁云

杞後陳亡三十四年此等天然結束舜之後以下與管蔡世家相爲闗合兩篇類叙法也

（左傳疏引作過）弑隱公自立是爲釐公釐公十九年卒子湣公維立湣公十五年楚惠王滅陳十六年湣公弟閼路弑湣公代立是爲哀公哀公立十年卒湣公子敕立是爲出公出公十二年卒子簡公春立立一年楚惠王之四十四年滅杞杞後陳亡三十四年杞小微其事不足稱述舜之後周武王封之陳至楚惠王滅之有世家言禹之後周武王封之杞楚惠王滅之有世家言契之後爲殷殷有本紀言殷破周封其後於宋齊湣王滅之有世家言后稷之後爲周秦昭王滅之有本紀言皐陶之後或封英六楚穆王滅之無譜伯夷之後至周武王復封於齊曰太公望陳氏滅之有世家言伯翳之後（梁云詩疏地志注蔡邕傳注幷云伯翳卽伯益史公以爲二人）至周平王時封爲秦項羽滅之有本紀言垂益夔龍其後不知所封不見也右十一人者皆唐虞之際名有功德臣也其五人之後皆至帝王餘乃爲

小不足齒列彙遞全書去取之例

顯諸侯滕薛騶夏殷周之閒封也小不足齒列弗論也周武王時侯伯尚千餘人及幽厲之後諸侯力攻相幷江黃胡沈之屬不可勝數故弗采著于傳上考證張氏云上當爲云之誤

太史公曰舜之德可謂至矣禪位于夏而後世血食者歷三代及楚滅陳而田常得政於齊卒爲建國百世不絕苗裔茲茲有土者不乏焉至禹於周則杞微甚不足數也楚惠王滅杞其後越王句踐興

某案此篇以帝王之後爲主

陳杞世家第六

史記三十六

冉季因上少弟字連類幷及是猶枝

此篇以父子相殺兄弟相滅爲主篇首敘管蔡事固是康叔封衛緣起亦與後文兄弟相滅爲首尾

撮敘康誥酒誥梓材大意最渾括

衛康叔世家第七

衛康叔名封•周武王同母少弟也•其次尙有冉季•冉季最少•武王已克殷紂•復以殷餘民封紂子武庚祿父•比諸侯•以奉其先祀勿絕•爲武庚未集•恐其有賊心•（賊書疏引作側）武王乃令其弟管叔蔡叔傅相武庚祿父•以和其民•武王既崩•成王少•周公旦代成王治•當國•管叔蔡叔疑周公•乃與武庚祿父作亂•欲攻成周•周公旦以成王命•興師伐殷•殺武庚祿父管叔•放蔡叔•以武庚殷餘民封康叔爲衛君•居河淇間故商墟•周公旦懼康叔齒少•乃申告康叔曰•必求殷之賢人君子長者•問其先殷所以興所以亾•而務愛民•告以紂所以亾者•以淫於酒•酒之失•婦人是用•故紂之亂自此始•爲梓材•示君子可法則•故謂之康誥酒誥梓材以命之•康叔之國•既以此命•能和集其民•民大說•（通志大作乃）成王長•用事•舉康叔

爲周司寇。賜衞寶祭器。以章有德。康叔卒。子康伯代立。康伯卒。子考伯立。梁云詩譜引考伯作孝伯人表亦作孝考伯卒。子嗣伯立。嗣伯卒。子疌伯立。梁云詩譜引作建人表同世表作疌疌伯卒。子靖伯立。靖伯卒。子貞伯立。貞伯卒。子頃侯立。頃侯厚賂周夷王。夷王命衞爲侯。康叔稱孟侯乃謂諸侯之長非侯爵其後五世稱伯伯爵明甚至夷王始爵爲侯史公當時必有據索隱駁說五代恆爲方伯不足據姚姬傳謂稱伯爲周初字諡亦非頃侯立十二年卒。子釐侯立。釐侯十三年。周厲王出犇于彘。共和行政焉。二十八年。周宣王立。四十二年。釐侯卒。太子共伯餘立爲君。共伯弟和有寵於釐侯。多予之賂。和以其賂賂士。以襲攻共伯於墓上。共伯入釐侯羨自殺。衞人因葬之釐侯旁。諡曰共伯。而立和爲衞侯。是爲武公。索隱據國語武公年九十五及詩共伯蚤卒二事譏史爲失愚謂史公不必與國語同故不著武公年譏至詩序之說又不足以糾史武公即位。修康叔之政。百姓和集。四十二年。犬戎殺周幽王。武公將兵往佐周平戎。甚有功。周平王命武公爲公五十五年卒子莊公揚立莊公五年取齊女爲夫人好而無子又取陳女爲夫人生子蚤死陳女女弟亦幸於莊公而生子完完母死莊公令夫人齊女子之立爲太子莊公有寵妾生子州吁十八年州吁長好兵莊公使將石碏諫莊公曰庶子好兵使將亂自此起不聽二十三年莊公卒太子完立是爲桓公桓公二年弟州吁驕奢桓公絀之州吁出犇十三年鄭伯弟段攻其兄不勝亾而州吁求與之友十六年州吁收聚衛亾人以襲殺桓公州吁自立爲衛君爲鄭伯弟段欲伐鄭請宋陳蔡與俱三國皆許州吁州吁新立好兵弑桓公衛人皆不愛石碏乃因桓公母家於陳詳爲善州吁至鄭郊石碏與陳侯共謀使右宰醜進食因殺州吁于濮而迎桓公弟晉於邢而立之是爲宣公宣公七年魯弑其君隱公九年宋督弑其君殤公及孔父十年晉曲沃莊伯弑其

君哀侯十八年。初。宣公愛夫人夷姜。夷姜生子伋。以爲太子。而令右公子傅之。右公子爲太子取齊女。未入室。而宣公見所欲爲太子婦者好。說而自取之。更爲太子取他女。宣公得齊女。生子壽子朔。令左公子傅之。太子伋母死。宣公正夫人與朔共讒惡太子伋。宣公自以其奪太子妻也。心惡太子。欲廢之。及聞其惡。大怒。乃使太子伋於齊。而令盜遮界上殺之。與太子白旄。而告界盜見持白旄者殺之。且行。子朔之兄壽。太子異母弟也。知朔之惡太子而君欲殺之。乃謂太子曰。界盜見太子白旄。即殺太子。太子可毋行。太子曰。逆父命求生。不可。遂行。壽見太子不止。乃盜其白旄而先馳至界。界盜見其驗。即殺之。壽已死。而太子伋又至。謂盜曰。所當殺乃我也。盜并殺太子伋。以報宣公。宣公乃以子朔爲太子。十九年。宣公卒。太子朔立。是爲惠公。左右公子不平朔之立也。惠

此句貫下大臣皆不服

此與獻公出公皆紀出亡年數因以爲前後章法

總上數段轉入戴公文公此脈絡貫輸處

公四年、左右公子怨惠公之讒殺前太子伋而代立。乃作亂。攻惠公立。太子伋之弟黔牟爲君。惠公犇齊。衛君黔牟立八年。齊襄公率諸侯奉王命共伐衛。納衛惠公。誅左右公子。衛君黔牟犇于周。惠公復立。惠公立三(某案三當作五)年出亡。亡八年復入。與前通年凡十三年矣。二十五年。惠公怨周之容舍黔牟。與燕伐周。周惠王犇溫。衛燕立惠王弟穨爲王。二十九年。鄭復納惠王。三十一年。惠公卒。子懿公赤立。懿公即位。好鶴淫樂奢侈。九年。翟伐衛。衛懿公欲發兵。兵或畔。大臣言曰。君好鶴。鶴可令擊翟。翟於是遂入殺懿公。懿公之立也。百姓大臣皆不服。自懿公父惠公朔之讒殺太子伋代立。至於懿公。常欲敗之。卒滅惠公之後而更立黔牟之弟昭伯頑之子申爲君。是爲戴公。戴公申元年卒。齊桓公以衛數亂。乃率諸侯伐翟。爲衛築楚丘。立戴公弟燬爲衛君。是爲文公。文公

提起復說往復申明是史公極意摹畫舊法

以亂故犇齊齊人入之初翟殺懿公也衛人憐之思復立宣公前死太子伋之後伋子又死而代伋死者子壽又無子太子伋同母弟二人其一曰黔牟黔牟嘗代惠公爲君八年復去其二曰昭伯昭伯黔牟皆已前死故立昭伯子申爲戴公戴公卒復立其弟燬爲文公文公初立輕賦平罪身自勞與百姓同苦以收衛民十六年晉公子重耳過無禮十七年齊桓公卒二十五年文公卒子成公鄭立成公三年晉欲假道於衛救宋成公不許晉更從南河度救宋徵師於衛衛大夫欲許成公不肯大夫元咺攻成公成公出犇晉文公重耳伐衛分其地予宋討前過無禮及不救宋患也衛成公遂出犇陳二歲如周求入與晉文公會晉使人鴆衛成公成公私於周主鴆令薄（凌校一本周作晉疑是）得不死已而周爲請晉文公卒入之衛而誅元咺衛君瑕出犇七年晉文公卒十二年成

公朝晉襄公。十四年。秦穆公卒。二十六年。齊邴歜弒其君懿公。三十五年。成公卒。子穆公遫立。穆公二年。楚莊王伐陳。殺夏徵舒。三年楚莊王圍鄭。鄭降。復釋之。十一年。孫良夫救魯伐齊。復得侵地。穆公卒。子定公臧立。定公十二年卒。子獻公衎立。獻公十三年。公令師曹教宮妾鼓琴。妾不善。曹笞之。妾以幸惡曹於公。公亦笞曹三百。十八年。獻公戒孫文子甯惠子食。皆往。日旰不召。而去射鴻於囿。二子從之。公不釋射服與之言。二子怒。如宿。孫文子子數侍公飲。使師曹歌巧言之卒章。師曹又怒公之嘗笞三百。乃歌之。欲以怒孫文子。報衛獻公。文子語蘧伯玉。伯玉曰。臣不知也。遂攻出獻公。獻公犇齊。齊置衛獻公於聚邑。孫文子甯惠子共立定公弟秋爲衛君。是爲殤公。殤公秋立。封孫文子林父於宿。十二年。甯喜與孫林父爭寵相惡。殤公使甯喜攻孫林父。林父犇晉。復求入故衛獻公。獻公在齊。齊景公聞之。與衛獻公如晉求入。晉爲伐衛。誘與盟。衛殤公會晉平公。平公執殤公與甯喜。而復入衛獻公。獻公亾在外十二年而入。獻公後元年。誅甯喜。三年。吳延陵季子使過衛。見蘧伯玉史鰌。曰。衛多君子。其國無故。過宿。孫林父爲擊磬。曰。不樂。音大悲。使衛亂乃此矣。是年。獻公卒。子襄公惡立。襄公六年。楚靈王會諸侯。襄公稱病不往。九年。襄公卒。初。襄公有賤妾。妾之有身。夢有人謂曰。我康叔也。令若子必有衛。名而子曰元。妾怪之。問孔成子。成子曰。康叔者。衛祖也。及生子。男也。以告襄公。襄公曰。天所置也。名之曰元。襄公夫人無子。於是乃立元爲嗣。是爲靈公。靈公五年。朝晉昭公。六年。楚公子弃疾弑靈王自立爲平王。十一年。火。三十八年。孔子來。祿之如魯。後有隙。孔子去。後復來。三十九年。太子蒯聵與靈公夫人南子有惡。欲殺南子。蒯聵與其徒戲陽遬謀。朝使殺夫人。戲陽後悔不果。蒯聵數目之。夫人覺之懼。呼曰。太子欲殺我。靈公怒。太子蒯聵犇宋。已而之晉趙氏。四十二年春。靈公游于郊。令子郢僕。郢靈公少子也。字子南。靈公怨太子出犇。謂郢曰。我將立若爲後。郢對曰。郢不足以辱社稷。君更圖之。夏靈公卒。夫人命子郢爲太子。曰。此靈公命也。郢曰。亾人太子蒯聵之子輒在也。不敢當。於是衛乃以輒爲君。是爲出公。六月乙酉。趙簡子欲入蒯聵。乃令陽虎詐命衛十餘人衰絰歸。簡子送蒯聵。衛人聞之。發兵擊蒯聵。蒯聵不得入。入宿而保。衛人亦罷兵。出公輒四年。齊田乞弒其君孺子。八年。齊鮑子弒其君悼公。孔子自陳入衛。九年。孔文子問兵於仲尼。仲尼不對。其後魯迎仲尼。仲尼反魯。十二年。初孔圉文子取太子蒯聵之姊。生悝。孔氏之豎渾良夫美好。孔文子卒。良夫通於悝母。太子在宿。悝母使良夫於太子。太子與良夫言曰。苟能入我國。報子以乘軒。免子三死。毋所與。與之盟。許以悝母爲妻。閏月良夫與太子入。舍孔氏之外圃。昏。二人蒙衣而乘。宦者羅御。如孔氏。孔氏之老欒甯問之。稱姻妾以告。遂入。適伯姬氏。既食。悝母杖戈而先。太子與五人介。輿豭從之。伯姬劫悝於廁。彊盟之。遂劫以登臺。欒甯將飲酒。炙未孰。聞亂。使告仲由。召護駕乘車（梁云左傳作召獲儀禮大射注古文獲皆作護）行爵食炙。奉出公輒犇魯。仲由將入。遇子羔將出。曰門己閉矣。子路曰吾姑至矣。子羔曰不及。莫踐其難。子路曰。食焉。不辟其難。子羔遂出。子路入。及門。公孫敢闔門。曰毋入爲也。子路曰。是公孫也。求利而逃其難。由不然。利其祿。必救其患。有使者出。子路乃得入。曰。太子焉用孔悝。雖殺之。必或繼之。且曰。太子無勇。若燔臺。必舍孔叔。太子聞之。懼。下石乞盂黶敵子路。以戈擊之。割纓。子路曰。君子死•冠不免•結纓而死•孔子聞衛亂•曰•嗟乎•柴也其來乎•由也其死矣•孔悝竟立太子蒯聵•是爲莊公•莊公蒯聵者•出公父也•居外•怨大夫莫迎立•元年卽位•欲盡誅大臣•曰•寡人居外久矣•子亦嘗聞之乎•羣臣欲作亂•乃止•二年•魯孔丘卒•三年•莊公上城•見戎州•曰•戎虜何爲是•戎州病之•十月•戎州告趙簡子•簡子圍衛•十一月•莊公出犇•衛人立公子斑師爲衛君•齊伐衛•虜斑師•更立公子起爲衛君•衛君起元年•衛石曼專逐其君起•（錢云專當作尃尃與圃音相近石曼姑圍戚在哀三年與此石尃必非一人諸本無曼字是也）起犇齊•衛出公輒自齊復歸立•初•出公立十二年亡•亡在外四年復入•出公後元年•賞從亡者•立二十一年卒•出公季父黔攻出公子而自立•是爲悼公•悼公五年卒•子敬公弗立•敬公十九年卒•子昭公糾立•是時三晉彊•衛如小侯•屬之•昭公六年•公子亹弒之代立•是爲懷公•懷公十一年•公子頹弒

懷公而代立。是爲愼公。愼公父公子適。適父敬公也。愼公四十二年卒。子聲公訓立。（梁云聲公訓世本作聖公馳錢宮詹云廣韻引風俗通聖者聲也馳蓋馴之誤）聲公十一年卒。子成侯遬立。成侯十一年。公孫鞅入秦。十六年。衛更貶號曰侯。二十九年。成侯卒。子平侯立。平侯八年卒。子嗣君立。嗣君五年。更貶號曰君。獨有濮陽。四十二年卒。子懷君立。懷君三十一年。朝魏。魏囚殺懷君。魏更立嗣君弟。是爲元君。元君爲魏壻。故魏立之。元君十四年。秦拔魏東地。秦初置東郡。更徙衛野王縣。而幷濮陽爲東郡。二十五年。元君卒。子君角立。君角九年。秦幷天下。立爲始皇帝。二十一年。二世廢君角爲庶人。衛絕祀。

太史公曰。余讀世家言。至於宣公之太子以婦見誅。弟壽爭死以相讓。此與晉太子申生不敢明驪姬之過同。俱惡傷父之志。然卒死亡。何其悲也。或父子相殺。兄弟相滅。亦獨何哉。

某案此篇以父子相殺兄弟相滅爲主

衞康叔世家第七

宋微子世家第八　　史記三十八

微子開者•殷帝乙之首子•而帝依索隱本紂上增帝字紂之庶兄也•紂既立•不明•
淫亂於政•微子數諫•紂不聽•及祖伊以周西伯昌之脩德滅阮•各本阮下重阮
國字通志同考異衍下阮字案國亦衍字當依班馬字類作修德滅阮阮國二字當爲注文誤入攷異删一阮字未是錢云阮周本紀作耆盧
學士云伊耆氏或作伊阮此亦當爾懼禍至•以告紂•紂曰•我生不有命在天乎•是何能爲•
於是微子度紂終不可諫•欲死之•及去•未能自決•乃問於太師少師曰•
殷不有治政•不治四方•我祖遂陳於上•紂沈湎於酒•婦人是用•亂敗湯
德於下•殷既小大好草竊姦宄•舊刻本宄作軌毛同通志同卿士師師非度•皆有罪
辜•乃無維獲•小民乃竝興•相爲敵讎•今殷其典喪•錢云典讀如殄典喪者殄喪也攷工記輈
欲頎典鄭司農讀典爲殄是典腆與殄通若涉水無津涯•殷遂喪•越至于今•曰•太師少師•我
其發出往•錢云詩及爾出王傳王往也吾家保于喪•今女無故告予•顛躋•如之何其•

此叙微子事未終遂入箕子比干二人已而復入太師少師勸微子去遂行以終前文此文字斷續之法太師少師即所謂大師疵少師彊也集解誤引孔傳遂謂比干已死不得云少師失之矣

太師若曰王子天篤下菑錢云尚書篤爲毒大宛傳有身毒國即天竺也竺古篤字小司馬亦讀爲篤亾殷國乃毋畏畏不用老長今殷民乃陋淫神祇之祀今誠得治國國治身死不恨爲死終不得治不如去遂亾箕子者紂親戚也某案此處斷紂始爲象箸箕子歎曰彼爲象箸必爲玉桮爲桮治要桮上有玉字通志無則必思遠方珍怪之物而御之矣輿馬宮室之漸自此始不可振也紂爲淫泆箕子諫不聽人或曰可以去矣箕子曰爲人臣諫不聽而去是彰君之惡而自說於民吾不忍爲也乃被髮詳狂而爲奴遂隱而鼓琴以自悲故傳之曰箕子操王子比干者亦紂之親戚也見箕子諫不聽而爲奴則曰君有過而不以死爭則百姓何辜乃直言諫紂紂怒曰吾聞聖人之心有七竅信有諸乎乃遂殺王子比干刳視其心微子曰父子有骨肉而臣主以義屬故父有過子三諫不聽則隨而號之人臣三諫不聽則其義

敘管蔡傅相武庚下入鴻範篇幷麥秀詩詞後復接管蔡之亂此亦文字斷續法

可以去矣•於是太師少師乃勸微子去•某案此處續 遂行•周武王伐紂克殷•微子乃持其祭器造於軍門•肉袒面縛•左牽羊•右把茅•膝行而前以告•於是武王乃釋微子•復其位如故•武王封紂子武庚祿父以續殷祀•使管叔蔡叔傅相之•武王既克殷•某案此處斷 訪問箕子•武王曰•於乎•維天陰定下民•相和其居•我不知其常倫所序•箕子對曰•在昔鯀陻鴻水•汩陳其五行•帝乃震怒•不從鴻範九等•常倫所斁•集解斁一作釋錢云釋當作殬說文引書彝倫攸殬殬敗也 鯀則殛死•禹乃嗣興•天乃錫禹鴻範九等•常倫所序•初一曰五行•二曰五事•三曰八政•四曰五紀•五曰皇極•六曰三德•七曰稽疑•八曰庶徵•九曰嚮用五福•畏用六極•五行•一曰水•二曰火•三曰木•四曰金•五曰土•水曰潤下•火曰炎上•木曰曲直•金曰從革•土曰稼穡•潤下作鹹•炎上作苦•曲直作酸•從革作辛•稼穡作甘•五事•一曰貌•二曰言•三曰視•四曰

聽五曰思貌曰恭言曰從視曰明聽曰聰思曰睿恭作肅從作治明作
智聰作謀睿作聖八政一曰食二曰貨三曰祀四曰司空五曰司徒六
曰司寇七曰賓八曰師五紀一曰歲二曰月三曰日四曰星辰五曰厤
數皇極皇建其有極斂時五福用傅錫其庶民維時其庶民于女極錫
女保極凡厥庶民毋有淫朋人毋有比德維皇作極凡厥庶民有猷有
爲有守女則念之不協于極不離于咎皇則受之而安而色曰予所好
德女則錫之福時人斯其維皇之極毋侮鰥寡而畏高明人之有能有
爲使羞其行而國其昌凡厥正人既富方穀女不能使有好于而家時
人斯其辜于其毋好女雖錫之福其作女用咎毋偏毋頗遵王之義毋
有作好遵王之道毋有作惡遵王之路毋偏毋黨王道蕩蕩毋黨毋偏
王道平平毋反毋側王道正直會其有極歸其有極曰王極之傅言是

夷是訓于帝其順。凡厥庶民極之傳言是順是行。以近天子之光。曰天子作民父母以爲天下王。三德。一曰正直。二曰剛克。三曰柔克。平康正直。彊不友剛克。內友柔克。沈漸剛克。高明柔克。維辟作福。維辟作威。維辟玉食。臣無有作福作威玉食。臣有作福作威玉食。其害于而家。凶于而國。人用側頗僻。民用僭忒。稽疑。擇建立卜筮人。乃命卜筮。曰雨。曰濟。曰涕。曰霧。集解一作曰洟曰被錢云夷有弟音故萬讀如稊涕或爲洟也霧說文作霿被乃孩之譌曰克。曰貞。曰悔。凡七。卜五。占之用二。衍貣。立時人爲卜筮。三人占則從二人之言。女則有大疑。謀及女心。謀及卿士。謀及庶人。謀及卜筮。女則從。龜從。筮從。卿士從。庶民從。是之謂大同。而身其康彊。而子孫其逢吉。女則從。龜從。筮從。卿士逆。庶民逆。吉。卿士從。龜從。筮從。女則逆。庶民逆。吉。庶民從。龜從。筮從。女則逆。卿士逆。吉。女則從。龜從。筮逆。卿士逆。庶民逆。作內吉。作外凶。龜筮共違于人。用靜吉。用作凶。庶徵曰雨。曰陽。曰奧。曰寒。曰風。曰時。
五是來備。（本作五者依困學紀聞引改）各以其序。庶草繁廡。一極備凶。一極亾凶。曰休
徵。曰肅。時雨若。曰治。時暘若。曰知。時奧若。曰謀。時寒若。曰聖。時風若。曰
咎徵。曰狂。常雨若。曰僭。常暘若。曰舒。常奧若。曰急。常寒若。曰霧。常風若。
王眚維歲。卿士維月。師尹維日。歲月日時毋易。百穀用成。治用明。畯民
用章。家用平康。日月歲時旣易。百穀用不成。治用昏不明。畯民用微。家
用不寧。庶民維星。星有好風。星有好雨。日月之行。有冬有夏。月之從星。
則以風雨。五福。一曰壽。二曰富。三曰康寧。四曰攸好德。五曰考終命。六
極。一曰凶短折。二曰疾。三曰憂。四曰貧。五曰惡。六曰弱。於是武王乃封
箕子於朝鮮而不臣也。其後箕子朝周。過故殷虛。感宮室毀壞。生禾黍。
箕子傷之。欲哭則不可。欲泣爲其近婦人。乃作麥秀之詩以歌詠之。其

詩曰。麥秀漸漸兮。禾黍油油。彼狡僮兮。不言我好兮。所謂狡童者紂也。殷民聞之。皆爲流涕。武王崩。成王少。（某案此處綴）周公旦代行政當國。管蔡疑之。乃與武庚作亂。欲襲成王周公。周公旣承成王命誅武庚。殺管叔。放蔡叔。乃命微子開代殷後。奉其先祀。作微子之命以申之。國于宋。微子故能仁賢。乃代武庚。故殷之餘民。甚戴愛之。微子開卒。立其弟衍。是爲微仲。微仲卒。子宋公稽立。宋公稽卒。子丁公申立。丁公申卒。子湣公共立。湣公共卒。弟煬公熙立。煬公卽位。湣公子鮒祀（集解謝作魴梁云左傳魴也以其屬死之周禮太卜注引作鮒）弒煬公而自立。曰我當立。是爲厲公。厲公卒。子釐公擧立。釐公十七年。周厲王出奔彘。二十八年。釐公卒。子惠公覸立。惠公四年。周宣王卽位。三十年。惠公卒。子哀公立。哀公元年卒。子戴公立。戴公二十九年。周幽王爲犬戎所殺。秦始列爲諸侯。三十四年。戴公卒。子武公司空立。武公生女爲魯惠公夫人。生魯桓公。十八年。武公卒。子宣公力立。宣公有太子與夷。十九年。宣公病。讓其弟和。曰父死子繼。兄死弟及。天下通義也。我其立和。和亦三讓而受之。宣公卒。弟和立。是爲穆公。穆公九年病。召大司馬孔父謂曰。先君宣公舍太子與夷而立我。我不敢忘。我死必立與夷也。孔父曰。羣臣皆願立公子馮。穆公曰。毋立馮。吾不可以負宣公。於是穆公使馮出居于鄭。八月庚辰。穆公卒。兄宣公子與夷立。是爲殤公。君子聞之曰。宋宣公可謂知人矣。立其弟以成義。然卒其子復享之。殤公元年。衛公子州吁弑其君完自立。欲得諸侯。使告於宋曰。馮在鄭。必爲亂。可與我伐之。宋許之。與伐鄭。至東門而還。二年。鄭伐宋。以報東門之役。其後諸侯數來侵伐。九年。大司馬孔父嘉妻好。出道遇太宰華督。督說。目而觀之。督利孔父妻。乃使人宣言國中曰。殤公即位十年耳而十一戰民苦不堪皆孔父爲之我且殺孔父以寧民是歲魯弑其君隱公十年華督攻殺孔父取其妻殤公怒遂弑殤公而迎穆公子馮於鄭而立之是爲莊公莊公元年華督爲相九年執鄭之祭仲要以立突爲鄭君祭仲許竟立突十九年莊公卒子湣公捷立湣公七年齊桓公即位九年宋水魯使臧文仲往弔水湣公自罪曰寡人以不能事鬼神政不脩故水臧文仲善此言此言乃公子子魚教湣公也十年夏宋伐魯戰於乘丘魯生虜宋南宮萬宋人請萬萬歸宋十一年秋湣公與南宮萬獵因博爭行湣公怒辱之曰始吾敬若今若魯虜也萬有力病此言遂以局殺湣公于蒙澤大夫仇牧聞之以兵造公門萬搏牧牧齒著門闔死因殺太宰華督乃更立公子游爲君諸公子犇蕭公子禦說犇亳萬弟南宮牛將兵圍亳冬蕭及宋之諸公子共擊殺南

宮・牛弑宋新君游・而立湣公弟禦說・是爲桓公・宋萬犇陳・宋人請以賂
陳・陳人使婦人飲之醇酒・以革裹之・歸宋・宋人醢萬也・桓公二年・諸侯
伐宋・至郊而去・三年・齊桓公始霸・二十三年・迎衛公子燬於齊・立之・是
爲衛文公・文公女弟爲桓公夫人・秦穆公即位・三十年・桓公病・太子茲
甫讓其庶兄目夷爲嗣・桓公義太子意・竟不聽・三十一年春・桓公卒・太
子茲甫立・是爲襄公・以其庶兄目夷爲相・未葬而齊桓公會諸侯于葵
丘・襄公往會・襄公七年・宋地霣星如雨・與雨偕下・六鶂退蜚・風疾也・八
年・齊桓公卒・宋欲爲盟會・十二年春・宋襄公爲鹿上之盟・以求諸侯於
楚・楚人許之・公子目夷諫曰・小國爭盟・禍也・不聽・秋・諸侯會宋公盟于
盂・目夷曰・禍其在此乎・君欲已甚・何以堪之・於是楚執宋襄公以伐宋・
冬・會于亳・以釋宋公・子魚曰・禍猶未也・十三年夏・宋伐鄭・子魚曰・禍在

此矣。秋。楚伐宋以救鄭。襄公將戰。子魚諫曰。天之弃商久矣。不可。冬十一月。襄公與楚成王戰于泓。楚人未濟。目夷曰。彼衆我寡。及其未濟擊之。公不聽。已濟未陳。又曰。可擊。公曰。待其已陳。陳成。宋人擊之。宋師大敗。襄公傷股。國人皆怨公。公曰。君子不困人於阸。不鼓不成列。子魚曰。兵以勝爲功。何常言與。必如公言。即奴事之耳。又何戰爲。楚成王已救鄭。鄭享之。去而取鄭二姬以歸。叔瞻曰。成王無禮。其不沒乎。爲禮卒於無別。有以知其不遂霸也。是年。晉公子重耳過宋。襄公以傷於楚。欲得晉援。厚禮重耳以馬二十乘。十四年夏。襄公病傷於泓而竟卒。子成公王臣（通志作壬臣）立。成公元年。晉文公即位。三年。倍楚盟親晉。以有德於文公也。四年。楚成王伐宋。宋告急於晉。五年。晉文公救宋。楚兵去。九年。晉文公卒。十一年。楚太子商臣弑其父成王代立。十六年。秦穆公卒。十七年。成公卒。成公弟禦殺太子及大司馬公孫固而自立爲君。宋人共殺君禦而立成公少子杵臼。是爲昭公。昭公四年。宋敗長翟緣斯於長丘。七年。楚莊王即位。九年。昭公無道。國人不附。昭公弟鮑革賢而下士。先襄公夫人欲通於公子鮑。不可。乃助之施於國。因大夫華元爲右師。昭公出獵。夫人王姬使衞伯攻殺昭公杵臼。弟鮑革立。是爲文公。文公元年。晉率諸侯伐宋。責以弑君。聞文公定立。乃去。二年。昭公子因文公母弟須與武繆戴莊桓之族爲亂。文公盡誅之。出武繆之族。四年春。楚命鄭伐宋本作鄭命楚依通志改宋使華元將。鄭敗宋。囚華元。華元之將戰。殺羊以食士。其御羊羹不及。故怨。馳入鄭軍。故宋師敗。得囚華元。宋以兵車百乘文馬四百匹贖華元。未盡入。華元亡歸宋。十四年。楚莊王圍鄭。鄭伯降楚。楚復釋之。十六年。楚使過宋。宋有前仇。執楚使。九月。楚莊王圍宋。

十七年。楚以圍宋五月不解。宋城中急無食。華元乃夜私見楚將子反。子反告莊王。王問城中何如。曰。析骨而炊。易子而食。莊王曰。誠哉言。我軍亦有二日糧。以信故。遂罷兵去。二十二年。文公卒。子共公瑕立。始厚葬。君子譏華元不臣矣。共公元年。華元善楚將子重。又善晉將欒書。兩盟晉楚。十三年。共公卒。華元爲右師。魚石爲左師。司馬唐山攻殺太子肥。梁云。蕩澤亦名子山。經止書山。唐與蕩疑古通。欲殺華元。華元犇晉。魚石止之。至河乃還。誅唐山。乃立共公少子成。是爲平公。平公三年。楚共王拔宋之彭城。以封宋左師魚石。四年。諸侯共誅魚石。而歸彭城於宋。三十五年。楚公子圍弒其君自立。爲靈王。四十四年。平公卒。子元公佐立。元公三年。楚公子弃疾弒靈王。自立爲平王。八年。宋火。十年。元公毋信。詐殺諸公子。大夫華向氏作亂。楚平王太子建來犇。見諸華氏相攻亂。建去如鄭。十五年。

元公爲魯昭公避季氏居外。爲之求入魯。行道卒。子景公頭曼立。梁云頭曼人表作兜欒山海經驩頭國即驩兜兜頭古通欒曼聲相近景公十六年。魯陽虎來奔。已復去。二十五年。孔子過宋。宋司馬桓魋惡之。欲殺孔子。孔子微服去。三十年。曹倍宋。又倍晉。宋伐曹。晉不救。遂滅曹有之。三十六年。齊田常弒簡公。三十七年。楚惠王滅陳。熒惑守心。心。宋之分野也。景公憂之。司星子韋曰。可移於相。景公曰。相。吾之股肱。曰。可移於民。景公曰。君者待民。曰。可移於歲。景公曰。歲饑民困。吾誰爲君。子韋曰。天高聽卑。君有君人之言三。熒惑宜有動。於是候之。果徙三度。六十四年。景公卒。宋公子特梁云左傳疏引作公子得。攻殺太子而自立。是爲昭公。昭公者。元公之曾庶孫也。昭公父公孫糾。糾父公子禚秦。禚秦即元公少子也。景公殺昭公父糾。故昭公怨。殺太子而自立。昭公四十七年卒。子悼公購由立。悼公八年卒。子休公田

敘讓宋宣國正文用左氏贊用公羊見史公博采兼收不主一家言

立休公田二十三年卒子辟公辟兵立辟公三年卒子剔成立剔成四十一年剔成弟偃攻襲剔成剔成敗犇齊偃自立為宋君君偃十一年自立為王東敗齊取五城南敗楚取地三百里西敗魏軍乃與齊魏為敵國盛血以韋囊縣而射之命曰射天淫於酒婦人羣臣諫者輒射之於是諸侯皆曰桀宋宋其復為紂所為不可不誅告齊伐宋王偃立四十七年齊湣王與魏楚伐宋殺王偃遂滅宋而三分其地

太史公曰孔子稱微子去之箕子為之奴比干諫而死殷有三仁焉春秋譏宋之亂自宣公廢太子而立弟國以不寧者十世襄公之時修仁行義（本作修行仁義依毛本改）欲為盟主其大夫正考父美之故追道契湯高宗殷所以興作商頌（正考父作商頌集解引韓詩得之索隱用毛序譏史非是）襄公既敗於泓而君子或以為多傷中國闕禮義褒之也宋襄之有禮讓也（句上似脫一襄字）

某案此篇以天之弃商爲主以三仁及宋襄爲綱後賛隱栝前文大恉又一法也

史記三十九

晉世家第九

晉唐叔虞者。周武王子。而成王弟。初。武王與叔虞母會時。夢天謂武王曰。余命女生子名虞。余與之唐。及生子。文在其手曰虞。王懷祖據初學記文上增有字通志無故遂因命之曰虞。武王崩。成王立。唐有亂。周公誅滅唐。成王與叔虞戲。削桐葉爲珪以與叔虞曰。以此封若。史佚因請擇日立叔虞。成王曰。吾與之戲耳。史佚曰。天子無戲言。言則史書之。禮成之。樂歌之。於是遂封叔虞於唐。唐在河汾之東。方百里。故曰唐叔虞。姓姬氏。字子于。宋本于作干通志同唐叔子燮。是爲晉侯。晉侯子寧族。是爲武侯。武侯之子服人。是爲成侯。成侯子福。是爲厲侯。厲侯之子宜臼。是爲靖侯。靖侯已來。年紀可推。自唐叔至靖侯五世。無其年數。靖侯十七年。周厲王迷惑暴虐。國人作亂。厲王出奔于彘。大臣行政。故曰共和。通志故作號十八年。靖侯卒。子釐

此文冒下數

史公次叙分明處皆文字關鍵

侯司徒立。釐侯十四年。周宣王初立。十八年。釐侯卒。子獻侯籍立。獻侯十一年。卒。子穆侯費王立。穆侯四年。取齊女姜氏為夫人。七年。伐條。生太子仇。十年。伐千畝。有功。生少子。名曰成師。晉人師服曰。異哉。君之命子也。太子曰仇。仇者讎也。少子曰成師。成師大號。成之者也。名。自命也。物。自定也。今適庶名反逆。此後晉其能毋亂乎。二十七年。穆侯卒。弟殤叔自立。太子仇出奔。殤叔三年。周宣王崩。四年。穆侯太子仇率其徒襲殤叔而立。是為文侯。文侯十年。周幽王無道。犬戎殺幽王。周東徙。而秦襄公始列為諸侯。三十五年。文侯仇卒。子昭侯伯立。昭侯元年。封文侯弟成師于曲沃。曲沃邑大於翼。翼。晉君都邑也。成師封曲沃。號為桓叔。靖侯庶孫欒賓相桓叔。桓叔是時年五十八矣。好德。晉國之衆皆附焉。君子曰。晉之亂其在曲沃矣。末大於本而得民心。不亂何待。七年。晉大

臣潘父弑其君昭侯•而迎曲沃桓叔•桓叔欲入晉•晉人發兵攻桓叔•桓
叔敗還歸曲沃•晉人共立昭侯子平爲君•是爲孝侯•誅潘父•孝侯八年•
曲沃桓叔卒•子鱓代桓叔•是爲曲沃莊伯•孝侯十五年•曲沃莊伯弑其
君晉孝侯于翼•晉人攻曲沃莊伯•莊伯復入曲沃•晉人復立孝侯子郄
爲君•是爲鄂侯•鄂侯二年•魯隱公初立•鄂侯六年卒•曲沃莊伯聞晉鄂
侯卒•乃興兵伐晉•周平王使虢公將兵伐曲沃莊伯•莊伯走保曲沃•晉
人共立鄂侯子光•是爲哀侯•哀侯二年•曲沃莊伯卒•子稱代莊伯立•是
爲曲沃武公•哀侯六年•魯弑其君隱公•哀侯八年•晉侵陘廷•陘廷與曲
沃武公謀•九年•伐晉於汾旁•虜哀侯•晉人乃立哀侯子小子爲君•是爲
小子侯•小子元年•曲沃武公使韓萬殺所虜晉哀侯•曲沃益彊•晉無如
之何•晉小子之四年•曲沃武公誘召晉小子殺之•周桓王使虢仲伐曲

獻公之世以驪姬內亂及滅虞虢二事爲重故分提於前以後二事串插羣公

沃武公。武公入于曲沃。乃立晉哀侯弟緡爲晉侯。晉侯緡四年。宋執鄭祭仲而立突爲鄭君。晉侯十九年。齊人管至父弒其君襄公。晉侯二十八年。齊桓公始霸。曲沃武公伐晉侯緡滅之。盡（盡下依中統本刪以字）其寶器賂獻于周釐王。釐王命曲沃武公爲晉君。列爲諸侯。於是盡併晉地而有之。曲沃武公已即位三十七年矣。更號曰晉武公。晉武公始都晉國。前即位曲沃。通年三十八年。武公稱者。先晉穆侯曾孫也。曲沃桓叔孫也。桓叔者。始封曲沃。武公莊伯子也。自桓叔初封曲沃。以至武公滅晉也。凡六十七歲。而卒代晉爲諸侯。武公代晉二歲卒。與曲沃通年即位凡三十九年而卒。子獻公詭諸立。獻公元年。周惠王弟頹攻惠王。惠王出奔。居鄭之櫟邑。五年。伐驪戎。得驪姬驪姬弟。俱愛幸之。八年。士蒍說公（通志公上有獻字）曰。故晉之羣公子多。不誅。亂且起。乃使盡殺諸公子。而城聚

子句從羣公子奔亡伺入伐虢

此段提挈惠公文公數世之事皆攝於此

都之命曰絳始都絳九年晉羣公子既亡奔虢虢以其故再伐晉弗克十年晉欲伐虢士蔿曰且待其亂十二年驪姬生奚齊獻公有意廢太子乃曰曲沃吾先祖宗廟所在而蒲邊秦屈邊翟不使諸子居之我懼焉於是使太子申生居曲沃公子重耳居蒲公子夷吾居屈獻公與驪姬子奚齊居絳晉國以此知太子不立也太子申生其母齊桓公女也曰齊姜早死申生同母女弟爲秦穆公夫人重耳母翟之狐氏女也夷吾母重耳母女弟也獻公子八人而太子申生重耳夷吾皆有賢行及得驪姬乃遠此三子十六年晉獻公作二軍公將上軍太子申生將下軍趙夙御戎畢萬爲右伐霍滅魏滅耿還爲太子城曲沃賜趙夙耿賜畢萬魏以爲大夫士蔿曰太子不得立矣分之都城而位以卿先爲之極又安得立不如逃之無使罪至爲吳太伯不亦可乎猶有令名太子

畢萬事於此篇似駢枝故通志削之然實後文三晉盛強張本

不從•卜偃曰•畢萬之後必大•萬盈數也•魏大名也•以是始賞•天開之矣•天子曰兆民•諸侯曰萬民•今命之大•以從盈數•其必有衆•初•畢萬卜仕於晉國•遇屯之比•辛廖占之曰•吉•屯固比入•吉孰大焉•其後必蕃昌•十七年•晉侯使太子申生伐東山•里克諫獻公曰•太子奉冢祀社稷之粢盛•以朝夕視君膳者也•故曰冢子•君行則守•有守則從•從曰撫軍•守曰監國•古之制也•夫率師•專行謀也•誓軍旅•君與國政之所圖也•非太子之事也•師在制命而已•稟命則不威•專命則不孝•故君之嗣適不可以帥師•君失其官•率師不威•將安用之•公曰•寡人有子•未知其太子誰立•里克不對而退•見太子•太子曰•吾其廢乎•里克曰•太子勉之•教以軍旅•不共是懼•何故廢乎•且子懼不孝•毋懼不得立•脩己而不責人•則免於難•太子帥師•公衣之偏衣•佩之金玦•里克謝病•不從太子•宋本無太子字太子

遂伐東山。十九年。獻公曰。始吾先君莊伯武公之誅晉亂。而虢常助晉伐我。又匿晉亡公子。果爲亂弗誅。後遺子孫憂。乃使荀息以屈產之乘。假道於虞。虞假道。遂伐虢。取其下陽以歸。獻公私謂驪姬曰。吾欲廢太子。以奚齊代之。驪姬泣曰。太子之立。諸侯皆已知之。而數將兵。百姓附之。奈何以賤妾之故。廢適立庶。君必行之。妾自殺也驪姬詳譽太子。而陰令人譖惡太子。而欲立其子。二十一年。驪姬謂太子曰。君夢見齊姜。太子速祭曲沃。歸釐於君。太子於是祭其母齊姜於曲沃。上其薦胙於獻公。獻公時出獵。置胙於宮中。驪姬使人置毒藥胙中居二日獻公從獵來還。宰人上胙獻公。獻公欲饗之。驪姬從旁止之。曰胙所從來遠。宜試之。祭地。地墳。與犬。犬死。與小臣。小臣死。驪姬泣曰。太子何忍也其父而欲弒代之。況他人乎。且君老矣。旦暮之人。曾不能待而欲弒之。謂獻

公曰。太子所以然者。不過以妾及奚齊之故。妾願子母辟之他國。若早
自殺。毋徒使母子爲太子所魚肉也。始君欲廢之。妾猶恨之。至於今。妾
殊自失於此。太子聞之。奔新城。獻公怒。乃誅其傅杜原款。或謂太子曰。
爲此藥者。乃驪姬也。太子何不自辭明之。太子曰。吾君老矣。非驪姬寢
不安。食不甘。卽辭之。君且怒之。不可。或謂太子曰。可奔他國。太子曰。被
此惡名以出。人誰內我。我自殺耳。十二月戊申。申生自殺於新城。此時
重耳夷吾來朝。人或告驪姬曰。二公子怨驪姬譖殺太子。（通志譖上有之字）驪
姬恐。因譖二公子。申生之藥胙。二公子知之。二子聞之恐。重耳走蒲。夷
吾走屈。保其城。自備守。初。獻公使士蔿爲二公子築蒲屈城。弗就。夷吾
以昔公。公怒士蔿。士蔿謝曰。邊城少寇。安用之。退而歌曰。狐裘蒙茸。一
國三公。吾誰適從。卒就城。及申生死。二子亦歸保其城。二十二年。獻公

怒二子不辭而去果有謀矣乃使兵伐蒲蒲人之宦者勃鞮梁云左傳寺人披晉語寺人勃鞮一稱奄楚亦稱伯楚史記此下又作履鞮文選注引史記作履貂後漢宦者傳論作勃貂蓋披其名伯楚其字宋庠云勃鞮官名勃鞮履鞮履貂勃貂皆官號之異乃主履者若周官鞮鞻氏鞮是革履貂皮履勃者排也命重耳促自殺重耳踰垣宦者追斬其衣袪重耳遂奔翟使人伐屈屈城守不可下是歲也晉復假道於虞以伐虢虞之大夫宮之奇諫虞君曰晉不可假道也是且滅虞虞君曰晉我同姓不宜伐我宮之奇曰太伯虞仲太王之子也太伯亾去是以不嗣虢仲虢叔王季之子也爲文王卿士其記勳在王室藏於盟府將虢是滅何愛于虞且虞之親能親於桓莊之族乎桓莊之族何罪盡滅之虞之與虢脣之與齒脣亾則齒寒虞公不聽遂許晉宮之奇以其族去虞其冬晉滅虢虢公醜奔周還襲滅虞虜虞公及其大夫井伯百里奚以媵秦穆姬而修虞祀荀息牽曩所遺虞屈產之乘馬奉

此處提頓遠伏晉霸近攝韓原之敗筆力與項羽已殺卿子冠軍三句同

之獻公。獻公笑曰。馬則吾馬。齒亦老矣。二十三年。獻公遂發賈華等伐屈。屈潰。夷吾將奔翟。冀芮曰。不可。重耳已在矣。今往。晉必移兵伐翟。翟畏晉。禍且及。不如走梁。梁近於秦。秦彊。吾君百歲後。可以求入焉。遂奔梁。二十五年。晉伐翟。翟以重耳故。亦擊晉於齧桑。晉兵解而去。當此時。晉彊。西有河西。與秦接竟。北邊翟。東至河內。驪姬弟生悼子。（梁云悼子秦紀年表齊世家皆作卓子徐廣于秦紀云一作倬古字通用）二十六年夏。齊桓公大會諸侯於葵丘。晉獻公病。行後。未至。逢周之宰孔。宰孔曰。齊桓公益驕。不務德而務遠略。諸侯弗平。（宋本平作卒）君弟毋會。毋如晉何。獻公亦病。復還歸。病甚。乃謂荀息曰。吾以奚齊為後。年少。諸大臣不服。恐亂起。子能立之乎。荀息曰。能。獻公曰。何以為驗。對曰。使死者復生。生者不慙。為之驗。於是遂屬奚齊於荀息。荀息為相。主國政。秋九月。獻公卒。里克邳鄭欲內重耳。以三公子

獻公將伐驪戎五句倒叙作東

之徒作亂。謂荀息曰。三怨將起。秦晉輔之。子將何如。荀息曰。吾不可負先君言。十月。里克殺奚齊于喪次。獻公未葬也。荀息將死之。或曰。不如立奚齊弟悼子而傅之。荀息立悼子而葬獻公。十一月。里克弒悼子於朝。荀息死之。君子曰。詩所謂白圭之玷。猶可磨也。斯言之玷。不可為也。其荀息之謂乎。不負其言。初。獻公將伐驪戎。卜曰。齒牙為禍。梁云禍國語作猾及破驪戎。獲驪姬。愛之。竟以亂晉。里克等已殺奚齊悼子。使人迎公子重耳於翟。欲立之。重耳謝曰。負父之命出奔。父死不得修人子之禮侍喪。重耳何敢入。大夫其更立他子。還報里克。里克使迎夷吾於梁。夷吾欲往。呂省郤芮曰。內猶有公子可立者而外求。難信。計非之秦。輔彊國之威以入。恐危。乃使郤芮厚賂秦。約曰。即得入。請以晉河西之地與秦。及遺里克書。及通志作乃案及字善乃字上文已有曰。誠得立。請遂封子於汾陽之邑。秦繆公乃發兵送夷吾於晉。齊桓公聞晉內亂。亦率諸侯如晉。秦兵與夷吾亦至晉。齊乃使隰朋會秦。俱入夷吾。立爲晉君。是爲惠公。齊桓公至晉之高梁而還歸。惠公夷吾元年。使邳鄭謝秦曰。始夷吾以河西地許君。今幸得入立。大臣曰。地者。先君之地。君亾在外。何以得擅許秦者。寡人爭之弗能得。故謝秦。亦不與里克汾陽邑。而奪之權。四月。周襄王使周公忌父會齊秦大夫。共禮晉惠公。惠公以重耳在外。畏里克爲變。賜里克死。謂曰。微里子。寡人不得立。雖然。子亦殺二君一大夫。爲子君者。不亦難乎。里克對曰。不有所廢。君何以興。欲誅之。其無辭乎。乃言爲此。臣聞命矣。遂伏劍而死。於是邳鄭使謝秦未還。故不及難。晉君改葬恭太子申生。秋。狐突之下國。遇申生。申生與載而告之曰。夷吾無禮。余得請於帝。將以晉與秦。秦將祀余。狐突對曰。臣聞神不食非其宗。君其祀

惠公之立四句頓束起下
文公入國

毋乃絕乎君其圖之申生曰諾吾將復請帝後十日新城西偏將有巫者見我焉許之遂不見及期而往復見申生告之曰帝許罰有罪矣獘於韓兒乃謠曰恭太子更葬（葬一作喪）矣後十四年晉亦不昌昌乃在兄邳鄭使秦聞里克誅乃說秦繆公曰呂省郤稱冀芮實爲不從若重賂與謀出晉君入重耳事必就秦繆公許之使人與歸報晉厚賂三子三子曰幣厚言甘此必邳鄭賣我於秦遂殺邳鄭及里克邳鄭之黨七輿大夫邳鄭子豹奔秦言伐晉繆公弗聽惠公之立倍秦地及里克誅七輿大夫國人不附二年周使召公過禮晉惠公惠公禮倨召公譏之四年晉饑乞糴於秦繆公問百里奚百里奚曰天菑流行國家代有救菑恤鄰國之道也與之邳鄭子豹曰伐之繆公曰其君是惡其民何罪卒與粟自雍屬絳五年秦饑請糴於晉晉君謀之慶鄭曰以秦得立已而倍

惠公用虢射謀三句再提再頓

其地約。晉饑而秦貸我。今秦饑請糴。與之何疑。而謀之。虢射曰。往年天以晉賜秦。秦弗知取而貸我。今天以秦賜晉。晉其可以逆天乎。遂伐之。惠公用虢射謀。不與秦粟。而發兵且伐秦。秦大怒。亦發兵伐晉。六年春。秦繆公將兵伐晉。晉惠公謂慶鄭曰。秦師深矣。奈何。鄭曰。秦內君。君倍其賂。晉饑秦輸粟。秦饑而晉倍之。乃欲因其饑伐之。其深不亦宜乎。晉卜御右。慶鄭皆吉。公曰。鄭不孫。乃更令步陽御戎。家僕徒爲右。進兵。九月壬戌。秦繆公晉惠公合戰韓原。惠公馬鷙不行。秦兵至。公窘。召慶鄭爲御。鄭曰。不用卜。敗不亦當乎。遂去。更令梁繇靡御。虢射爲右。輅秦繆公。繆公壯士冒敗晉軍。晉軍敗。遂失秦繆公。反獲晉公以歸。秦將以祀上帝。晉君姊爲繆公夫人。衰絰涕泣。公曰。得晉侯將以爲樂。今乃如此。且吾聞箕子見唐叔之初封、曰其後必當大矣。晉庸可滅乎。乃與晉侯盟王城而許之歸晉侯亦使呂省等報國人曰孤雖得歸毋面目見社稷卜日立子圉晉人聞之皆哭秦繆公問呂省晉國和乎對曰不和小人懼失君亾親不憚立子圉曰必報讎寧事戎狄其君子則愛君而知罪以待秦命曰必報德有此二故不和於是秦繆公更舍晉惠公餽之七牢十一月歸晉侯晉侯至國誅慶鄭修政教謀曰重耳在外諸侯多利內之欲使人殺重耳於狄重耳聞之如齊八年使太子圉質秦初惠公亾在梁梁伯以其女妻之生一男一女梁伯卜之男爲人臣女爲人妾故名男爲圉女爲妾十年秦滅梁梁伯好土功治城溝民力罷怨其衆數相驚曰秦寇至民恐惑秦竟滅之十三年晉惠公病內有數子太子圉曰吾母家在梁梁今秦滅之我外輕於秦而內無援於國君卽不起病大夫輕更立他公子乃謀與其妻俱亾歸秦女曰子一國太子辱

在此•秦使婢子侍•以固子之心•子亾矣，我不從子•亦不敢言•子圉遂入
歸晉•十四年九月•惠公卒•太子圉立•是爲懷公•子圉之亾•秦怨之•乃求
公子重耳•欲內之•子圉之立•畏秦之伐也•乃令國中諸從重耳亾者與
期•期盡不到者•盡滅其家•狐突之子毛及偃從重耳在秦•弗肯召•懷公
怒•囚狐突•突曰•臣子事重耳有年數矣•今召之•是教之反君也•何以教
之•懷公卒殺狐突•秦繆公乃發兵送內重耳•使人告欒郤之黨爲內應•
殺懷公於高梁•入重耳•重耳立•是爲文公•晉文公重耳•晉獻公之子也•
自少好士•年十七•有賢士五人•曰趙衰•狐偃咎犯•文公舅也•賈佗•先軫•
魏武子•自獻公爲太子時•重耳固已成人矣•獻公即位•重耳年二十一•
獻公十三年•以驪姬故•重耳備蒲城守秦•獻公二十一年•獻公殺太子
申生•驪姬讒之•恐•不辭獻公而守蒲城•獻公二十二年•獻公使宦者履

鞮趣殺重耳重耳踰垣宦者逐斬其衣祛重耳遂奔狄狄其母國也是
時重耳年四十三從此五士其餘不名者數十人至狄狄伐咎如（索隱鄒誕生本作囷如錢云囷咎聲相近）得二女以長女妻重耳生伯儵叔劉以少女妻趙衰生
盾居狄五歲而晉獻公卒里克已殺奚齊悼子乃使人迎欲立重耳重
耳畏殺因固謝不敢入已而晉更迎其弟夷吾立之是爲惠公惠公七
年畏重耳乃使宦者履鞮與壯士欲殺重耳重耳聞之乃謀趙衰等曰
始吾奔狄非以爲可用興（本作與依通志改）以近易通故且休足休足久矣固
願徙之大國夫齊桓公好善志在霸王收恤諸侯今聞管仲隰朋死此
亦欲得賢佐盍往乎於是遂行重耳謂其妻曰待我二十五年不來乃
嫁其妻笑曰犂二十五年（錢云犂遲也猶云待也）吾冢上柏大矣雖然妾待子重
耳居狄凡十二年而去過衛衛文公不禮去過五鹿饑而從野人乞食

此是文字停頓蓄勢處

野人盛土器中進之•重耳怒•趙衰曰•土者有土也•君其拜受之•至齊•齊桓公厚禮而以宗女妻之•有馬二十乘•重耳安之•重耳至齊二歲•而桓公卒•會豎刁等爲內亂•齊孝公之立•諸侯兵數至•留齊凡五歲•重耳愛齊女•毋去心•趙衰咎犯乃於桑下謀行•齊女侍者在桑上•聞之以告其主•其主乃殺侍者•勸重耳趣行•重耳曰•人生安樂•孰知其他•必死於此•不能去•齊女曰•子一國公子•窮而來此•數士者以子爲命•子不疾反國•報勞臣•而懷女德•竊爲子羞之•且不求•何時得功•乃與趙衰等謀•醉重耳•載以行•行遠而覺•重耳大怒•引戈欲殺咎犯•咎犯曰•殺臣成子•偃之願也•重耳曰•事不成•我食舅氏之肉•咎犯曰•事不成•犯肉腥臊•何足食•乃止•遂行•過曹•曹共公不禮•欲觀重耳駢脅•曹大夫釐負羈曰•晉公子賢•又同姓•窮來過我•奈何不禮•共公不從其謀•負羈乃私遺重耳食•置

璧其下。重耳受其食。還其璧。去過宋。宋襄公新困兵於楚。傷於泓。聞重耳賢。乃以國禮禮於重耳。宋司馬公孫固善於咎犯。曰。宋小國新困。不足以求入。更之大國。乃去過鄭。鄭文公弗禮。鄭叔瞻（梁云呂氏春秋作被瞻瞻與詹同）諫其君曰。晉公子賢。而其從者皆國相。且又同姓。鄭之出自厲王。而晉之出自武王。鄭君曰。諸侯亡公子過此者衆。安可盡禮。叔瞻曰。君不禮。不如殺之。且後爲國患。鄭君不聽。重耳去之楚。楚成王以適諸侯禮待之。重耳謝不敢當。趙衰曰。子亡在外十餘年。小國輕子。況大國乎。今楚大國而固遇子。子其毋讓。此天開子也。遂以客禮見之。成王厚遇重耳。重耳甚卑。成王曰。子即反國。何以報寡人。重耳曰。羽毛齒角玉帛。君王所餘。未知所以報。王曰。雖然。何以報不穀。重耳曰。即不得已。與君王以兵車會平原廣澤。請辟王三舍。楚將子玉怒曰。王遇晉公子至厚。今重

陰知公子句見文公之得人而懷公之愚弱

耳言不孫。請殺之。成王曰。晉公子賢。而困於外久。從者皆國器。此天所置。庸可殺乎。且言何以易之。居楚數月。而晉太子圉亡秦。秦怨之。聞重耳在楚。乃召之。成王曰。楚遠。更數國乃至晉。秦晉接境。秦君賢。子其勉行。厚送重耳。重耳至秦。繆公以宗女五人妻重耳。故子圉妻與往。重耳不欲受。司空季子曰。其國且伐。況其故妻乎。且受以結秦親而求入。子乃拘小禮。忘大醜乎。遂受。繆公大歡。與重耳飲。趙衰歌黍苗詩。繆公曰。知子急欲反國矣。趙衰與重耳下。再拜曰。孤臣之仰君。如百穀之望時雨。是時晉惠公十四年秋。惠公以九月卒。子圉立。十一月葬惠公。十二月。晉國大夫欒郤等聞重耳在秦。皆陰來勸重耳趙衰等反國。為內應甚衆。於是秦繆公乃發兵與重耳歸晉。晉聞秦兵來。亦發兵拒之。然皆陰知公子重耳入也。唯惠公之故貴臣呂郤之屬。不欲立重耳。重耳出

重耳出亡四句提振有力

亾凡十九歲而得入時年六十二矣晉人多附焉文公元年春秦送重耳至河咎犯曰臣從君周旋天下過亦多矣臣猶知之況於君乎請從此去矣重耳曰若反國所不與子犯共者河伯視之乃投璧河中以與子犯盟是時介子推從在船中乃笑曰天實開公子而子犯以爲巳功而要市於君固足羞也吾不忍與同位乃自隱渡河秦兵圍令狐晉軍于廬柳二月辛丑咎犯與秦晉大夫盟于郇壬寅重耳入于晉師丙午入于曲沃丁未朝于武宮卽位爲晉君是爲文公羣臣皆往懷公圉奔高梁戊申使人殺懷公懷公故大臣呂省郤芮本不附文公文公立恐誅乃欲與其徒謀燒公宮殺文公文公不知始嘗欲殺文公宦者履鞮知其謀欲以告文公解前罪求見文公文公不見使人讓曰蒲城之事女斬予袪其後我從狄君獵女爲惠公來求殺我惠公與女期三日至

記介子推一段見霸者臣主之兩失又見行賞之不公

而女一日至何速也。女其念之。宦者曰。臣刀鋸之餘。不敢以二心事君倍主。故得罪於君。君已反國。其毋蒲翟乎。且管仲射鉤。桓公以霸。今刑餘之人以事告。而君不見。禍又且及矣。於是見之。遂以呂郤等告文公。文公欲召呂郤。呂郤等黨多。文公恐初入國。國人賣已。乃爲微行。會秦繆公於王城。國人莫知。三月己丑。呂郤等果反。焚公宮。不得文公。文公之衛。徒與戰。呂郤等引兵欲犇。秦繆公誘呂郤等。殺之河上。晉國復而文公得歸。夏。迎夫人於秦。秦所與文公妻者。卒爲夫人。秦送三千人爲衛。以備晉亂。文公修政。施惠百姓。賞從亡者及功臣。大者封邑。小者尊爵。未盡行賞。周襄王以弟帶難。出居鄭地。來告急。晉晉初定。欲發兵。恐他亂起。是以賞從亡未至隱者。介子推推亦不言祿。祿亦不及。推曰。獻公子九人。唯君在矣。惠懷無親。外內弃之。天未絕晉。必將有主。主晉祀

者非君而誰天實開之二三子以爲已力不亦誣乎竊人之財猶曰是
盜況貪天之功以爲已力乎下冒其罪上賞其姦上下相蒙難與處矣
其母曰盍亦求之以死誰懟推曰尤而效之罪有甚焉且出怨言不食
其祿母曰亦使知之若何對曰言身之文也身欲隱安用文之文之是
求顯也其母曰能如此乎與女偕隱至死不復見介子推從者憐之乃
懸書宮門曰（梁云呂氏春秋云懸詩公門）龍欲上天五蛇爲輔龍已升雲四蛇各入
其宇一蛇獨怨終不見處所文公出見其書曰此介子推也吾方憂王
室未圖其功使人召之則亡遂求所在聞其入緜上山中於是文公環
緜上山中而封之以爲介推田號曰介山以記吾過且旌善人從亡賤
臣壺叔（梁云呂氏春秋當賞篇作陶狐韓詩外傳作陶叔狐）曰君三行賞賞不及臣敢請罪文公
報曰夫導我以仁義防我以德惠此受上賞輔我以行卒以成立此受

次賞。矢石之難。汗馬之勞。此復受次賞。若以力事我而無補吾缺者。此受次賞。（御覽此下有復字通志同）三賞之後。故且及子。晉人聞之皆說。二年春。秦軍河上。將入王。趙衰曰。求霸莫如入王尊周。周晉同姓。晉不先入王。後秦入之。毋以令于天下。方今尊王。晉之資也。三月甲辰。晉乃發兵至陽樊。圍溫。入襄王於周。四月。殺王弟帶。周襄王賜晉河內陽樊之地。四年楚成王及諸侯圍宋。宋公孫固如晉告急。先軫曰。報施定霸。於今在矣。狐偃曰。楚新得曹而初婚於衛。若伐曹衛。楚必救之。則宋免矣。於是晉作三軍。趙衰舉郤縠將中軍。郤臻佐之。使狐偃將上軍。狐毛佐之。命趙衰爲卿。欒枝將下軍。先軫佐之。荀林父御戎。魏犨爲右。往伐。冬十二月。晉兵先下山東。而以原封趙衰。五年春。晉文公欲伐曹。假道於衛。衛人弗許。還自河南度。侵曹。伐衛。正月。取五鹿。二月。晉侯齊侯盟於歛盂。衛侯請盟晉。晉人不許。衛侯欲與楚。國人不欲。故出其君以說晉。衛侯居襄牛。公子買守衛。楚救衛不卒。晉侯圍曹。三月丙午。晉師入曹。數之以其不用釐負羈言。而用美女。乘軒者三百人也。令軍毋入僖負羈宗家以報德。楚圍宋。宋復告急晉。文公欲救則攻楚。爲楚嘗有德。不欲伐也。故釋宋。宋又嘗有德於晉。患之。先軫曰。執曹伯。分曹衛地以與宋。楚急曹衛。其勢宜釋宋。於是文公從之。而楚成王乃引兵歸。楚將子玉曰。王遇晉至厚。今知楚急曹衛而故伐之。是輕王。王曰。晉侯亡在外十九年。困日久矣。果得反國。險阸盡知之。能用其民。天之所開。不可當。子玉請曰。非敢必有功。願以閒執讒慝之口也。楚王怒。少與之兵。於是子玉使宛春告晉。請復衛侯而封曹。臣亦釋宋。咎犯曰。子玉無禮矣。君取一。臣取二。勿許。先軫曰。定人之謂禮。楚一言定三國。子一言而亡之。我則毋禮。

不許楚。是弃宋也。不如私許曹衛以誘之。執宛春以怒楚。既戰而後圖之。晉侯乃囚宛春於衛。且私許復曹衛。曹衛告絕於楚。楚得臣怒。擊晉師。晉師退。軍吏曰。爲何退。文公曰。昔在楚約退三舍。可倍乎。楚師欲去。得臣不肯。四月戊辰。宋公齊將秦將與晉侯次城濮。己巳。與楚兵合戰。楚兵敗。得臣收餘兵去。甲午。晉師還至衡雍。作王宮於踐土。初鄭助楚。楚敗。懼。使人請盟晉侯。晉侯與鄭伯盟。五月丁未。獻楚俘於周。駟介百乘。徒兵千。天子使王子虎命晉侯爲伯。賜大輅彤弓矢百。玈弓矢千。秬鬯一卣。珪瓚。虎賁三百人。晉侯三辭。然後稽首受之。周作晉文侯命。索隱據書序以爲文侯仇謂史爲疏繆左氏云鄭伯傅王用平禮又云我周東遷晉鄭焉依是文侯仇輔平王說本左氏但史公不用其說故前叙文侯不載其事而作命繫之於此索隱反用史公所不取者譏史公斯爲陋矣王若曰。父義和。丕顯文武。能愼明德。昭登于上。布聞在下。維時上帝集厥命于文武。恤朕身。繼予一人永其在位•於是晉文公稱伯•癸亥•王子虎盟諸侯於王庭•晉焚楚軍•火數日不息•文公歎•左右曰•勝楚而君猶憂•何•文公曰•吾聞能戰勝安者•唯聖人•是以懼•且子玉猶在•庸可喜乎•子玉之敗而歸•楚成王怒其不用其言•貪與晉戰•讓責子玉•子玉自殺•晉文公曰•我擊其外•楚誅其內•內外相應•於是乃喜•六月•晉人復入衛侯•壬午•晉侯渡河北歸國行賞狐偃爲首•或曰•城濮之事•先軫之謀•文公曰•城濮之事•偃說我毋失信•先軫曰•軍事勝爲右•吾用之以勝•然此一時之說•偃言萬世之功•奈何以一時之利•而加萬世功乎•是以先之•冬•晉侯會諸侯於溫•欲率之朝周•力未能•恐其有畔者•乃使人言周襄王•狩于河陽•壬申•遂率諸侯朝王於踐土•孔子讀史記至文公•曰•諸侯無召王•王狩河陽者•春秋諱之也•丁丑•諸侯圍許•曹伯臣或說晉侯曰•齊桓公合諸侯而國異姓•今君

爲會而滅同姓。曹叔振鐸之後。晉唐叔之後。合諸侯而滅兄弟。非禮。晉侯說。復曹伯。於是晉始作三行。荀林父將中行。先穀將右行。先蔑將左行。七年。晉文公秦繆公共圍鄭。以其無禮於文公亾過時。及城濮時鄭助楚也。圍鄭。欲得叔瞻。叔瞻聞之自殺。鄭持叔瞻告晉。晉曰。必得鄭君而甘心焉。鄭恐。乃閒令使謂秦繆公曰。亾鄭厚晉。於晉得矣。而秦未爲利。君何不解鄭。得（通志得作使）爲東道交（索隱交猶好也諸本皆作主字）秦伯說。罷兵。晉亦罷兵。九年冬。晉文公卒。子襄公歡立。是歲鄭伯亦卒。鄭人或賣其國於秦。秦繆公發兵往襲鄭。十二月。秦兵過我郊。襄公元年春。秦師過周無禮。王孫滿譏之。兵至滑。鄭賈人弦高將市于周。遇之。以十二牛勞秦師。秦師驚而還。滅滑而去。晉先軫曰。秦伯不用蹇叔。反其衆心。此可擊。欒枝曰。未報先君施於秦。擊之不可。先軫曰。秦侮吾孤。伐吾同姓。何德之報遂擊之襄公墨衰絰四月敗秦師于殽虜秦三將孟明視西乞秫白乙丙以歸遂墨以葬文公文公夫人秦女謂襄公曰秦欲得其三將戮之公許遣之先軫聞之謂襄公曰患生矣軫乃追秦將秦將渡河已在船中頓首謝卒不反後三年秦果使孟明伐晉報殽之敗取晉汪以歸四年秦繆公大興兵伐我渡河取王官封殽尸而去晉恐不敢出遂城守五年晉伐秦取新城（考證云新城上脫一邧字）報王官役也六年趙衰成子欒貞子咎季子犯霍伯皆卒趙盾代趙衰執政七年八月襄公卒太子夷皐少晉人以難故欲立長君趙盾曰立襄公弟雍好善而長先君愛之且近於秦秦故好也立善則固事長則順奉愛則孝結舊好則安賈季曰不如其弟樂辰嬴嬖於二君立其子民必安之趙盾曰辰嬴賤班在九人下其子何震之有且爲二君嬖淫也爲先君子不能求大而出在小

國僻也母淫子僻無威陳小而遠無援將何可乎使士會如秦迎公子雍賈季亦使人召公子樂於陳趙盾廢賈季以其殺陽處父十月葬襄公十一月賈季奔翟是歲秦繆公亦卒靈公元年四月秦康公曰昔文公之入也無衛故有呂郤之患乃多與公子雍衛太子母繆嬴日夜抱太子號泣於朝曰先君何罪其嗣亦何罪舍適而外求君將安置此出朝則抱以適趙盾所頓首曰先君奉此子而屬之子曰此子材吾受其賜不材吾怨子今君卒言猶在耳而弃之若何趙盾與諸大夫皆患繆嬴且畏誅乃背所迎而立太子夷皐是爲靈公發兵以距秦送公子雍者趙盾爲將往擊秦敗之令狐先蔑隨會亾奔秦秋齊宋衛鄭曹許君皆會趙盾盟於扈以靈公初立故也四年伐秦取少梁秦亦取晉之郩六年秦康公伐晉取羈馬晉侯怒使趙盾趙穿郤缺擊秦大戰河曲趙

穿最有功。七年。晉六卿患隨會之在秦。常為晉亂。乃詳令魏壽餘反晉降秦。秦使隨會之魏。因執會以歸晉。八年。周頃王崩。公卿爭權。故不赴。晉使趙盾以車八百乘平周亂。而立匡王。是年。楚莊王初即位。十二年。齊人弒其君懿公。十四年。靈公壯。侈。厚斂以彫牆。從臺上彈人。觀其避丸也。（中統本避作逃）宰夫胹熊蹯不熟。靈公怒。殺宰夫。使婦人持其屍出棄之。過朝。趙盾隨會前數諫不聽。已又見死人手。二人前諫。隨會先諫。（此下當有趙盾繼諫事今脫）不聽。靈公患之。使鉏麑刺趙盾。盾閨門開。居處節。鉏麑退歎曰。殺忠臣。棄君命。罪一也。遂觸樹而死。初。盾常田首山。見桑下有餓人。餓人示眯明也。（索隱引左傳提彌明錢云古文神祇作示說文祇地祇提出萬物者也是示與提義相通矣鄭高渠彌史記亦作眯）盾與之食。食其半。問其故。曰。宦三年。未知母之存。不願遺母。盾義之。益與之飯肉。已而為晉宰夫。趙盾弗復知也。九月。晉靈公飲趙盾酒。伏

不知明爲陰德句與前然皆知公子重耳之入也句相類

甲將攻盾。公宰示眯明知之。恐盾醉不能起。而進曰。君賜臣觴三行。可以罷。欲以去趙盾。令先毋及難。盾既去。靈公伏士未會。先縱齧狗名敖。明爲盾搏殺狗。盾曰。弃人用狗。雖猛何爲。然不知明之爲陰德也。已而靈公縱伏士出逐趙盾。示眯明反擊靈公之伏士。伏士不能進。而竟脫盾。盾問其故。曰。我桑下餓人。問其名。弗告。明亦因亡去。盾遂奔。未出晉境。乙丑。盾昆弟將軍趙穿襲殺靈公於桃園。而迎趙盾。趙盾素貴。得民和。靈公少侈。民不附。故爲弑易。盾復位。晉太史董狐書曰。趙盾弑其君。以視於朝。盾曰。弑者趙穿。我無罪。太史曰。子爲正卿。而亡不出境。反不誅國亂。非子而誰。孔子聞之曰。董狐。古之良史也。書法不隱。宣子。良大夫也。爲法受惡。惜也。出疆乃免。趙盾使趙穿迎襄公弟黑臀于周而立之。是爲成公。成公者。文公少子。其母周女也。壬申。朝于武宮。成公元年。

賜趙氏爲公族。伐鄭。鄭倍晉故也。三年。鄭伯初立。附晉而棄楚。楚怒伐鄭。晉往救之。六年。伐秦。虜秦將赤。七年。成公與楚莊王爭彊。會諸侯於扈。陳畏楚不會。晉使中行桓子伐陳。因救鄭。與楚戰。敗楚師。是年。成公卒。子景公據（梁云春秋作繻）立。景公元年春。陳大夫夏徵舒弒其君景公。二年。楚莊王伐陳。誅徵舒。三年。楚莊王圍鄭。鄭告急晉。晉使荀林父將中軍。隨會將上軍。趙朔將下軍。郤克欒書先縠韓厥鞏朔佐之。六月。至河。聞楚已服鄭。鄭伯肉袒與盟而去。荀林父欲還。先縠曰。凡來救鄭。不至不可。將率離心。卒度河。楚已服鄭。欲飲馬于河爲名而去。楚與晉軍大戰。鄭新附楚。畏之。反助楚攻晉。晉軍敗。走河。爭度。船中人指甚衆。楚虜我將智罃。歸而林父曰。臣爲督將。軍敗當誅。請死。景公欲許之。隨會曰。昔文公之與楚戰城濮。成王歸殺子玉。而文公乃喜。今楚已敗我師。又誅

是時二句反振

其將是助楚殺仇也乃止四年先穀以首計而敗晉軍河上恐誅乃奔
翟與翟謀伐晉晉覺乃族穀穀先軫子也五年伐鄭爲助楚故也是時
楚莊王彊以挫晉兵河上也六年楚伐宋宋來告急晉晉欲救之伯宗
謀曰楚天方開之不可當乃使解揚紿爲救宋鄭人執與楚楚厚賜使
反其言令宋急下解揚紿許之卒致晉君言楚欲殺之或諫乃歸解揚
七年晉使隨會滅赤狄八年使郤克於齊齊頃公母從樓上觀而笑之
所以然者郤克僂而魯使蹇衛使眇故齊亦令人如之以導客郤克怒
歸至河上曰不報齊者河伯視之至國請君欲伐齊景公問知其故曰
子之怨安足以煩國弗聽魏文子請老休辟郤克克執政九年楚莊王
卒晉伐齊齊使太子彊爲質於晉晉兵罷十一年春齊伐魯取隆梁云隆即
龍也魯告急衛衛與魯皆因郤克告急於晉晉乃使郤克欒書韓厥以兵

車八百乘。與魯衛共伐齊。夏與頃公戰於鞌。傷困頃公。頃公乃與其右易位。下取飲。以得脫去。齊師敗走。晉追北至齊。頃公獻寶器以求平。不聽。郤克曰。必得蕭桐姪子為質。齊使曰。蕭桐姪子。頃公母。頃公母猶晉君母。柰何必得之。不義。請復戰。晉乃許與平而去。楚申公巫臣盜夏姬以奔晉。晉以巫臣為邢大夫。十二年冬。齊頃公如晉。欲上尊晉景公為王。景公讓不敢。晉始作六卿。韓厥鞏朔趙穿荀騅趙括趙旃皆為卿。智罃自楚歸。十三年。魯成公朝晉。晉弗敬。魯怒去。倍晉。晉伐鄭。取氾。十年。梁山崩。問伯宗。伯宗以為不足怪也。十六年。楚將子反怨巫臣。滅其族。巫臣怒。遺子反書曰。必令子罷於奔命。乃請使吳。令其子為吳行人。教吳乘車用兵。吳晉始通。約伐楚。十七年。誅趙同趙括。族滅之。韓厥曰。趙衰趙盾之功。豈可忘乎。柰何絕祀。乃復令趙庶子武為趙後。復與之邑。

晉由此二句頓挫

及欒書又怨三句史公敘此事中往往兼挾他事最見筆勢飛舉

十九年夏景公病立其太子壽曼爲君是爲厲公後月餘景公卒厲公元年初立欲和諸侯與秦桓公夾河而盟歸而秦倍盟與翟謀伐晉三年使呂相讓秦因與諸侯伐秦至涇敗秦於麻隧虜其將成差五年三郤讒伯宗殺之伯宗以好直諫得此禍國人以是不附厲公六年春鄭倍晉與楚盟晉怒欒書曰不可以當吾世而失諸侯乃發兵厲公自將五月渡河聞楚兵來救范文子請公還郤至曰發兵誅逆見彊辟之無以令諸侯遂與戰癸巳射中楚共王目楚兵敗於鄢陵子反收餘兵拊循欲復戰晉患之共王召子反其侍者豎陽穀進酒子反醉不能見王怒讓子反子反死王遂引兵歸晉由此威諸侯欲以令天下求霸厲公多外嬖姬歸欲盡去羣大夫而立諸姬兄弟寵姬兄曰胥童嘗與郤至有怨及欒書又怨郤至不用其計而遂敗楚乃使人閒謝楚楚來詐厲

公曰鄢陵之戰實至召楚欲作亂內子周立之會與國不具是以事不成厲公告欒書欒書曰其殆有矣願公試使人之周微考之果使郤至於周欒書又使公子周見郤至郤至不知見賣也厲公驗之信然遂怨郤至欲殺之八年厲公獵與姬飲郤至殺豕奉進宦者奪之郤至射殺宦者公怒曰季子欺予將誅三郤未發也郤錡欲攻公曰我雖死公亦病矣郤至曰信不反君智不害民勇不作亂失此三者誰與我我死耳十二月壬午公令胥童以兵八百人襲攻殺三郤胥童因以劫欒書中行偃于朝曰不殺二子患必及公公曰一旦殺三卿寡人不忍益也對曰人將忍君公弗聽謝欒書等以誅郤氏罪大夫復位二子頓首曰幸甚幸甚公使胥童爲卿閏月乙卯厲公游匠驪氏欒書中行偃以其黨襲捕厲公囚之殺胥童而使人迎公子周于周而立之是爲悼公悼公

元年正月庚申。欒書中行偃弑厲公。葬之以一乘車。厲公囚六日死。死十日庚午。智罃迎公子周來。至絳。刑雞與大夫盟而立之。是爲悼公。辛巳。朝武宮。二月乙酉。卽位。悼公周者。其大父捷。晉襄公少子也。不得立。號爲桓叔。桓叔最愛。桓叔生惠伯談。談生悼公周。周之立。年十四矣。悼公曰。大父父皆不得立。而辟難於周。客死焉。寡人自以疏遠。毋幾爲君。今大夫不忘文襄之意。而惠立桓叔之後。賴宗廟大夫之靈。得奉晉祀。豈敢不戰戰乎。大夫其亦佐寡人。於是逐不臣者七人。修舊功。施德惠。收文公入時功臣後。秋。伐鄭。鄭師敗。遂至陳。三年。晉會諸侯。悼公問羣臣可用者。（通志可上有孰字）祁傒舉解狐。解狐。傒之仇。復問。舉其子祁午。君子曰。祁傒可謂不黨矣。外舉不隱仇。內舉不隱子。方會諸侯。悼公弟楊干亂行。魏絳戮其僕。悼公怒。或諫公。公卒賢絳。任之政。使和戎。戎大親附。

十一年。悼公曰。自吾用魏絳。九合諸侯。和戎翟。魏子之力也。賜之樂。三讓乃受之。冬。秦取我櫟。十四年。晉使六卿率諸侯伐秦。度涇。大敗秦軍。至棫林而去。十五年。悼公問治國於師曠。師曠曰。唯仁義爲本。冬。悼公卒。子平公彪立。平公元年。伐齊。齊靈公與戰靡下。齊師敗走。晏嬰曰。君亦毋勇。何不止戰。遂去。晉追。遂圍臨菑。盡燒屠其郭中。東至膠。錢云左氏膠爲濰南至沂。齊皆城守。晉乃引兵歸。六年。魯襄公朝晉。晉欒逞梁云逞盈古字通借春秋書沈子之名公羊作楹穀梁作盈左氏作逞有罪奔齊。八年。齊莊公微遣欒逞於曲沃。以兵隨之。齊兵上太行。欒逞從曲沃中反襲入絳。絳不戒。平公欲自殺。范獻子止公。以其徒擊逞。逞敗走曲沃。曲沃攻逞。逞死。遂滅欒氏宗。逞者欒書孫也。其入絳。與魏氏謀。齊莊公聞逞敗。乃還取晉之朝歌去。以報臨菑之役也。十年。齊崔杼弑其君莊公。晉因齊亂伐敗齊於高唐去。報

六卿彊二句及下晉益弱
六卿皆大皆文字闕疑

太行之役也。十四年。吳延陵季子來使。與趙文子韓宣子魏獻子語曰。晉國之政。卒歸此三家矣。十九年。齊使晏嬰如晉。與叔嚮語。叔嚮曰。晉季世也。公厚賦爲臺池。而不恤政。政在多門。（多本作私依通志改多字是蓋言六卿）其可久乎。晏子然之。二十二年。伐燕。二十六年。平公卒。子昭公夷立。昭公六年卒。六卿彊。公室卑。子頃公去疾立。頃公六年。周景王崩。王子爭立。晉六卿平王室亂。立敬王。九年。魯季氏逐其君昭公。昭公居乾侯。十一年。衞宋使使請晉納魯君。季平子私賂范獻子。獻子受之。乃謂晉君曰。季氏無罪。不果入魯君。十二年。晉之宗家祁傒孫叔嚮子相惡於君。六卿欲弱公室。乃遂以法盡滅其族。而分其邑爲十縣。各令其子爲大夫。晉益弱。六卿皆大。十四年。頃公卒。子定公午立。定公十一年。魯陽虎奔晉。趙鞅簡子舍之。十二年。孔子相魯。十五年。趙鞅使邯鄲大夫午不信。欲殺午。午與中行寅范吉射親攻趙鞅。鞅走保晉陽。定公圍晉陽。荀櫟韓不信魏侈梁云魏侈春秋經傳作曼多趙世家作哆與范中行爲仇。乃移兵伐范中行。范中行反。晉君擊之。敗范中行。范中行走朝歌。保之。韓魏爲趙鞅謝晉君。乃赦趙鞅。復位。二十二年。晉敗范中行氏。二子奔齊。三十年。定公與吳王夫差會黃池。爭長。趙鞅時從。卒長吳。三十一年。齊田常弒其君簡公。而立簡公弟鰲爲平公。三十三年。孔子卒。三十七年。定公卒。子出公鑿立。出公十七年。知伯與趙韓魏共分范中行地。以爲邑。出公怒。告齊魯。欲以伐四卿。四卿恐。遂反攻出公。出公奔齊。道死。故知伯乃立昭公曾孫驕爲晉君。是爲哀公。哀公大父雍。晉昭公少子也。號爲戴子。戴子生忌。忌善知伯。蚤死。故知伯欲盡并晉。未敢。乃立忌子驕爲君。當是時。晉國政皆決知伯。晉哀公不得有所制。知伯遂有范中行地。最彊。哀公四年。

幽公之時五句關鍵

齊威王句與三晉事相發

趙襄子韓康子魏桓子共殺知伯。盡幷其地。十八年。哀公卒。子幽公柳立。幽公之時。晉畏。反朝韓趙魏之君。獨有絳曲沃。餘皆入三晉。十五年。魏文侯初立。十八年。幽公淫婦人。夜竊出邑中。盜殺幽公。魏文侯以兵誅晉亂。立幽公子止。是爲烈公。烈公十九年。周威烈王賜趙韓魏皆命爲諸侯。二十七年。烈公卒。子孝公頎立。孝公九年。魏武侯初立。襲邯鄲不勝而去。十七年。孝公卒。子靜公俱酒立。是歲齊威王元年也。靜公二年。魏武侯韓哀侯趙敬侯滅晉後而三分其地。靜公遷爲家人。晉絕不祀。

太史公曰。晉文公古所謂明君也。亡居外十九年。至困約。及即位而行賞。尙忘介子推。況驕主乎。靈公既弒。其後成景致嚴。至厲大刻。大夫懼誅。禍作。悼公以後日衰。六卿專權。故君道之御其臣下。固不易哉。

某案此篇以文公創霸爲主前言天將啓之後則霸國之餘烈也。

晉世家第九

史記三十九

楚世家第十

楚之先祖出自帝顓頊高陽・高陽者・黃帝之孫・昌意之子也・高陽生稱・稱生卷章・卷章生重黎・重黎爲帝嚳高辛居火正・甚有功・能光融天下・帝嚳命曰祝融・共工氏作亂・帝嚳使重黎誅之而不盡・帝乃以庚寅日誅重黎・而以其弟吳回爲重黎後・復居火正・爲祝融・吳回生陸終・陸終生子六人・坼剖而產焉・其長一曰昆吾・二曰參胡・三曰彭祖・（集解彭祖名翦鏗云大戴帝系篇作鏗）四曰會人・五曰曹姓・六曰季連・芈姓・楚其後也・昆吾氏・夏之時嘗爲侯伯・桀之時湯滅之・彭祖氏・殷之時嘗爲侯伯・殷之末世滅彭祖氏・季連生附沮・附沮生穴熊・其後中微・或在中國・或在蠻夷・弗能紀其世・周文王之時・季連之苗裔曰鬻熊・鬻熊子事文王・蚤卒・其子曰熊麗・熊麗生熊狂・熊狂生熊繹・熊繹當周成王之時・舉文武勤勞之後嗣・

敘楚蠻荒俗爲後僭王張本

而封熊繹於楚蠻。封以子男之田。姓羋氏。居丹陽。楚子熊繹與魯公伯禽衛康叔子牟晉侯燮齊太公子呂伋俱事成王。熊繹生熊艾。熊艾生熊䵣。（梁云人表艾作乂世表䵣作黮人表作亶）熊䵣生熊勝。熊勝以弟熊楊爲後。（梁云熊勝人表作熊槃熊楊世表作熊煬人表作錫）熊楊生熊渠。熊渠生子三人。當周夷王之時。王室微。諸侯或不朝相伐。熊渠甚得江漢閒民和。乃興兵伐庸楊粵至於鄂。熊渠曰。我蠻夷也。不與中國之號謚。乃立其長子康爲句亶王。中子紅爲鄂王。少子執疵爲越章王。皆在江上楚蠻之地。及周厲王之時。暴虐。熊渠畏其伐楚。亦去其王。後爲熊毋康。毋康蚤死。熊渠卒。子熊摯紅立。摯紅卒。其弟弒而代立。曰熊延。熊延生熊勇。熊勇六年。而周人作亂。攻厲王。厲王出奔彘。熊勇十年卒。弟熊嚴爲後。熊嚴十年卒。有子四人。長子伯霜。中子仲雪。次子叔堪。少子季徇。（梁云叔堪鄭語作叔熊季徇徇疑紃之誤）熊嚴卒。長子伯霜代立，是爲熊霜。熊霜元年，周宣王初立。熊霜六年，卒，三弟爭立。仲雪死；叔堪亾，避難於濮；而少弟季徇立，是爲熊徇。熊徇十六年，鄭桓公初封於鄭。二十二年，熊徇卒，子熊咢立。熊咢九年，卒，子熊儀立，是爲若敖。若敖二十年，周幽王爲犬戎所弒，周東徙，而秦襄公始列爲諸侯。二十七年，若敖卒，子熊坎立，是爲霄敖。霄敖六年，卒，子熊眴（梁云左傳疏引眴作煦）立，是爲蚡冒。蚡冒十三年，晉始亂，以曲沃之故。蚡冒十七年，卒。蚡冒弟熊通（梁云左傳疏引作達杜世譜同）弒蚡冒子而代立，是爲楚武王。武王十七年，晉之曲沃莊伯弒主國晉孝侯。十九年，鄭伯弟段作亂。二十一年，鄭侵天子之田。二十三年，衞弒其君桓公。二十九年，魯弒其君隱公。三十一年，宋太宰華督弒其君殤公。三十五年，楚伐隨。隨曰：我無罪。楚曰：我蠻夷也。今諸侯皆爲叛相侵，或相殺。我有敝甲，欲以觀中國之政，請王室尊吾號。

於是始開濮地而有之楚彊陵江漢閒小國小國皆畏之楚亦始大於是楚地千里此四句乃文字節奏

隨人爲之周請尊楚。王室不聽。還報楚。三十七年楚熊通怒曰。吾先鬻熊。文王之師也。蚤終。成王舉我先公。乃以子男田令居楚。蠻夷皆率服而王不加位。我自尊耳。乃自立爲武王。與隨人盟而去。於是始開濮地而有之。五十一年。周召隨侯。數以立楚爲王。楚怒。以隨背己。伐隨。武王卒師中而兵罷。子文王熊貲立。始都郢。文王二年。伐申過鄧。鄧人曰。楚王易取。鄧侯不許也。六年。伐蔡。虜蔡哀侯以歸。已而釋之。楚彊陵江漢閒小國。小國皆畏之。十一年。齊桓公始霸。楚亦始大。十二年。伐鄧。滅之。十三年。卒。子熊囏立。是爲杜敖（杜敖各本皆作杜通志同局本張本皆依索隱作莊未是）杜敖五年。欲殺其弟熊惲。（梁云杜當作堵惲當作頵）惲奔隨。與隨襲弒杜敖。代立。是爲成王。成王惲元年。初即位。布德施惠。結舊好於諸侯。使人獻天子。天子賜胙。曰。鎮爾南方夷越之亂。無侵中國。於是楚地千里。十六年。齊桓公以兵侵楚至陘山楚成王使將軍屈完以兵禦之與桓公盟桓公數以周之賦不入王室楚許之乃去十八年成王以兵北伐許許君肉袒謝乃釋之二十二年伐黃二十六年滅英三十三年宋襄公欲爲盟會召楚楚王怒曰召我我將好往襲辱之遂行至盂遂執辱宋公已而歸之三十四年鄭文公南朝楚楚成王北伐宋敗之泓射傷宋襄公襄公遂病創死三十五年晉公子重耳過（此句各本均無楚字通志同鄭世家亦云晉公子重耳過局本張本依凌本增楚字疑未是）成王以諸侯客禮饗而厚送之於秦三十九年魯僖公來請兵以伐齊楚使申侯將兵伐齊取穀置齊桓公子雍焉齊桓公七子皆奔楚楚盡以爲上大夫滅夔夔不祀祝融鬻熊故也夏伐宋宋告急於晉晉救宋成王罷歸將軍子玉請戰成王曰重耳亾居外久卒得反國天之所開不可當子玉固請乃與之少師而去晉果敗子玉於城濮成王怒誅

皋陶之後特筆錫之也

子玉。四十六年。初成王將以商臣爲太子。語令尹子上。子上曰。君之齒未也。而又多內寵。絀乃亂也。楚國之舉常在少者。且商臣蠭目而豺聲。忍人也。不可立也。（中統本也作之通志同）王不聽。立之。後又欲立子職而絀太子商臣。商臣聞而未審也。告其傅潘崇。曰。何以得其實。崇曰。饗王之寵姬江芈而勿敬也。商臣從之。江芈怒曰。宜乎王之欲殺若而立職也。商臣告潘崇曰。信矣。崇曰。能事之乎。曰。不能。能亡去乎。曰。不能。能行大事乎。曰。能。冬十月。商臣以宮衞兵圍成王。成王請食熊蹯而死。不聽。丁未。成王自絞殺。商臣代立。是爲穆王。穆王立。以其太子宮予潘崇。使爲太師。掌國事。穆王三年。滅江。四年。滅六蓼。六蓼。皋陶之後。八年。伐陳。十二年卒。子莊王侶立。莊王卽位三年。不出號令。日夜爲樂。令國中曰。有敢諫者死無赦。伍舉入諫。莊王左抱鄭姬。右抱越女。坐鍾鼓之閒。伍舉曰。願有進隱曰有鳥在於阜三年不蜚不鳴是何鳥也莊王曰三年不蜚蜚將沖天三年不鳴鳴將驚人舉退矣吾知之矣居數月淫益甚大夫蘇從乃入諫王曰若不聞令乎對曰殺身以明君臣之願也於是乃罷淫樂聽政所誅者數百人所進者數百人任伍舉蘇從以政國人大說是歲滅庸六年伐宋獲五百乘八年伐陸渾戎遂至洛觀兵於周郊周定王使王孫滿勞楚王楚王問鼎大小輕重對曰在德不在鼎莊王曰子無阻九鼎楚國折鉤之喙足以爲九鼎王孫滿曰嗚呼君王其忘之乎昔虞夏之盛遠方皆至貢金九牧鑄鼎象物百物而爲之備使民知神姦桀有亂德鼎遷於殷載祀六百殷紂暴虐鼎遷於周德之休明雖小必重其姦回昏亂雖大必輕昔成王定鼎于郟鄏卜世三十卜年七百天所命也周德雖衰天命未改鼎之輕重未可問也楚王乃歸九年相

若敖氏。人或讒之王。恐誅。反攻王。王擊滅若敖氏之族。十三年。滅舒。十六年。伐陳。殺夏徵舒。徵舒弒其君。故誅之也。已破陳。卽縣之。羣臣皆賀。申叔時使齊來。不賀。王問。對曰。鄙語曰。牽牛徑人田。田主取其牛。徑者則不直矣。取之牛不亦甚乎。且王以陳之亂。而率諸侯伐之。以義伐之而貪其縣。亦何以復令於天下。莊王乃復國陳後。十七年春。楚莊王圍鄭。三月克之。入自皇門。鄭伯肉袒牽羊以逆。曰。孤不天。不能事君。君用懷怒以及敝邑。孤之罪也。敢不惟命是聽。賓之南海。（錢云賓讀曰擯）若以臣妾賜諸侯。亦惟命是聽。若君不忘厲宣桓武。不絕其社稷。使改事君。孤之願也。非所敢望也。敢布腹心。楚羣臣曰。王勿許。莊王曰。其君能下人。必能信用其民。庸可絕乎。莊王自手旗。左右麾軍。引兵去三十里而舍。遂許之平。潘尫入盟。子良出質。夏六月。晉救鄭。與楚戰。大敗晉師河上。遂

康王寵弟句此提發之筆

至衡雍而歸。二十年。圍宋。以殺楚使也。圍宋五月。城中食盡。易子而食。析骨而炊。宋華元出告以情。莊王曰。君子哉。遂罷兵去。二十三年。莊王卒。子共王審立。共王十六年。晉伐鄭。鄭告急。共王救鄭。與晉兵戰鄢陵。晉敗楚。射中共王目。共王召將軍子反。子反嗜酒。從者豎陽穀進酒醉。王怒。射殺子反。遂罷兵歸。三十一年。共王卒。子康王招立。康王立十五年卒。子員立。（梁云員左氏作麇索隱引左氏作麇公穀作卷）是爲郟敖。康王寵弟公子圍子比子晳弃疾。郟敖三年。以其季父康王弟公子圍爲令尹。主兵事。四年。圍使鄭。道聞王疾而還。十二月己酉。圍入問王疾。絞而弒之。遂殺其子莫及平夏。使使赴於鄭。伍舉問曰。誰爲後。對曰。寡大夫圍。伍舉更曰。共王之子圍爲長。子比奔晉。而圍立。是爲靈王。靈王三年六月。楚使使告晉。欲會諸侯。諸侯皆會楚于申。伍舉曰。昔夏啓有鈞臺之饗。商湯有景亳之命。周武王有盟津之誓。成王有岐陽之蒐。康王有豐宮之朝。穆王有塗山之會。齊桓有召陵之師。晉文有踐土之盟。君其何用。靈王曰。用桓公。時鄭子產在焉。於是晉宋魯衛不往。靈王已盟。有驕色。伍舉曰。桀爲有仍之會。有緡叛之。紂爲黎山之會。東夷叛之。幽王爲太室之盟。戎翟叛之。君其慎終。七月。楚以諸侯兵伐吳。圍朱方。八月。克之。囚慶封。滅其族。以封徇曰。無效齊慶封。弑其君而弱其孤。以盟諸大夫。封反曰。莫如楚共王庶子圍弑其君兄之子員而代之立。於是靈王使疾殺之。（疾上本有弃字依士校刪）七年。就章華臺。下令內亡人實之。八年。使公子弃疾將兵滅陳。十年。召蔡侯。醉而殺之。使弃疾定蔡。因爲陳蔡公。十一年。伐徐以恐吳。靈王次於乾谿以待之。王曰。齊晉魯衛。其封皆受寶器。我獨不。今吾使使周求鼎以爲分。其予我乎。析父對曰。其予君王哉。昔我先王熊繹辟在荊山。蓽露藍蔞。以處草莽。跋涉山林。以事天子。唯是桃弧棘矢以共王事。齊王舅也。晉及魯衛。王母弟也。楚是以無分。而彼皆有。今與四國服事君王。將惟命是從。豈敢愛鼎。靈王曰。昔我皇祖伯父昆吾。舊許是宅。今鄭人貪其田。不我予。今我求之。其予我乎。對曰。周不愛鼎。鄭安敢愛田。靈王曰。昔諸侯遠我而畏晉。今吾大城陳蔡不羹。賦皆千乘。諸侯畏我乎。對曰。畏哉。靈王喜曰。析父善言古事焉。十二年春。楚靈王樂乾谿。不能去也。國人苦役。初。靈王會兵於申。僇越大夫常壽過。殺蔡大夫觀起。起子從亾在吳。乃勸吳王伐楚。爲閒越大夫常壽過而作亂。爲吳閒。使矯公子弃疾命召公子比於晉。至蔡。與吳越兵欲襲蔡。令公子比見弃疾。與盟於鄧。遂入殺靈王太子祿。立子比爲王。公子子晳爲令尹。弃疾爲司馬。先除王宮。觀從從師於乾谿。令楚衆曰。國有王矣。先歸

是時楚國三旬載控之筆

復爵邑田室・後者遷之・楚衆皆潰・去靈王而歸・靈王聞太子祿之死也・自投車下・而曰・人之愛子亦如是乎・侍者曰・甚是・王曰・余殺人之子多矣・能無及此乎・右尹曰・請待於郊以聽國人・王曰・衆怒不可犯・曰・且入大縣而乞師於諸侯・王曰・皆叛矣・又曰・且奔諸侯以聽大國之慮・王曰・大福不再・祇取辱耳・於是王乘舟將欲入鄢・右尹度王不用其計・懼俱死・亦去王亾・靈王於是獨傍偟山中・野人莫敢入王・王行遇其故鋗人・謂曰・爲我求食・我已不食三日矣・鋗人曰・新王下法・有敢饟王從王者・罪及三族・且又無所得食・王因枕其股而臥・鋗人又以土自代・逃去・王覺而弗見・遂飢弗能起・芋尹申無宇之子申亥曰・吾父再犯王命・王弗誅・恩孰大焉・乃求王・遇王飢於釐澤・（梁云釐澤左傳國語作棘闈）奉之以歸・夏五月癸丑・王死申亥家・申亥以二女從死・幷葬之・是時楚國雖立比爲王・畏

靈王復來。又不聞靈王死。故觀從謂初王比曰。不殺弃疾。雖得國。猶受禍。王曰。余不忍。從曰。人將忍王。王不聽。乃去。弃疾歸。國人每夜驚曰。靈王入矣。乙卯夜。弃疾使船人從江上走呼（錢云左傳周走而呼古文周作舟詩舟人之子箋云舟當作周攷工記作舟以行水注故書舟作周）曰。靈王至矣。國人愈驚。又使曼成然告初王比及令尹子晳曰。王至矣。國人將殺君。司馬將至矣。君蚤自圖。無取辱焉。衆怒如水火。不可救也。初王及子晳遂自殺。丙辰。弃疾即位為王。改名熊居。是為平王。平王以詐弒兩王而自立。恐國人及諸侯叛之。乃施惠百姓。復陳蔡之地而立其後。如故。歸鄭之侵地。存恤國中。修政教。吳以楚亂故。獲五率以歸。平王謂觀從。恣爾所欲。欲為卜尹。王許之。初共王有寵子五人。無適立。乃望祭羣神。請神決之。使主社稷。而陰與巴姬埋璧於室內。召五公子（宋本作五子）齋而入。康王跨之。靈王肘加之。子比子晳皆遠之。平王幼。抱而入。再拜壓紐。故康王以長立。至其子失之。圍爲靈王。及身而弒。子比爲王十餘日。子晳不得立。又俱誅。四子皆絕無後。唯獨弃疾立。爲平王。後竟續楚祀。如其神符。初。子比自晉歸。韓宣子問叔向曰。子比其濟乎。對曰。不就。宣子曰。同惡相求。如市賈焉。何爲不就。對曰。無與同好。誰與同惡。取國有五難。有寵無人。一也。有人無主。二也。有主無謀。三也。有謀而無民。四也。有民而無德。五也。子比在晉十三年矣。晉楚之從。不聞通者。可謂無人矣。族盡親叛。可謂無主矣。無釁而動。可謂無謀矣。爲羈終世。可謂無民矣。亾無愛徵。可謂無德矣。王虐而不忌。子比涉五難以弒君。誰能濟之。有楚國者。其弃疾乎。君陳蔡。方城外屬焉。苛慝不作。盜賊伏隱。私欲不違。民無怨心。先神命之。國民信之。芈姓有亂。必季實立。楚之常也。子比之官。則右尹也。數其貴寵。則庶子也。以神

子比三句束上

所命。則又遠之民無懷焉。將何以立。宣子曰。齊桓晉文不亦是乎。對曰。齊桓衛姬之子也。有寵於釐公。有鮑叔牙賓須無隰朋以爲輔。有莒衛以爲外主。有高國以爲內主。從善如流。施惠不倦。有國不亦宜乎。昔我文公狐季姬之子也。有寵於獻公。好學不倦。生十七年。有士五人。有先大夫子餘子犯以爲腹心。有魏犨賈佗以爲股肱。有齊宋秦楚以爲外主。有欒郤狐先以爲內主。亡十九年。守志彌篤。惠懷弃民。民從而與之。故文公有國。不亦宜乎。子比無施於民。無援於外。去晉晉不送。歸楚楚不迎。何以有國。子比果不終焉。卒立者弃疾。如叔向言也。平王二年。使費無忌如秦爲太子建取婦。婦好。來未至。無忌先歸。說平王曰。秦女好。可自娶。爲太子更求。平王聽之。卒自娶秦女。生熊珍。（鐵云珍春秋作軫伍子胥傳亦作軫）更爲太子娶。是時伍奢爲太子太傅。無忌爲少傅。無忌無寵於太子。常

建年十五四句提綴

讒惡太子建。建時年十五矣。其母蔡女也。無寵於王。王稍益疏外建也。
六年使太子建居城父守邊。無忌又日夜讒太子建於王曰。自無忌入
秦女。太子怨。亦不能無望於王。王少自備焉。且太子居城父。擅兵外交
諸侯。且欲入矣。平王召其傅伍奢責之。伍奢知無忌讒。乃曰。王奈何以
小臣疏骨肉。無忌曰。今不制。後悔也。於是王遂囚伍奢。而召其二子而
告以免父死。乃令司馬奮揚召公子建。欲誅之。太子聞之。亡奔宋。無忌
曰。伍奢有二子。不殺者為楚國患。盍以免其父召之。必至。於是王使使
謂奢。能致二子則生。不能將死。奢曰。尚至。胥不至。王曰。何也。奢曰。尚之
為人。廉死節。慈孝而仁。聞召而免父。必至。不顧其死。胥之為人。智而好
謀。勇而矜功。知來必死。必不來。然為楚國憂者。必此子。於是王使人召
之曰。來。吾免爾父。伍尚謂伍胥曰。聞父免而莫奔。不孝也。父戮莫報。無

此段揔束上事遂入子胥
伯嚭奔吳開後事此脈絡

謀也。度能任事。智也。子其行矣。我其歸死。伍尚遂歸。伍胥彎弓屬矢。出見使者曰。父有罪。何以召其子。爲將射。使者還走。遂出奔吳。伍奢聞之。曰。胥亾。楚國危哉。楚人遂殺伍奢及尚。十年。楚太子建母在居巢。開吳。吳使公子光伐楚。遂敗陳蔡。取太子建母而去。楚恐。城郢。初吳之邊邑卑梁（雜志增女字非是此下明云小童矣）與楚邊邑鍾離小童爭桑。兩家交怒相攻。滅卑梁人。卑梁大夫怒。發邑兵攻鍾離。楚王聞之怒。發國兵滅卑梁。吳王聞之大怒。亦發兵使公子光因建母家攻楚。遂滅鍾離居巢。楚乃恐而城郢。十三年。平王卒。將軍子常曰。太子珍少。且其母乃前太子建所當娶也。欲立令尹子西。子西平王之庶弟也。有義。子西曰。國有常法。更立則亂。言之則致誅。乃立太子珍。是爲昭王。昭王元年。楚衆不說費無忌。以其讒亾太子建。殺伍奢子父與郤宛。宛之宗姓伯氏子嚭及子胥皆奔

貫輸處

叙子胥白公報仇均與頃襄王不能報仇反照

吳。吳兵數侵楚。楚人怨無忌甚。楚令尹子常誅無忌以說衆。衆乃喜。四年。吳三公子奔楚。楚封之以扞吳。五年。吳伐取楚之六潛。七年。楚使子常伐吳。吳大敗楚於豫章。十年冬。吳王闔閭伍子胥伯嚭與唐蔡俱伐楚。楚大敗。吳兵遂入郢。辱平王之墓。以伍子胥故也。吳兵之來。楚使子常以兵迎之。夾漢水陣。吳伐敗子常。子常亾奔鄭。楚兵走。吳乘勝逐之。五戰及郢。己卯。昭王出奔。庚辰。吳人入郢。昭王亾也。至雲夢。雲夢不知其王也。射傷王。王走鄖。鄖公之弟懷曰。平王殺吾父。今我殺其子。不亦可乎。鄖公止之。然恐其弒昭王。乃與王出奔隨。吳王聞昭王往。即進擊隨。謂隨人曰。周之子孫。封於江漢之閒者。楚盡滅之。欲殺昭王。王從臣子綦乃深匿王。自以爲王。謂隨人曰。以我予吳。隨人卜予吳不吉。乃謝吳王曰。昭王亾不在隨。吳請入自索之。隨不聽。吳亦罷去。昭王之出郢。

吳不伐楚句此文中[illegible]鍵楚所以能自立於敗亡之後也

也使申鮑胥請救於秦秦以車五百乘救楚楚亦收餘散兵與秦擊吳十一年六月敗吳於稷會吳王弟夫概見吳王兵傷敗乃亡歸自立爲王闔閭聞之引兵去楚歸擊夫概夫概敗奔楚楚封之堂谿號爲堂谿氏楚昭王滅唐九月歸入郢十二年吳復伐楚取番楚恐去郢北徙都鄀十六年孔子相魯二十年楚滅頓滅胡二十一年吳王闔閭伐越越王句踐射傷吳王遂死吳由此怨越而不西伐楚二十七年春吳伐陳楚昭王救之軍城父十月昭王病於軍中有赤雲如鳥夾日而蜚昭王問周太史太史曰是害於楚王然可移於將相將相聞是言乃請自以身禱於神昭王曰將相孤之股肱也今移禍庸去是身乎弗聽卜而河爲祟大夫請禱河昭王曰自吾先王受封望不過江漢而河非所獲罪也止不許孔子在陳聞是言曰楚昭王通大道矣其不失國宜哉昭王

病甚。乃召諸公子大夫曰。孤不佞。再辱楚國之師。今乃得以天壽終。孤之幸也。讓其弟公子申爲王。不可。又讓次弟公子結。亦不可。乃又讓次弟公子閭。五讓。乃後許爲王。將戰。庚寅。昭王卒於軍中。子閭曰。王病甚。舍其子讓羣臣。臣所以許王。以廣王意也。今君王卒。臣豈敢忘君王之意乎。乃與子西子綦謀。伏師閉塗。迎越女之子章立之。是爲惠王。然後罷兵。歸葬昭王。惠王二年。子西召故平王太子建之子勝於吳。以爲巢大夫。號曰白公。白公好兵而下士。欲報仇。六年。白公請兵令尹子西伐鄭。初白公父建亡在鄭。鄭殺之。白公亡走吳。子西復召之。故以此怨鄭。欲伐之。子西許而未爲發兵。八年。晉伐鄭。鄭告急楚。楚使子西救鄭。受賂而去。白公勝怒。乃遂與勇力死士石乞等襲殺令尹子西子綦於朝。因劫惠王。置之高府。欲弒之。惠王從者屈固負王亡走昭王夫人宮。白

以上叙楚之强以下叙楚之由强而弱

此入戰國重提秦魏齊摠攝後文魏事少然楚能謀

公自立爲王月餘會葉公來救楚楚惠王之徒與共攻白公殺之惠王乃復位是歲也滅陳而縣之十三年吳王夫差彊陵齊晉來伐楚十六年越滅吳四十二年楚滅蔡四十四年楚滅杞與秦平是時越已滅吳而不能正江淮北楚東侵廣地至泗上五十七年惠王卒子簡王中立簡王元年北伐滅莒八年魏文侯韓武子趙桓子始列爲諸侯二十四年簡王卒子聲王當立聲王六年盜殺聲王子悼王熊疑立悼王二年三晉來伐楚至乘丘而還四年楚伐周鄭殺子陽（大事記曰以鄭爲周字之誤也）九年伐韓取負黍十一年三晉伐楚敗我大梁榆關楚厚賂秦與之平二十一年悼王卒子肅王臧立肅王四年蜀伐楚取茲方於是楚爲扞關以距之十年魏取我魯陽十一年肅王卒無子立其弟熊良夫是爲宣王宣王六年周天子賀秦獻公秦始復彊而三晉益大魏惠王齊威王尤

魏則齊秦不能弱楚矣後楚人以弋說頃襄王亦謂先弱魏繼攻齊而後報秦怨與此處相應

彊三十年秦封衛鞅於商南侵楚是年宣王卒子威王熊商立威王六年周顯王致文武胙於秦惠王七年齊孟嘗君父田嬰欺楚楚威王伐齊敗之於徐州而令齊必逐田嬰田嬰恐張丑僞謂楚王曰王所以戰勝於徐州者田盼子不用也盼子者有功於國而百姓爲之用嬰子弗善而用申紀申紀者大臣不附百姓不爲用故王勝之也今王逐嬰子嬰子逐盼子必用矣復摶其士卒（張刻作搏從索隱朱本作摶通志同）以與王遇必不便於王矣楚王因弗逐也十一年威王卒子懷王熊槐立魏聞楚喪伐楚取我陘山懷王元年張儀始相秦惠王四年秦惠王初稱王六年楚使柱國昭陽將兵而攻魏破之於襄陵得八邑又移兵而攻齊齊王患之陳軫適爲秦使齊齊王曰爲之柰何陳軫曰王勿憂請令罷之卽往見昭陽軍中曰願聞楚國之法破軍殺將者何以貴之昭陽曰其官爲上

柱國封上爵執珪陳軫曰其有貴於此者乎昭陽曰令尹陳軫曰今君已爲令尹矣此國冠之上臣請得譬之人有遺其舍人一卮酒者舍人相謂曰數人飲此不足以偏請遂畫地爲蛇蛇先成者獨飲之一人曰吾蛇先成舉酒而起曰吾能爲之足及其爲之足而後成人奪之酒而飲之曰蛇固無足今爲之足是非蛇也今君相楚而攻魏破軍殺將功莫大焉冠之上不可以加矣今又移兵而攻齊攻齊勝之官爵不加於此攻之不勝身死爵奪有毀於楚此爲蛇爲足之說也不若引兵而去以德齊此持滿之術也昭陽曰善引兵而去燕韓君初稱王秦使張儀與楚齊魏相會盟齧桑十一年蘇秦約從山東六國共攻秦楚懷王爲從長至函谷關秦兵出擊六國六國兵皆引而歸齊獨後十二年齊湣王伐敗趙魏軍秦亦伐敗韓與齊爭長十六年秦欲伐齊而楚與齊從

親秦惠王患之乃宣言張儀免相使張儀南見楚王謂楚王曰敝邑之王所甚說者無先大王雖儀之所甚願爲門闌之廝者亦無先大王敝邑之王所甚憎者無先齊王雖儀之所甚憎者亦無先齊王而大王和之是以敝邑之王不得事王而令儀亦不得爲門闌之廝也王爲儀閉關而絕齊今使使者從儀西取故秦所分楚商於之地方六百里如是則齊弱矣是北弱齊西德於秦私商於以爲富此一計而三利俱至也懷王大悅乃置相璽於張儀日與置酒宣言吾復得吾商於之地羣臣皆賀而陳軫獨弔懷王曰何故陳軫對曰秦之所爲重王者以王之有齊也今地未可得而齊交先絕是楚孤也夫秦又何重孤國哉必輕楚矣且先出地而後絕齊則秦計不爲先絕齊而後責地則必見欺於張儀見欺於張儀則王必怨之怨之是西起秦患北絕齊交西起秦患北

絕齊交。則兩國之兵必至。臣故弔。楚王弗聽。因使一將軍西受封地。張儀至秦。詳醉墜車。稱病不出三月。地不可得。楚王曰。儀以吾絕齊爲尙薄邪。乃使勇士宋遺（梁云宋遺人表列五等）北辱齊王。齊王大怒。折楚符而合於秦。秦齊交合。張儀乃起朝。謂楚將軍曰。子何不受地。從某至某廣袤六里。楚將軍曰。臣之所以見命者六百里。不聞六里。即以歸報懷王。懷王大怒。興師將伐秦。陳軫又曰。伐秦非計也。不如因賂之一名都。與之伐齊。是我亾於秦。取償於齊也。吾國尙可全。今王已絕於齊而責欺於秦。是吾合秦齊之交而來天下之兵也。國必大傷矣。楚王不聽。遂絕和於秦。發兵西攻秦。秦亦發兵擊之。十七年春。與秦戰丹陽。秦大敗我軍。斬甲士八萬。虜我大將軍屈匄。裨將軍逢侯丑等七十餘人。遂取漢中之郡。楚懷王大怒。乃悉國兵復襲秦。戰於藍田。大敗楚軍。韓魏聞楚之困。

乃南襲楚至於鄧楚聞乃引兵歸十八年秦使使約復與楚親分漢中之半以和楚楚王曰願得張儀不願得地張儀聞之請之楚秦王曰楚且甘心於子奈何張儀曰臣善其左右靳尙靳尙又能得事於楚王幸姬鄭袖袖所言無不從者且儀以前使負楚以商於之約今秦楚大戰有惡臣非面自謝楚不解且大王在楚不宜敢取儀誠殺儀以便國臣之願也儀遂使楚至懷王不見因而囚張儀欲殺之儀私於靳尙靳尙爲請懷王曰拘張儀秦王必怒天下見楚無秦必輕王矣又謂夫人鄭袖曰秦王甚愛張儀而王欲殺之今將以上庸之地六縣賂楚以美人聘楚王以宮中善歌者爲之媵楚王重地秦女必貴而夫人必斥矣夫人不若言而出之鄭袖卒言張儀於王而出之儀出懷王因善遇儀儀因說楚王以叛從約而與秦合親約婚姻張儀已去屈原使從齊來諫

王曰何不誅張儀。懷王悔。使人追儀弗及。是歲。秦惠王卒。二十年。齊湣
王欲爲從長。惡楚之與秦合乃使使遺楚王書曰。寡人患楚之不察於
尊名也。今秦惠王死。武王立。張儀走魏。樗里疾公孫衍用。而楚事秦。夫
樗里疾善乎韓。而公孫衍善乎魏。楚必事秦。韓魏恐。必因二人求合於
秦。則燕趙亦宜事秦。四國爭事秦。則楚爲郡縣矣。王何不與寡人幷力。
收韓魏燕趙。與爲從。而尊周室。以案兵息民。令於天下。莫敢不樂聽。則
王名成矣。王率諸侯並伐。破秦必矣。王取武關蜀漢之地。私吳越之富。
而擅江海之利。韓魏割上黨。西薄函谷。則楚之彊百萬也。且王欺於張
儀。亡地漢中。兵銼藍田。天下莫不代王懷怒。今乃欲先事秦。願大王孰
計之。楚王業已欲和於秦。見齊王書。猶豫不決。下其議羣臣。羣臣或言
和秦。或曰聽齊。昭睢曰。王雖東取地於越。不足以刷恥。必且取地於秦。

而後足以刷恥於諸侯。王不如深善齊韓。以重樗里疾。如是則王得韓齊之重以求地矣。秦破韓宜陽。而韓猶復事秦者。以先王墓在平陽。而秦之武遂去之七十里。以故尤畏秦。不然。秦攻三川。趙攻上黨。楚攻河外。韓必亾。楚之救韓。不能使韓不亾。然存韓者楚也。韓已得武遂於秦。以河山爲塞。所報德莫如楚厚。臣以爲其事王必疾。齊之所信於韓者。以韓公子昧爲齊相也。韓已得武遂於秦。王甚善之。使之以齊韓重樗里疾。疾得齊韓之重。其主弗敢弃疾也。今又益之以楚之重。樗里子必言秦。復與楚之侵地矣。於是懷王許之。竟不合秦。而合齊以善韓。二十四年。倍齊而合秦。秦昭王初立。乃厚賂於楚。楚往迎婦。二十五年。懷王入與秦昭王盟約於黃棘。秦復與楚上庸。二十六年。齊韓魏爲楚負其從親而合於秦。三國共伐楚。楚使太子入質於秦而請救。秦乃遣客卿

與前齊王遺書對照

通將兵救楚。三國引兵去。二十七年。秦大夫有私與楚太子鬬。楚太子殺之而亡歸。二十八年。秦乃與齊韓魏共攻楚。殺楚將唐昧。取我重丘而去。二十九年。秦復攻楚。大破楚。楚軍死者二萬。殺我將軍景缺。懷王恐。乃使太子爲質於齊以求平。三十年。秦復伐楚。取八城。秦昭王遺楚王書曰。始寡人與王約爲弟兄。盟於黃棘。太子爲質至驩也。太子陵殺寡人之重臣。不謝而亡去。寡人誠不勝怒。使兵侵君王之邊。今聞君王乃令太子質於齊以求平。寡人與楚接境壤界。故爲婚姻。所從相親久矣。而今秦楚不驩。則無以令諸侯。寡人願與君王會武關。面相約。結盟而去。寡人之願也。敢以聞下執事。楚懷王見秦王書。患之。欲往。恐見欺。無往。恐秦怒。昭睢曰。王毋行而發兵自守耳。秦虎狼。不可信。有幷諸侯之心。懷王子子蘭勸王行。曰。柰何絕秦之驩心也。依通志補也字於是往會秦

昭王昭王詐令一將軍伏兵武關號爲秦王楚王至則閉武關遂與西
至咸陽朝章臺如蕃臣不與亢禮楚懷王大怒悔不用昭子言秦因留
楚王要以割巫黔中之郡楚王欲盟秦欲先得地楚王怒曰秦詐我而
又彊要我以地不復許秦秦因留之楚大臣患之乃相與謀曰吾王在
秦不得還要以割地而太子爲質於齊齊秦合謀則楚無國矣乃欲立
懷王子在國者昭睢曰王與太子俱困於諸侯而今又倍王命而立其
庶子不宜乃詐赴於齊齊湣王謂其相曰不若留太子以求楚之淮北
相曰不可郢中立王是吾抱空質而行不義於天下也或曰不然郢中
立王因與其新王市曰予我下東國吾爲王殺太子不然將與三國共
立之然則東國必可得矣齊王卒用其相計而歸楚太子太子橫至立
爲王是爲頃襄王乃告于秦曰賴社稷神靈國有王矣頃襄王橫元年

敘懷王死悽絕與前靈王死時遙對又與後虜負芻事相照

秦楚絕三字文中關鍵見項襄之忘仇而楚所以亡也

秦要懷王不可得地楚立王以應秦秦昭王怒發兵出武關攻楚大敗楚軍斬首五萬取析十五城而去二年楚懷王亡逃歸秦覺之遮楚道懷王恐乃從閒道走趙以求歸趙主父在代其子惠王初立行王事恐不敢入楚王楚王欲走魏秦追至遂與秦使復之秦懷王遂發病頃襄王三年懷王卒于秦秦歸其喪于楚楚人皆憐之如悲親戚諸侯由是不直秦秦楚絕六年秦使白起伐韓於伊闕大勝斬首二十四萬秦乃遺楚王書曰楚倍秦秦且率諸侯伐楚爭一旦之命願王之飭士卒得一樂戰楚頃襄王患之乃謀復與秦平七年楚迎婦於秦秦楚復平十一年齊秦各自稱爲帝月餘復歸帝爲王十四年楚頃襄王與秦昭王好會於宛結和親十五年楚王與秦三晉燕共伐齊取淮北十六年與秦昭王好會於鄢其秋復與秦王會穰（通志王上有昭字）十八年楚人有好以

弱弓微繳加歸鴈之上者。頃襄王聞召而問之。對曰。小臣之好射鶀鴈羅鸗。小矢之發也。何足為大王道也。且稱楚之大。因大王之賢。所弋非直此也。昔者三王以弋道德。五霸以弋戰國。故秦魏燕趙者。鶀鴈也。齊魯韓衞者。青首也。鄒費郯邳者。羅鸗也。外其餘則不足射者。見鳥六雙。以王何取。王何不以聖人為弓。以勇士為繳。時張而射之。此六雙者。可得而囊載也。其樂非特朝昔之樂也。其獲非特鳧鴈之實也。王朝張弓而射魏之大梁之南。加其右臂而徑屬之於韓。則中國之路絕而上蔡之郡壞矣。還射圉之東。解魏左肘。而外擊定陶。則魏之東外弃而大宋方與二郡者舉矣。且魏斷二臂。顛越矣。膺擊郯國。大梁可得而有也。王綪繳蘭臺。飲馬西河。定魏大梁。此一發之樂也。若王之於弋誠好而不厭。則出寶弓。碆新繳。射噣鳥於東海。還蓋長城以為防。朝射東莒。夕發

此於無意中應繳前文白公子胥事

淯丘夜加即墨顧據午道則長城之東收而泰山之北舉矣西結境於趙而北達於燕三國布翄則從不待約而可成也北遊目於燕之遼東而南登望於越之會稽此再發之樂也若夫泗上十二諸侯左縈而右拂之可一旦而盡也今秦破韓以爲長憂得列城而不敢守也伐魏而無功擊趙顧病（趙下依通志減而字索隱誤衍）則秦魏之勇力屈矣楚之故地漢中析酈可得而復有也王出寶弓碆新繳涉鄳塞而待秦之倦也山東河內可得而一也勞民休衆南面稱王矣故曰秦爲大鳥負海內而處東面而立左臂據趙之西南右臂傅楚鄢郢膺擊韓魏垂頭中國處既形便勢有地利奮翼鼓翄方三千里則秦未可得獨招而夜射也欲以激怒襄王故對以此言襄王因召與語遂言曰夫先王爲秦所欺而客死于外怨莫大焉今以匹夫有怨尙有報萬乘白公子胥是也今楚之地方

與上文問鼎事對照

五千里帶甲百萬猶足以踊躍中野也而坐受困臣竊爲大王弗取也
於是頃襄王遣使於諸侯復爲從欲以伐秦秦聞之發兵來伐楚楚欲
與齊韓連和伐秦因欲圖周周王赧使武公謂楚相昭子曰三國以兵
割周郊地以便輸而南器以尊楚臣以爲不然夫弒共主臣世君大國
不親以衆脅寡小國不附大國不親小國不附不可以致名實名實不
得不足以傷民夫有圖周之聲非所以爲號也昭子曰乃圖周則無之
雖然周何故不可圖也對曰軍不五不攻城不十不圍夫一周爲二十
晉公之所知也韓嘗以二十萬之衆辱於晉之城下銳士死中士傷而
外不拔公之無百韓以圖周此天下之所知也夫怨結於兩周以塞鄒
魯之心交絕於齊聲失天下其爲事危矣夫危兩周以厚三川方城之
外必爲韓弱矣何以知其然也西周之地絕長補短不過百里名爲天

下共主裂其地不足以肥國得其衆不足以勁兵雖無攻之名爲弑君
然而好事之君喜攻之臣發號用兵未嘗不以周爲終始是何也見祭
器在焉欲器之至而忘弑君之亂今韓以器之在楚臣恐天下以器讎
楚也臣請譬之夫虎肉臊其兵利身人猶攻之也若使澤中之麋蒙虎
之皮人之攻之必萬於虎矣裂楚之地足以肥國詘楚之名足以尊主
今子將以欲誅殘天下之共主居三代之傳器吞三翮六翼以高世主
非貪而何周書曰欲起無先故器南則兵至矣於是楚計輟不行十九
年秦伐楚楚軍敗割上庸漢北地予秦二十年秦將白起拔我西陵二
十一年秦將白起遂拔我郢燒先王墓夷陵楚襄王兵散遂不復戰東
北保于陳城二十二年秦復拔我巫黔中郡二十三年襄王乃收東地
兵得十餘萬復西取秦所拔我江旁十五邑以爲郡距秦二十七年使

三萬人助三晉伐燕。復與秦平。而入太子爲質於秦。楚使左徒侍太子於秦。三十六年。頃襄王病。太子亾歸。秋。頃襄王卒。太子熊元代立。是爲考烈王。考烈王以左徒爲令尹。封以吳。號春申君。考烈王元年。納州于秦以平。是時楚益弱。六年。春圍邯鄲。趙告急楚。楚遣將軍景陽救趙。七年。至新中。秦兵去。十二年。秦昭王卒。楚王使春申君弔祠於秦。十六年。秦莊襄王卒。秦王趙政立。二十二年。與諸侯共伐秦。不利而去。楚東徙都壽春。命曰郢。二十五年。考烈王卒。子幽王悍立。李園殺春申君。幽王三年。魏秦伐楚。秦相呂不韋卒。九年。秦滅韓。十年。幽王卒。同母弟猶代立。是爲哀王。哀王立二月餘。哀王庶兄負芻之徒襲殺哀王而立負芻爲王。是歲。秦虜趙王遷。王負芻元年。燕太子丹使荊軻刺秦王。二年。秦使將軍伐楚。大破楚軍。亾十餘城。三年。秦滅魏。四年。秦將王翦破我軍於蘄。而殺將軍項燕。五年。秦將王翦蒙武遂破楚國。虜楚王負芻。滅楚名爲楚郡云。錢云始皇父名楚未嘗置楚郡也孫氏謂滅去楚名蓋得其實楚郡之楚當是衍文

太史公曰。楚靈王方會諸侯於申。誅齊慶封。作章華臺。求周九鼎之時。志小天下。及餓死于申亥之家。爲天下笑。操行之不得。悲夫。勢之於人也。可不愼與。弃疾以亂立。嬖淫秦女。甚乎哉。幾再亡國。

某案此篇以埶字爲主贊中特著之楚在春秋稱霸中國入戰國後屈於齊秦埶爲之也

史公於晉楚春秋時事一本左氏其叙次節奏盡依之足見古之良史彼此不能易也班之於史公亦如是

楚世家第十

史記四十

越王句踐世家第十一

越王句踐。其先禹之苗裔。而夏后帝少康之庶子也。封於會稽。以奉守禹之祀。文身斷髮。披草萊而邑焉。從二十餘世。至於允常。允常之時。與吳王闔廬戰而相怨伐。（王懷祖據選注滅伐字非是王不解史公造句法也）允常卒。子句踐立。是爲越王。元年。吳王闔廬聞允常死。乃興師伐越。越王句踐使死士挑戰。三行。至吳陳呼而自剄。吳師觀之。越因襲擊吳師。吳師敗於檇李。射傷吳王闔廬。闔廬且死。告其子夫差曰。必毋忘越。三年。句踐聞吳王夫差日夜勒兵。且以報越。越欲先吳未發往伐之。范蠡諫曰。不可。臣聞兵者凶器也。戰者逆德也。爭者事之末也。陰謀逆德。好用凶器。試身於所末。上帝禁之。行者不利。（此黃老道家之言不識范蠡本有是言乎抑記蠡識者增益之者乎）越王曰。吾已決之矣。遂興師。吳王聞之。悉發精兵擊越。敗之夫椒。（索隱云椒本又作湫錢云椒湫聲相近伍

（子胥傳作夫湫）越王乃以餘兵五千人保棲於會稽。吳王追而圍之。越王謂范蠡曰。以不聽子故至此。（此上有於字依通志范蠡傳刪）為之柰何。蠡對曰。持滿者與天。定傾者與人。節事者以地。卑辭厚禮以遺之。不許而身與之市。句踐曰。諾。乃令大夫種行成於吳。膝行頓首曰。君王亡臣句踐。使陪臣種。敢告下執事。句踐請為臣。妻為妾。吳王將許之。子胥言於吳王曰。天以越賜吳。勿許也。種還以報句踐。句踐欲殺妻子。燔寶器。觸戰以死。種止句踐曰。夫吳太宰嚭貪。可誘以利。請閒行言之。於是句踐乃以美女寶器。令種閒獻吳太宰嚭。嚭受。乃見大夫種於吳王。種頓首言曰。願大王赦句踐之罪。盡入其寶器。不幸不赦。句踐將盡殺其妻子。燔其寶器。悉五千人觸戰。必有當也。嚭因說吳王曰。越以服為臣。（錢云以與已同）若將赦之。此國之利也。吳王將許之。子胥進諫曰。今不滅越。後必悔之。句踐賢君。種蠡

鷙鳥句爲謀吳樞要亦即前後文字之骨

良臣若反國將爲亂吳王弗聽卒赦越能兵而歸句踐之困會稽也喟然歎曰吾終於此乎種曰湯繫夏臺文王囚羑里晉重耳犇翟齊小白犇莒其卒王霸由是觀之何遽不爲福乎吳既赦越越王句踐反國乃苦身焦思置膽於坐坐臥即仰膽飲食亦嘗膽也曰女忘會稽之恥邪身自耕作夫人自織食不加肉衣不重采折節下賢人厚遇賓客振貧弔死與百姓同其勞欲使范蠡治國政蠡對曰兵甲之事種不如蠡塡撫國家親附百姓蠡不如種於是舉國政屬大夫種而使范蠡與大夫柘稽行成索隱云柘稽國語作諸稽郢錢云諸柘聲相近爲質於吳二歲而吳歸蠡句踐自會稽歸七年拊循其士民欲用以報吳大夫逢同諫曰國新流亡今乃復殷給繕飾備利吳必懼懼則難必至且鷙鳥之擊也必匿其形今夫吳兵加齊晉怨深於楚越名高天下實害周室德少而功多必淫自矜爲

越計。莫若結齊親楚附晉以厚吳。吳之志廣。必輕戰。是我連其權。三國伐之。越承其弊、可克也。句踐曰善。居二年。吳王將伐齊。子胥諫曰未可。臣聞句踐食不重味。與百姓同苦樂。此人不死。必爲國患。吳有越腹心之疾。齊與吳疥⿸疒徙也。錢云徙鮮聲相近故⿸疒徙爲癬之異文願王釋齊先越。吳王弗聽。遂伐齊。敗之艾陵。虜齊高國以歸。讓子胥。子胥曰。王毋喜、王怒。子胥欲自殺。王聞而止之。越大夫種曰。臣觀吳王政驕矣。請試嘗之貸粟。以卜其事。請貸。吳王欲與。子胥諫勿與。王遂與之。越乃私喜。子胥言曰。王不聽諫。後三年。吳其墟乎。太宰嚭聞之。乃數與子胥爭越議。因讒子胥曰。伍員貌忠而實忍人。其父兄不顧、安能顧王。王前欲伐齊。員彊諫。已而有功。用是反怨王。王不備伍員。員必爲亂。與逢同共謀讒之王。王始不從。乃使子胥於齊。聞其託子於鮑氏。王乃大怒曰。伍員果欺寡人。欲反。札記云官

（本作役各本作欲案通志亦作欲反蓋此二字仍吳王之言王聞子胥託子鮑氏不必在子胥未還時則作役反者非是）使人賜子胥屬鏤劍以自殺。子胥大笑曰。我令而父霸。我又立若。若初欲分吳國半予我。我不受。已今若反以讒誅我。嗟乎嗟乎。一人固不能獨立。報使者曰。必取吾眼置吳東門。以觀越兵入也。於是吳任嚭政。居三年。句踐召范蠡曰。吳已殺子胥。導諛者衆。可乎。對曰。未可。至明年春。吳王北會諸侯於黃池。吳國精兵從王。惟獨老弱與太子留守。句踐復問范蠡。蠡曰可矣。乃發習流二千人。教士四萬人。君子六千人。諸御千人伐吳。吳師敗。遂殺吳太子。吳告急於王。王方會諸侯於黃池。懼天下聞之。乃祕之。吳王已盟黃池。乃使人厚禮以請成越。（王依選注增於字非是）越自度亦未能滅吳。乃與吳平。其後四年。越復伐吳。吳士民罷弊。輕銳盡死於齊晉。而越大破吳。因而留圍之三年。吳師敗。越遂復棲吳王於姑蘇之山。吳王

此與子胥抉眼相應
句踐已平吳數語極簡練
以前文滅吳事詳此不宜
再詳也

使公孫雄梁云宋本國語墨子說苑幷作雒韓子作頟肉袒膝行而前•請成越王曰•孤臣夫
差•敢布腹心•異日嘗得罪於會稽•夫差不敢逆命•得與君王成以歸•今
君王舉玉趾而誅孤臣•孤臣惟命是聽•意者亦欲如會稽之赦孤臣之
罪乎•句踐不忍•欲許之•范蠡曰•會稽之事•天以越賜吳•吳不取•今天以
吳賜越•越其可逆天乎•且夫君王蚤朝晏罷•非爲吳邪•謀之二十二年•
一旦而弃之•可乎•且夫天與弗取•反受其咎•伐柯者其則不遠•君忘會
稽之戹乎•句踐曰•吾欲聽子言•吾不忍其使者•范蠡乃鼓進兵曰•王已
屬政於執事•使者去•不者且得罪•吳使者泣而去•句踐憐之•乃使人謂
吳王曰•吾置王甬東•君百家•吳王謝曰•吾老矣•不能事君王•遂自殺•乃
蔽其面曰•吾無面以見子胥也•越王乃葬吳王而誅太宰嚭•句踐已平
吳•乃以兵北渡淮•與齊晉諸侯會於徐州•致貢於周•周元王使人賜句

句踐已去渡淮南再用提振

當是時三句提振卽勒住此行文勁健處

遺大夫種書與遺句踐書分叙此行文位置法

王無彊時五句提頓

踐胙命爲伯句踐已去渡淮南以淮上地與楚歸吳所侵宋地於宋與魯泗東百里當是時越兵橫行於江淮東諸侯畢賀號稱霸王范蠡遂去自齊遺大夫種書曰蜚鳥盡良弓藏狡兔死走狗烹越王爲人長頸鳥喙可與共患難不可與共樂子何不去種見書稱病不朝人或讒種且作亂越王乃賜種劍曰子教寡人伐吳七術寡人用其三而敗吳其四在子子爲我從先王試之種遂自殺句踐卒子王鼫與立王鼫與卒子王不壽立王不壽卒子王翁立王翁卒子王翳立王翳卒子王之侯立王之侯卒子王無彊立王無彊時越興師北伐齊西伐楚與中國爭彊當楚威王之時越北伐齊齊威王使人說越王曰越不伐楚大不王小不伯圖越之所爲不伐楚者爲不得晉也韓魏固不攻楚韓之攻楚覆其軍殺其將則葉陽翟危魏亦覆其軍殺其將則陳上蔡不安故二

晉之事越也。不至於覆軍殺將。馬汗之力不效。所重於得晉者何也。越
王曰。所求於晉者。不至頓刃接兵。而況于攻城圍邑乎。願魏以聚大梁
之下。願齊之試兵南陽莒地。以聚常郯之境。則方城之外不南。淮泗之
閒不東。商於析酈宗胡之地。夏路以左。不足以備秦。江南泗上。不足以
待越矣。則齊秦韓魏得志於楚也。是二晉不戰而分地。不耕而穫之。不
此之爲。而頓刃於河山之閒。以爲齊秦用。所待者如此其失計。奈何其
以此王也。齊使者曰。幸也越之不亡也。吾不貴其用智之如目。王改不貴二字
爲患字殊非 見豪毛而不見其睫也。今王知晉之失計。而不自知越之過。是
目論也。王所待於晉者。非有馬汗之力也。又非可與合軍連和也。將待
之以分楚衆也。今楚衆已分。何待於晉。越王曰。奈何。曰。楚三大夫張九
軍。北面曲沃於中。本作北圍依集解作北面據正義云從曲沃於中西至漢中巴巫黔中三千餘里皆備秦晉則固無圍曲

而越以此散六句結束有力又用閩君搖東越閩君再結以鎮壓之皆從越散句生出

越事附范蠡與吳附季札同

沃之事以至無假之關者三千七百里景翠之軍北聚魯齊南陽此自是齊稱之南陽猶孟子所云一戰勝齊遂有南陽耳正義釋爲鄧謬甚州分有大此者乎且王之所求者鬪晉楚也晉楚不鬪越兵不起是知二五而不知十也此時不攻楚臣以是知越大不王小不伯復讎龐長沙楚之粟也竟澤陵楚之材也越窺兵通無假之關此四邑者不上貢事於郢矣臣聞之圖王不王其敝可以伯然而不伯者王道失也故願大王之轉攻楚也於是越遂釋齊而伐楚楚威王興兵而伐之大敗越殺王無疆盡取故吳地至浙江北破齊於徐州而越以此散諸族子爭立或爲王或爲君濱於江南海上服朝於楚後七世至閩君搖佐諸侯平秦漢高帝復以搖爲越王以奉越後東越閩君皆其後也范蠡事越王句踐既苦身戮力與句踐深謀二十餘年竟滅吳報會稽之恥北渡兵於淮以臨齊晉號令中國以尊周室句

踐以霸・而范蠡稱上將軍・還反國・范蠡以爲大名之下・難以久居・且句踐爲人可與同患・難與處安・爲書辭句踐曰・臣聞主憂臣勞・主辱臣死・昔者君王辱於會稽・所以不死・爲此事也・今既以雪恥・臣請從會稽之誅・句踐曰・孤將與子分國而有之・不然・將加誅于子・范蠡曰・君行令・臣行意・乃裝其輕寶珠玉・自與其私徒屬乘舟浮海以行・終不反・於是句踐表會稽山以爲范蠡奉邑・范蠡浮海出齊・變姓名・自謂鴟夷子皮・耕于海畔・苦身戮力・父子治產・居無幾何・致產數千萬・（柯凌本皆作數千萬通志同今作十誤）齊人聞其賢・以爲相・范蠡喟然歎曰・居家則致千金・居官則致卿相・此布衣之極也・久受尊名・不祥・乃歸相印・盡散其財・以分與知友鄉黨・而懷其重寶・閒行以去・止于陶・以爲此天下之中・交易有無之路通・爲生可以致富矣・於是自謂陶朱公・復約要父子耕畜・廢居・候時轉物・逐

此莊生與莊周無涉索隱妄疑之曾文正亦嘗以此莊生爲莊周殊誤

什一之利。居無何。則致貲累巨萬。天下稱陶朱公。朱公居陶。生少子。少子及壯。而朱公中男殺人。囚於楚。朱公曰。殺人而死。職也。然吾聞千金之子不死於市。告其少子往視之。乃裝黃金千溢。置褐器中。載以一牛車。且遣其少子。朱公長男固請欲行。朱公不聽。長男曰。家有長子曰家督。今弟有罪。大人不遣。乃遣少弟。是吾不肖。欲自殺。其母爲言曰。今遣少子。未必能生中子也。而先空亡長男。奈何。朱公不得已而遣長子。爲一封書遺故所善莊生。曰。至則進千金于莊生所。聽其所爲。愼無與爭事。長男既行。亦自私齎數百金。至楚。莊生家負郭。披藜藋到門。居甚貧。然長男發書進千金。如其父言。莊生曰。可疾去矣。愼毋留。卽弟出。勿問所以然。長男既去。不過莊生而私留。以其私齎獻遺楚國貴人用事者。莊生雖居窮閻。然以廉直聞於國。自楚王以下皆師尊之。及朱公進金

越之謀吳皆用險譎取勝故以莊生險譎之事附著以相發明韓公王適墓志附著誑謀取婦事亦此類也

非有意受也。欲以成事後。復歸之。以為信耳。故金至。謂其婦曰。此朱公之金。有如病不宿誡。後復歸。勿動。而朱公長男不知其意。以為殊無短長也。莊生閒時入見楚王。言某星宿某。此則害於楚。楚王素信莊生。曰。今為奈何。莊生曰。獨以德為可以除之。楚王曰。生休矣。寡人將行之。王乃使使者。封三錢之府。楚貴人驚告朱公長男曰。王且赦。曰。何以也。曰。每王且赦。常封三錢之府。昨暮王使使封之。朱公長男以為赦。弟固當出也。重千金虛棄莊生。無所為也。疑無所二字互倒所字屬上讀乃復見莊生。莊生驚曰。若不去邪。長男曰。固未也。初為事弟。弟今議自赦。故辭生去。莊生知其意欲復得其金。曰。若自入室取金。長男卽自入室取金持去。獨自歡幸。莊生羞為兒子所賣。乃入見楚王曰。臣前言某星事。王言欲以修德報之。今臣出。道路皆言陶之富人朱公之子殺人囚楚。其家多持金錢賂王左右。故王非能恤楚國而赦。乃以朱公子故也。楚王大怒曰。寡人雖不德耳。奈何以朱公之子故而施惠乎。令論殺朱公子。明日遂下赦令。朱公長男竟持其弟喪歸。至其母及邑人盡哀之。唯朱公獨笑曰。吾固知必殺其弟也。彼非不愛其弟。顧有所不能忍者也。是少與我俱見苦。爲生難。故重弃財。至如少弟者。生而見我富。乘堅驅良逐狡兔。豈知財所從來。故輕弃之。非所惜吝。前日吾所爲欲遣少子。固爲其能弃財故也。而長者不能。故卒以殺其弟。事之理也。無足悲者。吾日夜固以望其喪之來也。故范蠡三徙。成名於天下。非苟去而已。所止必成名。卒老死于陶。故世傳曰陶朱公。

太史公曰。禹之功大矣。漸九川。定九州。至于今諸夏艾安。及苗裔句踐。苦身焦思。終滅彊吳。北觀兵中國。以尊周室。號稱霸王。句踐可不謂賢哉。蓋有禹之遺烈焉。范蠡三遷。皆有榮名。名垂後世。臣主若此。欲毋顯得乎。

某案此篇以忍字爲主句踐能忍亾國之恥而霸陶朱長男不能忍於千金而殺其弟

越王句踐世家第十

鄭世家第十二

鄭桓公友者。周厲王少子。而宣王庶弟也。梁云年表漢志詩譜幷作母弟宣王立二十二年。友初封于鄭。索隱系本云桓公居于棫林錢云詩譜封于宗周畿內咸林今京兆鄭縣是也棫林咸林疑是一地封三十三歲。百姓皆便愛之。幽王以爲司徒。和集周民。周民皆說。河雒之閒。人便思之。爲司徒一歲。幽王以襃后故。王室治多邪。諸侯或畔之。於是桓公問太史伯曰。王室多故。予安逃死乎。太史伯對曰。獨雒之東土。河濟之南。可居。公曰。何以。對曰。地近虢鄶。虢鄶之君。貪而好利。百姓不附。今公爲司徒。民皆愛公。公誠請居之。虢鄶之君。見公方用事。輕分公地。公誠居之。虢鄶之民。皆公之民也。公曰。吾欲南之江上。何如。對曰。昔祝融爲高辛氏火正。其功大矣。而其於周未有興者。楚其後也。周衰。楚必興。通志與上有繼字興。非鄭之利也。公曰。吾欲居西方。何如。對曰。其民貪而

鄭國介居晉楚之交數被兵卒滅於三晉此處預提綱要

鄭數有適庶之爭皆與此相應

好利難久居公曰周衰何國興者對曰齊秦晉楚乎夫齊姜姓伯夷之後也伯夷佐堯典禮秦嬴姓伯翳之後也伯翳佐舜懷柔百物及楚之先皆嘗有功於天下而周武王克紂後成王封叔虞于唐其地阻險以此有德與周衰並亦必興矣桓公曰善於是卒言王東徙其民雒東而虢鄶果獻十邑竟國之二歲犬戎殺幽王於驪山下幷殺桓公鄭人共立其子掘突（梁云杜世譜國語注幷作滑）是爲武公武公十年娶申侯女爲夫人曰武姜生太子寤生生之難及生夫人弗愛後生少子叔段段生易夫人愛之二十七年武公疾夫人請公欲立段爲太子公弗聽是歲武公卒生立是爲莊公莊公元年封弟段於京號太叔祭仲曰京大於國非所以封庶也莊公曰武姜欲之我弗敢奪也段至京繕治甲兵與其母武姜謀襲鄭二十二年段果襲鄭武姜爲內應莊公發兵伐段段走伐

京。京人畔段。段出走鄢。鄢潰。段出奔共。於是莊公遷其母武姜於城潁。誓言曰。不至黃泉。毋相見也。居歲餘。已悔思母。潁谷之考叔有獻於公。公賜食。考叔曰。臣有母。請君食賜臣母。莊公曰。我甚思母。惡負盟。奈何。考叔曰。穿地至黃泉。則相見矣。於是遂從之。見母。二十四年。宋繆公卒。公子馮奔鄭。鄭侵周地。取禾。二十五年。衛州吁弒其君桓公自立。與宋伐鄭。以馮故也。二十七年。始朝周桓王。桓王怒其取禾。弗禮也。二十九年。莊公怒周弗禮。與魯易祊許田。三十三年。宋殺孔父。三十七年。莊公不朝周。周桓王率陳蔡虢衛伐鄭。莊公與祭仲高渠彌發兵自救。王師大敗。祝聸射中王臂。索隱左氏作祝聃。錢云說文聸垂耳也。與聃音義相近 祝聸請從之。鄭伯止之曰。犯長且難之。況敢陵天子乎。乃止。夜令祭仲問王病。三十八年。北戎伐齊。齊使求救。鄭遣太子忽將兵救齊。齊釐公欲妻之。忽謝曰。我小

因祭仲之言側入三公子提挈後文

左氏云謀及婦人宜其死也句外有恨聲此云無奈祭仲何最得左氏不盡之意

國非齊敵也時祭仲與俱勸使取之曰君多內寵太子無大援將不立三公子皆君也所謂三公子者太子忽其弟突次弟子亹也四十三年鄭莊公卒初祭仲甚有寵於莊公莊公使爲卿公使娶鄧女生太子忽故祭仲立之是爲昭公莊公又娶宋雍氏女生厲公突雍氏有寵於宋宋莊公聞祭仲之立忽乃使人誘召祭仲而執之曰不立突將死亦執突以求賂焉祭仲許宋與宋盟以突歸立之昭公忽聞祭仲以宋要立其弟突九月辛亥忽出奔衛己亥突至鄭立是爲厲公厲公四年祭仲專國政厲公患之陰使其壻雍糾欲殺祭仲糾妻祭仲女也知之謂其母曰父與夫孰親母曰父一而已人盡夫也女乃告祭仲祭仲反殺雍糾戮之於市厲公無奈祭仲何怒糾曰謀及婦人死固宜哉夏厲公出居邊邑櫟祭仲迎昭公忽六月乙亥復入鄭即位秋鄭厲公突因櫟人

復入鄭即位何是爲子亹
也何故鄭亡厲公突何分
應三公子

殺其大夫單伯。索隱左氏作檀伯錢云單檀古文通用隸書單闕一作亶安淮南泰族訓曾子治亶父即單父也詩下民卒癉沈重本作澶則檀單自可通遂居之。諸侯聞厲公出奔。伐鄭弗克而去。宋頗予厲公兵自守於櫟。鄭以故亦不伐櫟。昭公二年。自昭公爲太子時。父莊公欲以高渠彌爲卿。太子忽惡之。莊公弗聽。卒以渠彌爲卿。及昭公即位。懼其殺己。冬十月辛卯。渠彌與昭公出獵。射殺昭公於野。祭仲與渠彌不敢入厲公。乃更立昭公弟子亹爲君。是爲子亹也。無謚號。子亹元年七月。齊襄公會諸侯於首止。鄭子亹往會。高渠彌相。從。祭仲稱疾不行。所以然者。子亹自齊襄公爲公子之時。嘗會鬬相仇。及會諸侯。祭仲請子亹無行。子亹曰。齊彊而厲公居櫟。即不往。是率諸侯伐我內厲公。我不如往。往何遽必辱。且又何至是。卒行。於是祭仲恐齊并殺之。故稱疾。子亹至。不謝齊侯。齊侯怒。遂伏甲而殺子亹。高渠彌亡歸。歸與祭仲謀。召子亹弟公子嬰於陳而立之。是爲鄭子。是歲。齊襄公使彭生醉拉殺魯桓公。鄭子八年。齊人管至父等作亂。弒其君襄公。十二年。宋人長萬弒其君湣公。鄭祭仲死。十四年。故鄭亡厲公突在櫟者。使人誘劫鄭大夫甫瑕。（梁云以傳爲甫）要以求入。瑕曰。舍我。我爲君殺鄭子而入君。厲公與盟。乃舍之。六月甲子。瑕殺鄭子及其二子。而迎厲公突。突自櫟復入即位。初。內蛇與外蛇鬭於鄭南門中。內蛇死。居六年。厲公果復入。入而讓其伯父原曰。我亡國外居。伯父無意入我。亦甚矣。原曰。事君無二心。人臣之職也。原知罪矣。遂自殺。厲公於是謂甫瑕曰。子之事君有二心矣。遂誅之。瑕曰。重德不報。誠然哉。厲公突後元年。齊桓公始霸。五年。燕衛與周惠王弟穨伐王。王出奔溫。立弟穨爲王。六年。惠王告急鄭。厲公發兵擊周王子穨。弗勝。於是與周惠王歸。王居于櫟。七年。春。鄭厲公與虢叔襲

六句用紀年總束

與蛇鬬妖祥相應

四句㳫迭總綴所謂大塘打縴者也

殺王子頹。而入惠王于周。秋。厲公卒。子文公踕立。梁云踕左穀年表作捷公羊作接人表作倰厲公初立四歲亡居櫟。居櫟十七歲復入。立七歲。與亡凡二十八年。文公十七年。齊桓公以兵破蔡。遂伐楚。至召陵。二十四年。文公之賤妾曰燕姞。夢天與之蘭。曰。余爲伯儵。余爾祖也。以是爲而子。蘭有國香。以夢告文公。文公幸之。而予之草蘭爲符。遂生子。名曰蘭。三十六年。晉公子重耳過。文公弗禮。文公弟叔詹曰。重耳賢。且又同姓。窮而過君。不可無禮。文公曰。諸侯亡公子過者多矣。安能盡禮之。詹曰。君如弗禮。遂殺之。弗殺。使即反國。爲鄭憂矣。文公弗聽。三十七年春。晉公子重耳反國立。是爲文公。秋。鄭入滑。滑聽命。已而反與衞。於是鄭伐滑。周襄王使伯犕請滑。梁云犕古服字鄭文公怨惠王之亡在櫟。而文公父厲公入之。而惠王不賜厲公爵祿。又怨襄王之與衞滑。故不聽襄王請。而囚伯犕。王怒。與

此者字與擊楚之殺義帝者正同

上句方言子蘭求入鄭爲太子忽入叔詹是大斷下文秦兵罷句下接晉文公入蘭爲太子是遙接此文家斷續法

翟人伐鄭弗克冬翟攻伐襄王襄王出奔鄭鄭文公居王於氾三十八年晉文公入襄王成周四十一年助楚擊晉自晉文公之過無禮故背晉助楚毛本背作倍四十三年晉文公與秦穆公共圍鄭討其助楚攻晉者及文公過時之無禮也初鄭文公有三夫人寵子五人皆有罪蚤死公怒溉逐羣公子方引蔣西谷說溉爲既字訓爲盡據古帝紀徐廣注爲證最是子蘭奔晉從晉文公圍鄭時蘭事晉文公甚謹愛幸之乃私於晉以求入鄭爲太子晉於是欲得叔詹爲僇鄭文公恐不敢謂叔詹言詹聞言於鄭君曰臣謂君君不聽臣晉卒爲患然晉所以圍鄭以詹詹死而赦鄭國詹之願也乃自殺鄭人以詹尸與晉晉文公曰必欲一見鄭君辱之而去鄭人患之乃使人私於秦曰破鄭益晉非秦之利也秦兵罷晉文公欲入蘭爲太子以告鄭鄭大夫石癸曰吾聞姞姓乃后稷之元妃其後當有興者子蘭母

秦穆公使三將至敗之於崤此敘事忽起忽斷初往年鄭文公之卒也至秦兵故來追補前事即入後文方侍郎極愛此種○此開荊公文法

上句敗秦兵於汪終秦事下用往年二字追紀前事與左傳鄢陵之戰先敘甲午後用癸巳二字追敘前事文法正同

與左氏同事異文最生新下楚莊王君臣相難一段自鄢至此云云與此同

其後也。且夫人子盡已死。餘庶子無如蘭賢。今圍急。晉以爲請。利孰大焉。遂許晉與盟。卒而立子蘭爲太子。諸本皆作卒而局本張本依梁氏志疑乙之吾謂當依舊云卒而者猶言既而已而也通志無卒字晉兵乃罷去。四十五年文公卒。子蘭立。是爲繆公。繆公元年春。秦繆公使三將將兵欲襲鄭。至滑。逢鄭賈人弦高。詐以十二牛勞軍。故秦兵不至而還。晉敗之於崤。初往年鄭文公之卒也。鄭司城繒賀以鄭情賣之。秦兵故來。三年。鄭發兵從晉伐秦。敗秦兵於汪。往年楚太子商臣弑其父成王代立。二十一年。與宋華元伐鄭。華元殺羊食士。不與其御羊斟。怒以馳鄭。鄭囚華元。宋贖華元。元亦亡去。晉使趙穿以兵伐鄭。二十二年。鄭繆公卒。子夷立。是爲靈公。靈公元年春。楚獻黿於靈公。子家子公將朝靈公。子公之食指動。謂子家曰。佗日指動。必食異物。及入見靈公。進黿羹。子公笑曰。果然。靈公問其笑。故具告靈公。靈公召之。獨弗予羹。子公怒。染其指嘗之而出。公怒。欲殺子公。子公與子家謀先。夏弒靈公。鄭人欲立靈公弟去疾。去疾讓曰。必以賢。則去疾不肖。必以順。則公子堅長。堅者。靈公庶弟去疾之兄也。於是乃立子堅。是爲襄公。襄公立。將盡去繆氏。繆氏者。殺靈公子公之族家也。去疾曰。必去繆氏。我將去之。乃止。皆以爲大夫。襄公元年。楚怒鄭受宋賂縱華元。伐鄭。鄭背楚與晉親。五年。楚復伐鄭。晉來救之。六年。子家卒。國人復逐其族。以其弒靈公也。七年。鄭與晉盟鄢陵。八年。楚莊王以鄭與晉盟。來伐圍鄭。三月。鄭以城降楚。楚王入自皇門。鄭襄公肉袒牽(掔)羊以迎曰。孤不能事邊邑。使君王懷怒以及獘邑。孤之罪也。敢不惟命是聽。君王遷之江南。及以賜諸侯。亦惟命是聽。若君王不忘厲宣王桓武公。哀不忍絕其社稷。錫不毛之地。使復得改事君王。孤之願也。然非所敢望也。敢布

晉聞楚之伐鄭九句摹繪情事絕生動是史公勝處

解事附揚見於此乃文字恣肆處因上晉楚爭鄭宋而及非泛設也

腹心惟命是聽莊王為郤三十里而後舍楚羣臣曰自郢至此士大夫亦久勞矣今得國舍之何如莊王曰所為伐伐不服也今已服尚何求乎卒去晉聞楚之伐鄭發兵救鄭其來持兩端故遲比至河楚兵已去晉將率或欲渡或欲還卒渡河莊王聞還擊晉鄭反助楚大破晉軍於河上十年晉來伐鄭以其反晉而親楚也十一年楚莊王伐宋宋告急于晉晉景公欲發兵救宋伯宗諫晉君曰天方開楚未可伐也乃求壯士得霍人解揚字子虎誆楚令宋毋降過鄭鄭與楚親乃執解揚而獻楚楚王厚賜與約使反其言令宋趣降三要乃許於是楚登解揚樓車令呼宋遂負楚約而致其晉君命曰晉方悉國兵以救宋宋雖急慎毋降楚晉兵今至矣楚莊王大怒將殺之解揚曰君能制命為義臣能承命為信受吾君命以出有死無隕莊王曰若之許我已而背之其信安

在解揚曰所以許王欲以成吾君命也將死顧謂楚軍曰爲人臣毋忘盡忠得死者楚王諸弟皆諫王赦之於是赦解揚使歸晉爵之爲上卿十八年襄公卒子悼公濆立悼公元年鄦公惡鄭於楚錢云說文鄦太嶽之後甫侯所封讀若許悼公使弟睔於楚自訟訟不直楚囚睔於是鄭悼公來與晉平遂親睔私於楚子反子反言歸睔於鄭二年楚伐鄭晉兵來救是歲悼公卒立其弟睔是爲成公成公三年楚共王曰鄭成公孤有德焉使人來與盟成公私與盟秋成公朝晉晉曰鄭私平於楚執之使欒書伐鄭四年春鄭患晉圍公子如乃立成公庶兄繻爲君其四月晉聞鄭立君乃歸成公鄭人聞成公歸亦殺君繻迎成公晉兵去十年背晉盟盟於楚晉厲公怒發兵伐鄭楚共王救鄭晉楚戰鄢陵楚兵敗晉射傷楚共王目俱罷而去十三年晉悼公伐鄭兵於洧上鄭城守晉亦去十四年成

吳世家附季札越世家附
范蠡鄭世家附子產韓公

公卒子惲立（梁云惲當作髡頑）是爲釐公釐公五年鄭相子駟朝釐公釐公不禮子駟怒使廚人藥殺釐公赴諸侯曰釐公暴病卒立釐公子嘉嘉時年五歲是爲簡公簡公元年諸公子謀欲誅相子駟子駟覺之反盡誅諸公子二年晉伐鄭鄭與盟晉去冬又與楚盟子駟畏誅故兩親晉楚三年相子駟欲自立爲君公子子孔使尉止殺相子駟而代之子孔又欲自立子產曰子駟爲不可誅之今又效之是亂無時息也於是子孔從之而相鄭簡公四年晉怒鄭與楚盟伐鄭鄭與盟楚共王救鄭敗晉兵簡公欲與晉平楚又囚鄭使者十二年簡公怒相子孔專國權誅之而以子產爲卿十九年簡公如晉請衞君還而封子產以六邑子產讓受其三邑二十二年吳使延陵季子於鄭見子產如舊交謂子產曰鄭之執政者侈難將至政將及子子爲政必以禮不然鄭將敗子產厚遇

順宗實錄卽用此法陽城
陸贄幷從附書

先是晉楚爭鄭應接不暇
至此乃詳載論疾見子產
相鄭暇豫不迫非弟紀其
博物也

季子二十三年諸公子爭寵相殺又欲殺子產公子或諫曰子產仁人鄭所以存者子產也勿殺乃止二十五年鄭使子產於晉問平公疾平公曰卜而曰實沈臺駘爲祟史官莫知敢問對曰高辛氏有二子長曰閼伯季曰實沈居曠林不相能也日操干戈以相征伐后帝弗臧遷閼伯于商丘主辰商人是因故辰爲商星遷實沈于大夏主參唐人是因服事夏商其季世曰唐叔虞當武王邑姜方娠太叔夢帝謂己余命而子曰虞乃與之唐屬之參而蕃育其子孫及生有文在其掌曰虞遂以命之及成王滅唐而國太叔焉故參爲晉星由是觀之則實沈參神也昔金天氏有裔子曰昧爲玄冥師生允格臺駘臺駘能業其官宣汾洮障大澤以處太原帝用嘉之國之汾川沈姒蓐黃實守其祀今晉主汾川而滅之由是觀之則臺駘汾洮神也然是二者不害君身山川之神

子產未死已不能救鄭

則水旱之菑禜之日月星辰之神則雪霜風雨不時禜之若君疾飲食哀樂女色所生也平公及叔嚮曰善博物君子也厚為之禮於子產二十七年夏鄭簡公朝晉冬畏楚靈王之彊又朝楚子產從二十八年鄭君病使子產會諸侯與楚靈王盟於申誅齊慶封三十六年簡公卒子定公寧立秋定公朝晉昭公定公元年楚公子弃疾弒其君靈王而自立為平王欲行德諸侯歸靈王所侵鄭地于鄭四年晉昭公卒其六卿彊公室卑子產謂韓宣子曰為政必以德毋忘所以立六年鄭火公欲禳之子產曰不如修德八年楚太子建來犇十年太子建與晉謀襲鄭鄭殺建建子勝犇吳十一年定公如晉晉與鄭謀誅周亂臣入敬王於周十三年（通志作十六年此傳寫誤）定公卒子獻公蠆立獻公十三年卒子聲公勝立當是時晉六卿彊侵奪鄭鄭遂弱聲公五年鄭相子產卒鄭人皆哭

用續補結束以詞重言複爲工

鄭事自子產卒後遂無可紀

泣悲之如亾親戚子產者鄭成公少子也爲人仁愛人事君忠厚孔子嘗過鄭與子產如兄弟云及聞子產死孔子爲泣曰古之遺愛也兄事子產八年晉范中行氏反晉告急於鄭鄭救之晉伐鄭敗鄭軍於鐵十四年宋景公滅曹三十年齊田常弒其君簡公而常相於齊二十二年楚惠王滅陳孔子卒二十六年晉知伯伐鄭取九邑三十七年聲公卒子哀公易立哀公八年鄭人弒哀公而立聲公弟丑是爲共公共公三年三晉滅知伯（錢警石據葉石君校補三字各本無通志同）三十一年（一字吳校增通志亦無）共公卒子幽公已立幽公元年韓武子伐鄭殺幽公鄭人立幽公弟駘是爲繻公繻公十五年韓景侯伐鄭取雍丘鄭城京十六年鄭伐韓敗韓兵於負黍二十年韓趙魏列爲諸侯二十三年鄭圍韓之陽翟二十五年鄭君殺其相子陽二十七年子陽之黨共弒繻公駘而立幽公弟乙爲君

贊文用荀息作結神最妙遠

是爲鄭君。鄭君乙立二年。鄭負黍反。復歸韓。十一年。韓伐鄭取陽城。二十一年。韓哀侯滅鄭。并其國。

太史公曰。語有之。以權利合者。權利盡而交疏。甫瑕是也。甫瑕雖以劫殺鄭子內厲公。厲公終背而殺之。此與晉之里克何異。守節如荀息。身死而不能存奚齊。變所從來。亦多故矣。

某案此篇以事變多故爲主前言國內爭奪後言晉楚爭鄭而以子產相鄭與桓公爲司徒相起訖

鄭世家第十二

歸熙甫云趙世家文字周詳是趙有史其他想無全書某謂史公明言獨有秦記則六國無史可知趙世家所載多小說家言史公好奇网羅放失而得之者非趙史也

將記造父爲御事先以中衍起本此史公常法

趙世家第十三

趙氏之先與秦共祖至中衍爲帝大戊御其後世蜚廉有子二人（通志二作三）而命其一子曰惡來事紂爲周所殺其後爲秦惡來弟曰季勝其後爲趙季勝生孟增孟增幸於周成王是爲宅皐狼（據徐說皐狼地名則史文當云是宅皐狼衍爲字正義云居之於皐狼故云皐狼是亦無爲字）皐狼生衡父衡父生造父造父幸於周繆王造父取驥之乘匹與桃林盜驪驊騮綠耳獻之繆王繆王使造父御西巡狩見西王母樂之忘歸而徐偃王反繆王日馳千里馬攻徐偃王大破之乃賜造父以趙城由此爲趙氏自造父以下六世至奄父曰公仲周宣王時伐戎爲御及千畝戰奄父脫宣王奄父生叔帶叔帶之時周幽王無道去周如晉事晉文侯始建趙氏於晉國自叔帶以下趙宗益興五世而生趙夙（王據御覽生作至通志作生此閩並通）趙夙晉獻公之十六年伐霍魏

霍太山爲祟與後母鄙遇
霍太山神相映

耿。而趙夙爲將伐霍。霍公求犇齊。晉大旱。卜之曰。霍太山爲祟。使趙夙召霍君於齊。復之以奉霍太山之祀。晉復穰。晉獻公賜趙夙耿。夙生共孟。當魯閔公之元年也。共孟生趙衰。字子餘。趙衰卜事晉獻公及諸公子。莫吉。卜事公子重耳。吉。卽事重耳。重耳以驪姬之亂亾犇翟。趙衰從翟伐廧告如。得二女。翟以其少女妻重耳。長女妻趙衰。而生盾。初。重耳在晉時。趙衰妻亦生趙同趙括趙嬰齊。趙衰從重耳出亾。凡十九年。得反國。重耳爲晉文公。趙衰爲原大夫。居原。任國政。文公所以反國及霸。多趙衰計策。語在晉事中。趙衰旣反晉。晉之妻固要迎翟妻。而以其子盾爲適嗣。晉妻三子皆下事之。晉襄公之六年。而趙衰卒。謚爲成季。趙盾代成季任國政。二年而晉襄公卒。太子夷皋年少。盾爲國多難。欲立襄公弟雍。雍時在秦。使使迎之。太子母日夜啼泣。頓首謂趙盾曰。先君

趙盾弒君與後趙鞅以晉陽畔相映爲章法

一句提遂頓斷至下屠岸賈又續

何罪。釋其適子。而更求君。趙盾患之。恐其宗與大夫襲誅之。迺遂立太子。是爲靈公。發兵距所迎襄公弟於秦者。靈公旣立。趙盾益專國政。靈公立十四年。通志作十年益驕。趙盾驟諫。靈公弗聽。及食熊蹯胹不熟。殺宰人。持其尸出。趙盾見之。靈公由此懼。欲殺盾。盾素仁愛人。嘗所食桑下餓人。反扞救盾。盾以得亡。未出境。而趙穿弒靈公。而立襄公弟黑臀。是爲成公。趙盾復反任國政。君子譏盾爲正卿。亡不出境。反不討賊。故太史書曰。趙盾弒其君。晉景公時。而趙盾卒。謚爲宣孟。子朔嗣。趙朔晉景公之三年。朔爲晉將下軍。救鄭。與楚莊王戰河上。朔娶晉成公姊爲夫人。晉景公之三年。本作二年依毛本改大夫屠岸賈欲誅趙氏。初趙盾在時。夢見叔帶持要而哭。甚悲。已而笑、拊手且歌。盾卜之。兆絕而後好。趙史援占之曰。此夢甚惡。非君之身。乃君之子。然亦君之咎。至孫。趙將世益衰。屠岸賈者●始有寵於靈公●及至於景公而賈爲司寇●將作難●乃治靈公之賊以致趙盾●徧告諸將曰●盾雖不知●猶爲賊首●以臣弒君●子孫在朝●何以懲辠●請誅之●韓厥曰●靈公遇賊●趙盾在外●吾先君以爲無罪●故不誅●今諸君將誅其後●是非先君之意●而今妄誅●妄誅謂之亂●臣有大事而君不聞●是無君也●屠岸賈不聽●韓厥告趙朔趣亾●朔不肯曰●子必不絕趙祀●朔死不恨●韓厥許諾●稱疾不出●賈不請●而擅與諸將攻趙氏於下宮●殺趙朔趙同趙括趙嬰齊●皆滅其族●趙朔妻成公姊●有遺腹●走公宮匿●趙朔客曰公孫杵臼●杵臼謂朔友人程嬰曰●胡不死●程嬰曰●朔之婦有遺腹●若幸而男●吾奉之●卽女也●吾徐死耳●居無何●而朔婦免身●生男屠岸賈聞之●索於宮中●夫人置兒袴中●祝曰●趙宗滅乎●若號●卽不滅●若無聲●及索●兒竟無聲●已脫●程嬰謂公孫杵臼曰●今一索不得●後必且復

然趙氏眞孤乃反在二句所謂點睛之筆云

借韓厥語補叙先世

索之柰何。公孫杵臼曰。立孤與死孰難。程嬰曰。死易立孤難耳。公孫杵臼曰。趙氏先君遇子厚。子彊爲其難者。吾爲其易者。請先死。乃二人謀取他人嬰兒負之。衣以文葆。匿山中。程嬰出。謬謂諸將軍曰。嬰不肖不能立趙孤。誰能與我千金。吾告趙氏孤處。諸將皆喜。許之。發師隨程嬰攻公孫杵臼。杵臼謬曰。小人哉程嬰。昔下宮之難不能死。與我謀匿趙氏孤兒。今又賣我。縱不能立。而忍賣之乎。抱兒呼曰。天乎天乎。趙氏孤兒何罪。請活之。獨殺杵臼可也。諸將不許。遂殺杵臼與孤兒。諸將以爲趙氏孤兒良已死。皆喜。然趙氏眞孤乃反在。程嬰卒與俱匿山中。居十五年。晉景公疾。卜之。大業之後不遂者爲祟。景公問韓厥。厥知趙孤在。乃曰。大業之後在晉絕祀者。其趙氏乎。夫自中衍者皆嬴姓也。中衍人面鳥噣。降佐殷帝大戊。及周天子。皆有明德。下及幽厲無道。而叔帶去周適晉事先君文侯至於成公世有功德（本作世有立功依御覽改）未嘗絕祀今吾君獨滅趙宗國人哀之故見龜策惟君圖之景公問趙尚有後子孫乎韓厥具以實告於是景公乃與韓厥謀立趙孤兒召而匿之宮中諸將入問疾景公因韓厥之衆以脅諸將而見趙孤趙孤名曰武諸將不得已乃曰昔下宮之難屠岸賈爲之矯以君命并命羣臣非然孰敢作難微君之疾羣臣固且請立趙後今君有命羣臣之願也於是召趙武程嬰徧拜諸將遂反與程嬰趙武攻屠岸賈滅其族復與趙武田邑如故及趙武冠爲成人程嬰乃辭諸大夫謂趙武曰昔下宮之難皆能死我非不能死我思立趙氏之後今趙武既立爲成人復故位我將下報趙宣孟與公孫杵臼趙武啼泣頓首固請曰武願苦筋骨以報子至死而子忍去我死乎程嬰曰不可彼以我爲能成事故先我死今我不報是

晉由此大夫稍彊晉公室由此益弱此等句省文字節奏

以我事爲不成。遂自殺。趙武服齊衰三年。爲之祭邑。春秋祠之。祠本作祀依通志改世世勿絕。趙氏復位十一年。而晉厲公殺其大夫三郤。欒書畏及。乃遂弒其君厲公。更立襄公曾孫周。是爲悼公。晉由此大夫稍彊。趙武續趙宗二十七年。晉平公立。平公十二年。而趙武爲正卿。十三年。吳延陵季子使於晉。曰晉國之政。卒歸於趙武子武子當作文子韓宣子魏獻子之後矣。趙武死。謚爲文子。文子生景叔。景叔之時。齊景公使晏嬰於晉。於通志作如晏嬰與晉叔向語。嬰曰。齊之政後卒歸田氏。叔向亦曰。晉國之政將歸六卿。六卿侈矣。而吾君不能恤也。趙景叔卒。生趙鞅。是爲簡子。趙簡子在位。晉頃公之九年。簡子將合諸侯戍于周。其明年。入周敬王於周。辟弟子朝之故也。晉頃公之十二年。六卿以法誅公族祁氏羊舌氏。分其邑爲十縣。六卿各令其族爲之大夫。晉公室由此益弱。後十三年。魯

卽一夢統攝全文此氣脈貫輸處非第好奇也

賊臣陽虎來犇。趙簡子受賂。厚遇之。趙簡子疾。五日不知人。大夫皆懼。醫扁鵲視之。出。董安于問。扁鵲曰。血脈治也。而何怪。在昔秦繆公嘗如此。七日而寤。寤之日。告公孫支與子輿（梁云子車三良秦紀作子輿）曰。我之帝所甚樂。吾所以久者。適有學也。帝告我。晉國將大亂。五世不安。（疑五世當爲三世謂獻惠懷也男閭生謹案五世字前後凡數見蓋幷數奚齊卓子）其後將霸。未老而死。霸者之子且令而國男女無別。公孫支書而藏之。秦讖於是出矣。獻公之亂。文公之霸。而襄公敗秦師於殽。而歸縱淫。此子之所聞。今主君之疾與之同。不出三日。疾必閒。閒必有言也。居二日半。簡子寤。語大夫曰。我之帝所甚樂。與百神游於鈞天。廣樂九奏萬舞。不類三代之樂。其聲動人心。有一熊欲來援我。帝命我射之。中熊。熊死。又有一羆來。我又射之。中羆。羆死。帝甚喜。賜我二笥。皆有副。吾見兒在帝側。帝屬我一翟犬。曰。及而子之壯也。以賜之。帝告我。晉國且世衰。七世而亡。嬴姓將大敗周人於范魁之西。而亦不能有也。今余思虞舜之勳。適余將以其胄女孟姚配而七世之孫。董安于受言而書藏之。以扁鵲言告簡子。簡子賜扁鵲田四萬畝。他日簡子出。有人當道。辟之不去。從者怒。將刃之。當道者曰。吾欲有謁於主君。從者以聞。簡子召之曰。譆。吾有所見子晰也。當道者曰。屏左右。願有謁。簡子屏人。當道者曰。主君之疾。臣在帝側。簡子曰。然。有之。子之見我我何爲。當道者曰。帝令主君射熊與羆。皆死。簡子曰。是。且何也。當道者曰。晉國且有大難。主君首之。帝令主君滅二卿。夫熊與羆。皆其祖也。簡子曰。帝賜我二笥。皆有副。何也。當道者曰。主君之子將克二國於翟。皆子姓也。簡子曰。吾見兒在帝側。帝屬我一翟犬。曰。及而子之長以賜之。夫兒何謂以賜翟犬。當道者曰。兒。主君之子也。翟犬者。代之先也。主君之子且必有代。及主君之後嗣。且有革政而胡服。并二國於翟。簡子問其姓而延之以官。當道者曰。臣野人。致帝命耳。遂不見。簡子書藏之府。異日。姑布子卿見簡子。簡子徧召諸子相之。子卿曰。無爲將軍者。簡子曰。趙氏其滅乎。子卿曰。吾嘗見一子於路。殆君之子也。簡子召子毋卹。毋卹至。則子卿起曰。此眞將軍矣。簡子曰。此其母賤。翟婢也。奚道貴哉。子卿曰。天所授。雖賤必貴。自是之後。簡子盡召諸子與語。毋卹最賢。簡子乃告諸子曰。吾藏寶符於常山上。先得者賞。諸子馳之常山上。求無所得。毋卹還曰。已得符矣。簡子曰。奏之。毋卹曰。從常山上臨代。代可取也。簡子於是知毋卹果賢。乃廢太子伯魯。而以毋卹爲太子。後二年。晉定公之十四年。范中行作亂。明年春。簡子謂邯鄲大夫午曰。歸我衛氏五百家。吾將置之晉陽。午許諾。歸而其父兄不聽。倍言。趙鞅捕

董安于知之五字衍

午四之晉陽。乃告邯鄲人曰。我私有誅午也。諸君欲誰立。遂殺午。趙稷涉賓以邯鄲反。晉君使籍秦圍邯鄲。荀寅范吉射與午善。不肯助秦而謀作亂。董安于知之。十月。范中行氏伐趙鞅。鞅犇晉陽。晉人圍之。范吉射荀寅仇人魏襄等謀逐荀寅。以梁嬰父代之。逐吉射。以范臯繹代之。荀櫟言於晉侯曰。君命大臣始亂者死。今三臣始亂而獨逐鞅。用刑不均。請皆逐之。十一月。荀櫟韓不佞（梁云左傳晉世家作不信信佞古通說文佞從女信省）魏哆奉公命以伐范中行氏。不克。范中行氏反伐公。公擊之。范中行敗走。丁未。二子犇朝歌。韓魏以趙氏爲請。十二月辛未。趙鞅入絳。盟於公宮。其明年。知伯文子謂趙鞅曰。范中行雖信爲亂。安于發之。是安于與謀也。晉國有法。始亂者死。夫二子已伏罪而安于獨在。趙鞅患之。安于曰。臣死趙氏定。晉國寧。吾死晚矣。遂自殺。趙氏以告知伯。然後趙氏寧。孔子聞趙簡子不請晉君而執邯鄲午保晉陽故書春秋曰趙鞅以晉陽畔趙簡子有臣曰周舍好直諫周舍死簡子每聽朝常不悅大夫請辠簡子曰大夫無罪吾聞千羊之皮不如一狐之腋諸大夫朝徒聞唯唯不聞周舍之鄂鄂是以憂也簡子由此能附趙邑而懷晉人晉定公十八年趙簡子圍范中行于朝歌中行文子犇邯鄲明年衛靈公卒簡子與陽虎送衛太子蒯聵於衛衛不內居戚晉定公二十一年簡子拔邯鄲中行文子犇柏人簡子又圍柏人中行文子范昭子遂犇齊趙竟有邯鄲柏人范中行餘邑入於晉趙名晉卿實專晉權奉邑侔於諸侯晉定公三十年定公與吳王夫差爭長於黃池趙簡子從晉定公卒長吳定公三十七年卒而簡子除三年之喪期而已是歲越王句踐滅吳晉出公十一年知伯伐鄭趙簡子疾使太子毋卹將而圍鄭知伯醉以酒灌擊毋

趙竟有邯鄲柏人二句收束前文趙名晉卿三句頓挫

毋卹句神注後文與項羽紀項王由此怨布也略同

卹。毋卹羣臣請死之。毋卹曰。君所以置毋卹。爲能忍詢。然亦慍知伯。知伯歸。因謂簡子。使廢毋卹。簡子不聽。毋卹由此怨知伯。晉出公十七年。簡子卒。太子毋卹代立。是爲襄子。趙襄子元年。越圍吳。襄子降喪食。使楚隆問吳王。襄子姊前爲代王夫人。簡子既葬。未除服。北登夏屋。請代王。使厨人操銅枓以食代王及從者。行斟。陰令宰人各以枓擊殺代王及從官。遂興兵平代地。其姊聞之。泣而呼天。摩笄自殺。代人憐之。所死地名之爲摩笄之山。遂以代封伯魯子周爲代成君。伯魯者。襄子兄。故太子。太子蚤死。故封其子。襄子立四年。知伯與趙韓魏盡分其范中行故地。晉出公怒。告齊魯。欲以代四卿。四卿恐。遂共攻出公。出公犇齊。道死。知伯乃立昭公曾孫驕。是爲晉懿公。知伯益驕。請地韓魏。韓魏與之。請地趙。趙不與。以其圍鄭之辱。知伯怒。遂率韓魏攻趙。趙襄子懼。乃犇保晉陽。原過從。後至於王澤。見三人。自帶以上可見。自帶以下不可見。與原過竹二節莫通。曰。爲我以是遺趙毋卹。原過既至。以告襄子。襄子齊三日。親自剖竹。有朱書曰。趙毋卹。余霍泰山山陽侯天使梁云風俗通作余霍太山陽侯大吏也。三月丙戌。余將使女反滅知氏。女亦立我百邑。余將賜女林胡之地。至於後世。且有伉王。赤黑。龍面而鳥噣。鬌麋髭頿。大膺大胷。脩下而馮。左衽界乘。梁云風俗通馮下有上字界作介奄有河宗。至于休溷諸貉。南伐晉別。北滅黑姑。襄子再拜。受三神之令。三國攻晉陽。歲餘。引汾水灌其城。城不浸者三版。城中懸釜而炊。易子而食。羣臣皆有外心。禮益慢。惟高共不敢失禮。襄子懼。乃夜使相張孟同私於韓魏。韓魏與合謀。以三月丙戌。三國反滅知氏。共分其地。于是襄子行賞。高共爲上。梁云韓子淮南說苑人表幷作高赫呂覽作高赦赦赫聲相近張孟同曰。晉陽之難。唯共無功。襄子曰。方晉陽急。羣

於是三句頓挫遂祠三神二句收束前文與趙名晉聊數語先後參差

臣皆偕惟共不敢失人臣禮是以先之於是趙北有代南幷知氏彊於韓魏遂祠三神於百邑使原過主霍泰山祠祀其後娶空同氏生五子襄子爲伯魯之不立也不肯立子且必欲傳位與伯魯子代成君成君先死乃取代成君子浣立爲太子襄子立三十三年卒浣立是爲獻侯獻侯少即位治中牟襄子弟桓子逐獻侯自立於代一年卒國人曰桓子立非襄子意乃共殺其子而復迎立獻侯十年中山武公初立十三年城平邑十五年獻侯卒子烈侯籍立烈侯元年魏文侯伐中山使太子擊守之六年魏韓趙皆相立爲諸侯追尊獻子爲獻侯烈侯好音謂相國公仲連曰寡人有愛可以貴之乎公仲曰富之可貴之則否烈侯曰然夫鄭歌者槍石二人吾賜之田人萬畝公仲曰諾不與居一月烈侯從代來問歌者田公仲曰求未有可者有頃烈侯復問公仲終不與

乃稱疾不朝。番吾君自代來。謂公仲曰。君實好善。而未知所持。今公仲相趙。於今四年。亦有進士乎。公仲曰。未也。番吾君曰。牛畜荀欣徐越皆可。公仲乃進三人。及朝。烈侯復問歌者田何如。公仲曰。方使擇其善者。牛畜侍烈侯以仁義。約以王道。烈侯逌然。明日荀欣侍。以選練舉賢任官使能。明日徐越侍。以節財儉用察度功德。所與無不充。君說。烈侯使使謂相國曰。歌者之田且止。官牛畜爲師。荀欣爲中尉。徐越爲內史。賜相國衣二襲。九年。烈侯卒。弟武公立。武公十三年卒。趙復立烈侯太子章。是爲敬侯。是歲魏文侯卒。敬侯元年。武公子朝作亂。不克。出犇魏。趙始都邯鄲。二年。敗齊於靈丘。三年。救魏於廩丘。大敗齊人。四年。魏敗我兔臺。築剛平以侵衛。五年。齊魏爲衛攻趙。取我剛平。六年。借兵於楚伐魏。取棘蒲。八年。拔魏黃城。九年。伐齊。齊伐燕。趙救燕。十年。與中山戰于房子。十一年。魏韓趙共滅晉。分其地。伐中山。又戰于中人。十二年。敬侯卒。子成侯種立。成侯元年。公子勝與成侯爭立。爲亂。二年六月。雨雪。三年。太戊午爲相。（梁云韓策人表幷作大成午某案韓非亦作成）伐衞。取鄉邑七十三。魏（本作衞依通志改）敗我藺。四年。與秦戰高安。敗之。五年。伐齊於鄄。魏敗我懷。攻鄭。敗之以與韓。韓與我長子。六年。中山築長城。伐魏。敗涿澤。圍魏惠王。七年。侵齊。至長城。與韓攻周。八年。與韓分周以爲兩。九年。與齊戰阿下。十年。攻衞。取甄。（通志甄作鄄）十一年。秦攻魏。趙救之石阿。（梁云石阿秦紀六國表皆作石門）十二年。秦攻魏少梁。趙救之。十三年。秦獻公使庶長國伐魏少梁。虜其太子痤。魏敗我澮。取皮牢。成侯與韓昭侯遇上黨。十四年。與韓攻秦。十五年。助魏攻齊。十六年。與韓魏分晉。封晉君以端氏。十七年。成侯與魏惠王遇葛孽。十九年。與齊宋會平陸。與燕會阿。（通志阿作河）二十年。魏獻榮椽。因以爲檀臺．二十一年．魏圍我邯鄲．二十二年．魏惠王拔我邯鄲．齊亦敗魏於桂陵．二十四年．魏歸我邯鄲．與魏盟漳水上．秦攻我藺．二十五年．成侯卒．公子緤與太子肅侯爭立．緤敗亡奔韓．肅侯元年．奪晉君端氏．徙處屯留．二年．與魏惠王遇於陰晉．三年．公子范襲邯鄲．不勝而死．四年．朝天子．六年．攻齊拔高唐．七年．公子刻攻魏首垣．十一年．秦孝公使商君伐魏．虜其將公子卬．趙伐魏．十二年．秦孝公卒．商君死．十五年．起壽陵．魏惠王卒．十六年．肅侯游大陵．出於鹿門．大戊午扣馬曰．耕事方急．一日不作．百日不食．肅侯下車謝．十七年．圍魏黃．不克．築長城．（正義疑在漳水之北某案漳水疑爲滏水之誤）十八年．齊魏伐我．我決河水灌之．兵去．二十二年．張儀相秦．趙疵與秦戰．敗．秦殺疵河西．取我藺離石．二十三年．韓舉與齊魏戰．死於桑丘．二十四年．肅侯卒．秦楚燕齊魏出銳師各萬人來會葬．子武靈王立。武靈王元年。陽文君趙豹相。梁襄王與太子嗣、（梁云當作梁惠王）韓宣王與太子倉來朝信宮。武靈王少。未能聽政。博聞師三人。左右司過三人。及聽政。先問先王貴臣肥義。加其秩。國三老年八十。月致其禮。三年。城鄗。四年。與韓會於區鼠。五年。娶韓女為夫人。八年。韓擊秦。不勝而去。五國相王。趙獨否。曰。無其實。敢處其名乎。令國人謂己曰君。九年。與韓魏共擊秦。秦敗我。斬首八萬級。齊敗我觀澤。十年。秦取我西都及中陽。齊破燕。燕相子之為君。君反為臣。十一年。王召公子職於韓。立以為燕王。使樂池送之。十三年。秦拔我藺。虜將軍趙莊。楚魏王來過邯鄲。十四年。趙何攻魏。十六年。秦惠王卒。王遊大陵。他日。王夢見處女鼓琴而歌詩曰。美人熒熒兮。顏若苕之榮。命乎命乎。曾無我嬴。異日。（王氏雜志據書鈔御覽作旦日非是此下云數言所夢則非一日也）王飲酒樂。數言所夢。想見其狀。吳廣聞之。因夫

孟姚二句亂之所起故鄭重言之

六句提頓爲下入秦作勢

人而內其女娃嬴孟姚也孟姚甚有寵於王是爲惠后十七年王出九門爲野臺以望齊中山之境十八年秦武王與孟說舉龍文赤鼎絕臏而死趙王使代相趙固迎公子稷於燕送歸立爲秦王是爲昭王十九年春正月大朝信宮召肥義與議天下五日而畢王北略中山之地至於房子遂之代北至無窮西至河登黃華之上召樓緩謀曰我先王因世之變以長南藩之地屬阻漳滏之險立長城又取藺郭狼通鑑地理通釋云郭狼疑是臯狼敗林人於荏而功未遂今中山在我腹心北有燕東有胡西有林胡樓煩秦韓之邊而無彊兵之救是亡社稷柰何夫有高世之名必有遺俗之累吾欲胡服樓緩曰善羣臣皆不欲於是肥義侍王曰簡襄主之烈計胡翟之利爲人臣者寵梁云寵國策作窮某案游本亦作窮有孝弟長幼順明之節通有補民益主之業此兩者臣之分也今吾欲繼襄主之跡開於

於是遂胡服矣於是始出胡服令也等句皆行文節奏爲下遂胡服招騎射作教

（國策無於字）胡翟之鄉。而卒世不見也。爲敵弱。用力少而功多。可以毋盡百姓之勞。而序往古之勳。夫有高世之功者。負遺俗之累。有獨智之慮者。任驁民之怨。今吾將胡服騎射以教百姓。而世必議寡人。奈何。肥義曰。臣聞疑事無功。疑行無名。王既定負遺俗之慮。殆無顧天下之議矣。夫論至德者。不和於俗。成大功者。不謀於衆。昔者舜舞有苗。禹袒裸國。非以養欲而樂志也。務以論德而約功也。愚者闇成事。智者覩未形。則王何疑焉。王曰。吾不疑胡服也。吾恐天下笑我也。狂夫之樂。智者哀焉。愚者所笑。賢者察焉。世有順我者。胡服之功。未可知也。雖驅世以笑我。胡地中山吾必有之。於是遂胡服矣。使王緤告公子成曰。寡人胡服。將以朝也。亦欲叔服之。家聽於親。而國聽於君。古今之公行也。子不反親。臣不逆君兄弟（徐作元夷亦誤當依國策作先王）之通義也。今寡人作教易服。而叔不服。

吾恐天下議之也。制國有常。利民爲本。從政有經。令行爲上。明德先論於賤。而行政先信於貴。今胡服之意。非以養欲而樂志也。事有所止而功有所出。事成功立。然後善也。今寡人恐叔之逆從政之經。以輔叔之議。且寡人聞之。事利國者行無邪。因貴戚者名不累。故願慕公叔之義。以成胡服之功。使緤謁之叔。請服焉。公子成再拜稽首曰。臣固聞王之胡服也。臣不佞。寢疾。未能趨走以滋進也。王命之。臣敢對。因竭其愚忠曰。臣聞中國者。蓋聰明徇智之所居也。萬物財用之所聚也。賢聖之所教也。仁義之所施也。詩書禮樂之所用也。異敏技能之所試也。遠方之所觀赴也。蠻夷之所義行也。今王舍此而襲遠方之服。變古之教。易古之道。逆人之心。而怫學者。離中國。故臣願王圖之也。使者以報。王曰。吾固聞叔之疾也。我將自往請之。王遂往之公子成家。因自請之曰。夫服者所以便用也。禮者所以便事也。聖人觀鄉而順宜。因事而制禮。所以利其民而厚其國也。夫翦髮文身。錯臂左衽。甌越之民也。黑齒雕題。卻冠秫絀。（梁云國策作鯷冠秫縫鯷音題大鮎以其皮爲冠秫與鉥同音術鍼也絀亦縫紩之名大姚云縫按秫同述縫漢輿服志冠以展角爲述晉志金博山述）大吳之國也。故禮服莫同。其便一也。鄉異而用變。事異而禮易。是以聖人果可以利其國。不一其用。果可以便其事。不同其禮。儒者一師而俗異。中國同禮而教離。況於山谷之便乎。故去就之變。智者不能一。遠近之服。賢聖不能同。窮鄉多異。曲學多辯。不知而不疑。異于己而不非者。公焉而衆求盡善也。今叔之所言者俗也。吾所言者。所以制俗也。吾國東有河薄洛之水。與齊中山同之。無舟楫之用。自常山以至代上黨。東有燕東胡之境。而西有樓煩秦韓之邊。今無騎射之備。故寡人無舟楫之用。夾水居之民。將何以守河薄洛之水。變服騎射。以備燕三胡秦韓之邊。且昔者簡主不塞晉陽以及上黨。而襄主幷戎取代以攘諸胡。此愚智所明也先時中山負齊之彊兵。侵暴吾地係累吾民。引水圍鄗。微社稷之神靈則鄗幾於不守也。先王醜之而怨未能報也。今騎射之備。近可以便上黨之形。而遠可以報中山之怨。而叔順中國之俗。以逆簡襄之意。惡變服之名。以忘鄗事之醜。非寡人之所望也。公子成再拜稽首曰。臣愚。不達於王之義。敢道世俗之聞。臣之辠也。今王將繼簡襄之意。以順先王之志。臣敢不聽命乎。再拜稽首。乃賜胡服。明日服而朝。於是始出胡服令也。趙文趙造周袑（袑國策作紹）趙俊皆諫止王毋胡服。如故法便。王曰。先王不同俗。何古之法。帝王不相襲。何禮之循。虙戲神農教而不誅。黃帝堯舜誅而不怒。及至三王。隨時制法。因事制禮。法度制令。各順其宜。衣服器械。各便其用。故禮也不必一道。（吳師道云禮也）

再頓束前文爲入秦作勢○前文恣肆至此一束

宜從商君傳作治世禮當作理也爲世之譌王云當依國策作理世不必一道而便國不必法古某案吳說是而便國不必古聖人之興也不相襲而王夏殷之衰也不易禮而滅然則反古未可非而循禮未足多也且服奇者志淫則是鄒魯無奇行也奇與畸同言鄒魯皆法服宜無詭異之行矣索隱說誤俗僻者民易則是吳越無秀士也且聖人利身謂之服便事謂之禮夫進退之節衣服之制者所以齊常民也非所以論賢者也故齊民與俗流賢者與變俱故諺曰以書御者不盡馬之情以古制今者不達事之變循法之功不足以高世法古之學不足以制今子不及也遂胡服招騎射二十年王略中山地至寧葭西略胡地至楡中林胡王獻馬歸使樓緩之秦仇液之韓王賁之楚富丁之魏趙爵之齊代相趙固主胡致其兵二十一年攻中山趙袑爲右軍許鈞爲左軍公子章爲中軍王幷將之牛翦將車騎趙希幷將胡代趙與之陘歸氏以與之陘屬下讀張

惠文王惠后吳娃子也何再點睛前兩言略中山地皆爲此處作勢

廉卿以三字屬上據正義則歸說是一說趙與人姓名後惠文王十九年有趙與魏伯陽趙奢攻齊麥邱合軍曲陽。攻取丹丘華陽鴟之塞。王軍取鄗石邑封龍東垣。中山獻四邑和。王許之。罷兵。二十三年。攻中山。二十五年。惠后卒。索隱惠后卒後吳娃始當正室孝成二年稱惠文后卒是也某案孝成二年惠文后卒蓋惠文王之妻非吳娃也史明言吳娃死而何愛弛則吳娃死在主父前索隱誤使周袑胡服傅王子何。二十六年。復攻中山。攘地北至燕代。西至雲中九原。二十七年五月戊申。大朝於東宮。傳國。立王子何以爲王。王廟見禮畢。出臨朝。大夫悉爲臣。肥義爲相國。幷傅王。是爲惠文王。惠文王。惠后吳娃子也。武靈王自號爲主父。主父欲令子主治國。而身胡服將士大夫西北略胡地。而欲從雲中九原直南襲秦。於是詐自爲使者入秦。秦昭王不知。已而怪其狀甚偉。非人臣之度。使人逐之。而主父馳已脫關矣。審問之。乃主父也。秦人大驚。主父所以入秦者。欲自略地形。因觀秦王之爲人也。惠

章素侈二句爲亂起張本

文王二年主父行新地遂出代西遇樓煩王於西河而致其兵三年滅中山遷其王於膚施起靈壽北地方從代道大通還歸行賞大赦置酒酺五日封長子章爲代安陽君章素侈心不服其弟所立主父又使田不禮相章也李兌謂肥義曰公子章彊壯而志驕黨衆而欲大殆有私乎田不禮之爲人也忍殺而驕二人相得必有謀陰賊起一出身徼幸夫小人有欲輕慮淺謀徒見其利而不顧其害同類相推俱入禍門以吾觀之必不久矣子任重而勢大亂之所始禍之所集也子必先患仁者愛萬物而智者備禍於未形不仁不智何以爲國子奚不稱疾毋出傳政於公子成毋爲怨府毋爲禍梯肥義曰不可昔者主父以王屬義也曰毋變而度毋異而慮堅守一心以歿而世義再拜受命而籍之今畏不禮之難而忘吾籍變孰大焉進受嚴命退而不全負孰甚焉變負

之臣不容於刑諺曰死者復生生者不愧吾言已在前矣吾欲全吾言安得全吾身且夫貞臣也難至而節見忠臣也累至而行明子則有賜而忠我矣雖然吾有語在前者也終不敢失李兌曰諾子勉之矣吾見子已今年耳涕泣而出李兌數見公子成以備田不禮之事異日肥義謂信期曰公子與田不禮甚可憂也其於義也聲善而實惡此爲人也不子不臣吾聞之也姦臣在朝國之殘也讒臣在中主之蠹也此人貪而欲大內得主而外爲暴矯令爲慢以擅一旦之命不難爲也禍且逮國今吾憂之夜而忘寐飢而忘食盜賊出入不可不備自今以來若有召王者必見吾面我將先以身當之無故而王乃入信期曰善哉吾得聞此也四年朝羣臣安陽君亦來朝主父令王聽朝而自從旁觀窺羣臣宗室之禮見其長子章傫然也反北面爲臣詘於其弟心憐之於是

再探結述禍亂之緣起

乃欲分趙而王章於代計未決而輟主父及王游沙丘異宮公子章即
以其徒與田不禮作亂詐以主父令召王肥義先入殺之高信即與王
戰公子成與李兌自國至乃起四邑之兵入距難殺公子章及田不禮
滅其黨賊而定王室公子成爲相號安平君李兌爲司寇公子章之敗
往走主父主父開之成兌因圍主父宮公子章死公子成李兌謀曰以
章故圍主父即解兵吾屬夷矣乃遂圍主父令宮中人後出者夷宮中
人悉出主父欲出不得又不得食探雀鷇而食之三月餘而餓死沙丘
宮主父定死乃發喪赴諸侯是時王少成兌專政畏誅故圍主父主父
初以長子章爲太子後得吳娃愛之爲不出者數歲生子何乃廢太子
章而立何爲王吳娃死愛弛憐故太子欲兩王之猶豫未決故亂起以
至父子俱死爲天下笑豈不痛乎徐廣云或無此十四字某謂此十四字音節與上不合無者是也主

父死。惠文王立。立五年。與燕鄚易。八年。城南行唐。九年。趙梁將與齊合軍攻韓。至魯關下。及（梁云及乃反之譌屬上句）十年。秦自置爲西帝。十一年。董叔與魏氏伐宋。得河陽於魏。秦取梗陽。十二年。趙梁將攻齊。十三年。韓徐爲將攻齊。主父死。十四年。（本作公主死依宋本改通志同此因下樂毅將五國兵攻齊爲一大事故書主父死十四年）相國樂毅。將趙秦韓魏燕攻齊。取靈丘。與秦會中陽。十五年。燕昭王來見趙。與韓魏秦共擊齊。齊王敗走。燕獨深入。取臨菑。十六年。秦復與趙數擊齊。齊人患之。蘇厲爲齊遺趙王書曰。臣聞古之賢君。其德行非布於海內也。教順非洽於民人也。祭祀時享。非數常於鬼神也。甘露降。時雨至。年穀豐熟。民不疾疫。衆人善之。然而賢主圖之。（此圖之與下察之意同）今足下之賢行功力。非數加於秦也。怨毒積怒。非素深於齊也。秦趙與國。以彊徵兵於韓。秦誠愛趙乎。其實憎齊乎。物之甚者。賢主察之。秦非愛趙而憎齊也。欲亡韓而吞二周。故以齊餤天下。恐事之不合。故出兵以劫魏趙。恐天下畏已也。故出質以爲信。恐天下亟反也。故徵兵於韓以威之。聲以德與國。實而伐空韓。臣以秦計爲必出於此。夫物固有勢異而患同者。楚久伐而中山亡。今齊久伐而韓必亡。破齊。王與六國分其利也。亡韓。秦獨擅之。收二周。西取祭器。秦獨私之。賦田計功。王之獲利。孰與秦多。說士之計曰。韓亡三川。魏亡晉國。市朝未變。而禍已及矣。燕盡齊之北地。去沙丘鉅鹿斂三百里。韓之上黨。去邯鄲百里。燕秦謀王之河山。閒三百里而通矣。秦之上郡近挺關。至於榆中者千五百里。秦以三郡攻王之上黨。羊腸之西。句注之南。非王有已。踰句注。斬常山而守之。三百里而通於燕。代馬胡犬不東下。昆山之玉不出。此三寶者。亦非王有已。王久伐齊。從彊秦攻韓。其禍必至於此。願王孰慮之。且齊之所以伐者。以事王也。天下屬行。以謀王也。燕秦之約成。而兵出有日矣。五國三分王之地。齊倍五國之約。而殉王之患。西兵以禁彊秦。秦廢帝請服。反高平根柔於魏。鮑云根柔戰國策作溫枳反巠分先俞於趙。集解、巠分一作王公。鮑云王公疑三公之誤常山郡元氏有三公山梁云策作三公據後漢郡志常山元氏縣有三公塞也正義巠音邢分當作山括地志句注山一名西陘山在代州鴈門縣西北四十里俞音成爾雅西鴈陰門郭注西陰即鴈門西先聲相近二山皆趙地說亦通齊之事王。宜爲上佼。而今乃抵罪。臣恐天下後事王者之不敢自必也。願王孰計之也。今王毋與天下攻齊。天下必以王爲義。齊抱社稷而厚事王。天下必盡重王義。王以天下善秦。秦暴。王以天下禁之。是一世之名寵制於王也。於是趙乃輟。謝秦不擊齊。王與燕王遇。廉頗將攻齊昔陽。取之。十七年。樂毅將趙師攻魏伯陽。而秦怨趙不與己擊齊。伐趙。拔我兩城。十八年。秦拔我石城。王再之衛東陽。決河水。伐魏氏。大潦。漳水出。魏冉來相趙。十九年秦敗我二城趙與魏伯陽趙奢將攻齊麥丘取之二十年廉頗將攻齊王與秦昭王遇西河外二十一年趙徙漳水武平西二十二年大疫置公子丹爲太子二十三年樓昌將攻魏幾不能取十二月廉頗將攻幾取之二十四年廉頗將攻魏房子拔之因城而還又攻安陽取之二十五年燕周將攻昌城高唐取之與魏共擊秦秦將白起破我華陽得一將軍二十六年取東胡歐代地二十七年徙漳水武平南封趙豹爲平陽君河水出大潦二十八年藺相如伐齊至平邑罷城北九門大城燕將成安君公孫操弒其王二十九年秦韓相攻而圍閼與趙使趙奢將擊秦大破秦軍閼與下賜號爲馬服君三十三年惠文王卒太子丹立是爲孝成王孝成王元年秦伐我拔三城趙王新立太后用事此惠文王之妻索隱引束皙言以爲吳娃非是吳娃惠文王之母死久矣秦急攻之趙氏求救於齊齊曰必以

長安君為質・兵乃出・太后不肯・大臣彊諫・太后明謂左右曰・復言長安君為質者・老婦必唾其面・左師觸龍錢云戰國策作觸讋梁云人表同史記說苑桀臣有左師觸龍荀子紂臣有曹觸龍功臣表有臨轅侯戚觸龍恩澤表有山都侯王觸龍作讋者誤言願見太后・太后盛氣而胥之・入・徐趨而坐・自謝曰・老臣病足・曾不能疾走・不得見久矣・竊自恕而恐太后體之有所苦也・故願望見太后・太后曰・老婦恃輦而行耳・曰・食得毋衰乎・曰・恃粥耳・曰・老臣閒者殊不欲食・乃彊步日三四里・少益嗜食・和於身也・太后曰・老婦不能・太后不和之色少解・左師公曰・老臣賤息舒祺・最少・不肖・而臣衰・竊憐愛之・願得補黑衣之缺・以衞王宮・昧死以聞・太后曰・敬諾・年幾何矣・對曰・十五歲矣・雖少・願及未填溝壑而託之・太后曰・丈夫亦愛憐少子乎・對曰・甚于婦人・太后笑曰・婦人異甚・對曰・老臣竊以為媼之愛燕后・賢於長安君・太后曰・君過矣・不若長安君之

甚。左師公曰。父母愛子。則爲之計深遠。媼之送燕后也。持其踵爲之泣。念其遠也。亦哀之矣。已行。非不思也。祭祀則祝之曰。必勿使反。豈非計長久爲子孫相繼爲王也哉。太后曰。然。左師公曰。今三世以前。至於趙主之子孫爲侯者。其繼有在者乎。曰。無有。曰。微獨趙。諸侯有在者乎。曰。老婦不聞也。曰。此其近者禍及其身。遠者及其子孫。豈人主之子侯則不善哉。位尊而無功。奉厚而無勞。而挾重器多也。今媼尊長安君之位。而封之以膏腴之地。多與之重器。而不及今令有功於國。一旦山陵崩。長安君何以自託於趙。老臣以媼爲長安君之計短也。故以爲愛之不若燕后。太后曰。諾。恣君之所使之。於是爲長安君約車百乘質於齊。齊兵乃出。子義聞之曰。人主之子骨肉之親也。猶不能持無功之尊。無勞之奉。而守金玉之重也。而況於予乎。齊安平君田單將趙師而攻燕中陽拔之又攻韓注人拔之二年惠文后卒田單爲相四年王夢衣偏裻之衣乘龍飛上天不至而墜見金玉之積如山明日王召筮史敢占之曰夢衣偏裻之衣者殘也乘龍飛上天不至而墜者有氣而無實也見金玉之積如山者憂也後三日韓氏上黨守馮亭使者至曰韓不能守上黨入之於秦其吏民皆安爲趙不欲爲秦有城市邑十七願再拜入之趙財王所以賜吏民（國策財作才財才并在之假音字凌本作聽通志作願皆妄改）王大喜召平陽君豹告之曰馮亭入城市邑十七受之何如對曰聖人甚禍無故之利王曰人懷吾德何謂無故乎對曰夫秦蠶食韓氏地中絕不令相通固自以爲坐而受上黨之地也韓氏所以不入於秦者欲嫁其禍於趙也秦服其勞而趙受其利雖彊大不能得之於小弱小弱顧能得之於彊大乎豈可謂非無故之利哉且夫秦以牛田之水通糧蠶食（牛田之水言少水也）

蓋溝渠僅貲溉田者秦用以通糧也蠶食腸上讀上乘謂上車也倍戰力戰也上乘倍戰者裂上國之地其政行不可與爲難必勿受也王曰今發百萬之軍而攻踰年歷歲未得一城也今以城市邑十七幣吾國此大利也趙豹出王召平原君與趙禹而告之對曰發百萬之軍而攻踰歲未得一城今坐受城市邑十七此大利不可失也王曰善乃令趙勝受地告馮亭曰敝國使者臣勝敝國君使勝致命以萬戶都三封太守正義云太字衍淩以棟云國策凡五言太守恐當時有此稱某謂作國策者在景帝之後以當時官稱記古事也千戶都三封縣令皆世世爲侯吏民皆益爵三級吏民能相安皆賜之六金馮亭垂涕不見使者曰吾不處三不義也爲主守地不相死固不義一矣入之秦不聽主令不義二矣賣主地而食之不義三矣趙遂發兵取上黨廉頗將軍軍長平七年廉頗免而趙括代將秦人圍趙括趙括以軍降卒四十餘萬皆阬之王悔不聽趙豹之

計故有長平之禍焉王還不聽秦秦圍邯鄲武垣令傅豹王容蘇射率
燕衆反燕地趙以靈丘封楚相春申君八年平原君如楚請救還楚來
救及魏公子無忌亦來救秦圍邯鄲乃解十年燕攻昌壯（正義壯當作城）五月
拔之趙將樂乘慶舍攻秦信梁軍破之太子死而秦攻西周拔之徙父
祺出十一年城元氏縣上原武陽君鄭安平死收其地十二年邯鄲廥
燒十四年平原君趙勝死十五年以尉文封相國廉頗爲信平君（正義云尉
文蓋在蔚州錢云漢書王子侯表趙敬肅王子有尉文節侯丙是尉文爲趙地）燕王令丞相栗腹約驩以五百
金爲趙王酒還歸報燕王曰趙氏壯者皆死長平其孤未壯可伐也王
召昌國君樂閒而問之對曰趙四戰之國也其民習兵伐之不可王曰
吾以衆伐寡二而伐一可乎對曰不可王曰吾卽以五而伐一可乎對
曰不可燕王大怒羣臣皆以爲可燕卒起二軍車二千乘栗腹將而攻

鄗。卿秦將而攻代。廉頗爲趙將。破殺栗腹。虜卿秦樂閒。十六年。廉頗圍燕。以樂乘爲武襄君。十七年。假相大將武襄君攻燕。圍其國。十八年。延陵鈞率師從相國信平君助魏攻燕。秦拔我榆次三十七城。十九年。趙與燕易土。以龍兌汾門臨樂與燕。燕以葛武陽平舒與趙。二十年。秦王政初立。秦拔我晉陽。二十一年。孝成王卒。廉頗將。攻繁陽。取之。使樂乘代之。廉頗攻樂乘。樂乘走。廉頗亡入魏。子偃立。是爲悼襄王。悼襄王元年。大備魏。以廉頗入魏故大備魏魏字上屬爲句欲通平邑中牟之道。不成。二年。李牧將攻燕。拔武遂方城。秦召春平君。因而留之。泄鈞爲之謂文信侯曰。春平君者。趙王甚愛之而郎中妒之。故相與謀曰。春平君入秦。秦必留之。故相與謀而內之秦也。今君留之。是絕趙而郎中之計中也。君不如遣春平君而留平都。春平君者。依通志增者字言行信於王。王必厚割趙而贖平都。

文信侯曰善因遣之城韓臯三年龐煖將攻燕禽其將劇辛四年龐煖
將趙楚魏燕之銳師攻秦蕞不拔移攻齊取饒安五年傅抵將居平邑
慶舍將東陽河外師守河梁六年封長安君以饒魏與趙鄴九年趙攻
燕取貍陽城梁云燕策燕攻齊陽及貍二地燕取之齊今爲趙取也兵未罷秦攻鄴拔之悼襄王
卒子幽繆王遷立幽繆王遷元年城柏人二年秦攻武城扈輒率師救
之軍敗死焉三年秦攻赤麗宜安李牧率師與戰肥下卻之封牧爲武
安君四年秦攻番吾李牧與之戰卻之五年代地大動自樂徐以西北
至平陰臺屋牆垣太半壞地坼東西百三十步六年大饑民譌言曰趙
爲號秦爲笑以爲不信視地之生毛七年秦人攻趙趙大將李牧將軍
司馬尚將擊之李牧誅司馬尚免趙怱及齊將顏聚代之梁云李牧傳作趙葱漢書
馮唐傳作顏最古字通趙怱軍破顏聚亾去以王遷降八年十月邯鄲爲秦

太史公曰。吾聞馮王孫曰。趙王遷。其母倡也。嬖於悼襄王。悼襄王廢適子嘉而立遷。遷素無行信讒。故誅其良將李牧。用郭開。豈不謬哉。秦既虜遷。趙之亡大夫共立嘉爲王。王代六歲。秦進兵破嘉。遂滅趙以爲郡。某案此篇以武靈王胡服騎射爲主前叙其先世之寖興後則爲秦所弱也趙以無德而興故以與秦同祖發端而詳記夢卜鬼怪以爲滑稽之恉

趙世家第十三

史記四十三

晉獻公卒五句從晉亂入魏大

從晉霸入魏襲封

事晉獻公事晉公子重耳事晉悼公事晉昭公皆章法

魏世家第十四

魏之先。畢公高之後也。畢公高與周同姓。武王之伐紂。而高封於畢。於是爲畢姓。其後絕封爲庶人。或在中國。或在夷狄。其苗裔曰畢萬。事晉獻公。獻公之十六年。趙夙爲御。畢萬爲右。以伐霍耿魏。滅之。以耿封趙夙。以魏封畢萬爲大夫。卜偃曰。畢萬之後必大矣。萬滿數也。魏大名也。以是始賞。天開之矣。天子曰兆民。諸侯曰萬民。今命之大。以從滿數。其必有衆。初畢萬卜事晉。遇屯之比。辛廖占之曰。吉。屯固比入。吉孰大焉。其必蕃昌。畢萬封十一年。晉獻公卒。四子爭更立。晉亂。而畢萬之世彌大。從其國名爲魏氏。生武子。魏武子以魏諸子事晉公子重耳。晉獻公之二十一年。武子從重耳出亡。十九年反。重耳立爲晉文公。而令魏武子襲魏氏之後封。列爲大夫。治於魏。生悼子。魏悼子徙治霍。生魏絳。魏

昭公卒三句提挈

韓宣子老段叙六卿之侵滅晉宗

絳事晉悼公。悼公三年。會諸侯。悼公弟楊干亂行。魏絳僇辱楊干。悼公怒曰。合諸侯以爲榮。今辱吾弟。將誅魏絳。或說悼公。悼公止。卒任魏絳政。使和戎翟。戎翟親附。悼公之十一年。曰。自吾用魏絳。八年之中九合諸侯。戎翟和。子之力也。賜之樂。三讓。然後受之。徙治安邑。魏絳卒。謚爲昭子。集解世本曰莊子錢云昭莊聲相近生魏嬴。嬴生魏獻子。獻子事晉昭公。昭公卒。而六卿強。公室卑。晉頃公之十二年。韓宣子老。魏獻子爲國政。晉宗室祁氏羊舌氏相惡。六卿誅之。盡取其邑爲十縣。六卿各令其子爲之大夫。獻子與趙簡子中行文子范獻子並爲晉卿。其後十四歲而孔子相魯。後四歲。趙簡子以晉陽之亂也。而與韓魏共攻范中行氏。魏獻子生魏侈。魏侈與趙鞅共攻范中行氏。魏侈之孫曰魏桓子。梁云韓子說林淮南人閒說苑敬愼權謀幷以桓爲宣春秋曹宣公檀弓作桓鄭注宣言桓聲之誤也與韓康子趙襄子共伐滅知伯。分其

三家之列爲諸侯周威王所命故此句提挈混君臣而同之

此段敘文侯立國有本奉欲代魏聞君賢而止最與後文相照敘翟璜李克問答見文侯用人之當

地桓子之孫曰文侯都魏文侯元年秦靈公之元年也與韓武子趙桓子周威王同時六年城少梁十三年使子擊圍繁龐出其民十六年伐秦築臨晉元里十七年伐中山使子擊守之趙倉唐傅之子擊逢文侯之師田子方於朝歌引車避下謁田子方不爲禮子擊因問曰富貴者驕人乎且貧賤者驕人乎子方曰亦貧賤者驕人耳夫諸侯而驕人則失其國大夫而驕人則失其家貧賤者行不合言不用則去之楚越若脫躧然柰何其同之哉子擊不懌而去西攻秦至鄭而還築雒陰合陽二十二年魏趙韓列爲諸侯二十四年秦伐我至陽狐二十五年子擊生子罃文侯受子夏經藝客段干木過其閭未嘗不軾也秦嘗欲伐魏或曰魏君賢人是禮國人稱仁上下和合未可圖也文侯由此得譽於諸侯任西門豹守鄴而河内稱治魏文侯謂李克曰先生嘗教寡人曰

且字用法與後人異柳子厚嘗學之

家貧則思良妻國亂則思良相今所置非成則璜二子何如李克對曰臣聞之卑不謀尊疏不謀戚臣在闕門之外不敢當命文侯曰先生臨事勿讓李克曰君不察故也居視其所親富視其所與達視其所舉窮視其所不爲貧視其所不取五者足以定之矣何待克哉文侯曰先生就舍寡人之相定矣李克趨而出過翟璜之家翟璜曰今者聞君召先生而卜相果誰爲之李克曰魏成子爲相矣翟璜忿然作色曰以耳目之所覩記臣何負於魏成子西河之守臣之所進也君內以鄴爲憂臣進西門豹君謀欲伐中山臣進樂羊中山以拔無使守之臣進先生君之子無傅臣進屈侯鮒（梁云屈侯鮒韓詩外傳作趙蒼唐）臣何以負於鮒成子李克曰且子之言克於子之君者豈將比周以求大官哉君問而置相（此而字當讀如）非成則璜二子何如克對曰君不察故也居觀其所親富視其所與達

視其所舉。窮視其所不爲。貧視其所不取。五者足以定之矣。何待克哉。是以知魏成子之爲相也。且子安得與魏成子比乎。魏成子以食祿千鍾。什九在外。什一在內。是以東得卜子夏田子方段干木。此三人者。君皆師之。子之所進五人者。君皆臣之。子惡得與魏成子比也。翟璜逡巡再拜曰。璜鄙人也。失對。願卒爲弟子。二十六年。虢山崩。壅河。三十二年。伐鄭。城酸棗。敗秦於注。三十五年。齊伐取我襄陵。三十六年。秦侵我陰晉。三十八年。伐秦。敗我武下。得其將識。是歲文侯卒。子擊立。是爲武侯。

魏武侯元年。趙敬侯初立。公子朔爲亂。不勝。犇魏。與魏襲邯鄲。魏敗而去。二年。城安邑王垣。七年。伐齊。至桑丘。九年。翟敗我於澮。使吳起伐齊。至靈丘。齊威王初立。十一年。與韓趙三分晉地。滅其後。十三年。秦獻公縣櫟陽。十五年。敗趙北藺。十六年。伐楚。取魯陽。武侯卒。子罃立。是爲惠

此段著議論於篇意爲關鍵處大率精神旁溢所爲又與下文太子申爲將事相發

王惠王元年初武侯卒也子罃與公中緩爭爲太子公孫頎自宋入趙自趙入韓謂韓懿侯曰魏罃與公中緩爭爲太子君亦聞之乎今魏罃得王錯挾上黨固半國也因而除之破魏必矣不可失也懿侯說乃與趙成侯合軍并兵以伐魏戰于濁澤魏氏大敗魏君圍趙謂韓曰除魏君立公中緩割地而退我且利韓曰不可殺魏君人必曰暴割地而退人必曰貪不如兩分之魏分爲兩不彊于宋衛則我終無魏之患矣趙不聽韓不說以其少卒夜去惠王之所以身不死國不分者二家謀不和也若從一家之謀則魏必分矣故曰君終無適子其國可破也二年魏敗韓於馬陵敗趙于懷三年齊敗我觀五年與韓會宅陽城武堵（錢云武堵年表作武都）爲秦所敗六年伐取宋儀臺九年伐敗韓於澮與秦戰少梁虜我將公孫痤取龐秦獻公卒子孝公立十年伐取趙皮牢彗星見十

二年。星晝墜有聲。十四年。與趙會鄗。十五年。魯衛宋鄭君來朝。十六年。與秦孝公會杜平。（杜本作社依梁校改）侵宋黃池。宋復取之。十七年。與秦戰元里。秦取我少梁。圍趙邯鄲。十八年。拔邯鄲。趙請救於齊。齊使田忌孫臏救趙。敗魏桂陵。十九年。諸侯圍我襄陵。築長城。塞固陽。二十年。歸趙邯鄲。與盟漳水上。二十一年。與秦會彤。趙成侯卒。二十八年。齊威王卒。中山君相魏。三十年。魏伐趙。趙告急齊。齊宣王用孫子計。救趙擊魏。魏遂大興師。使龐涓將。而令太子申為上將軍。過外黃。外黃徐子謂太子曰。臣有百戰百勝之術。太子曰。可得聞乎。客曰。固願效（通作效作効）之。曰。太子自將攻齊。大勝并莒。則富不過有魏。貴不益為王。若戰不勝齊。則萬世無魏矣。此臣之百戰百勝之術也。太子曰。諾。請必從公之言而還矣。客曰。太子雖欲還不得矣。彼勸太子戰攻欲啜汁者眾。太子雖欲還。恐不得

秦用商君五句魏由强漸弱以此為關

矣。太子因欲還。其御曰。將出而還。與北同。太子果與齊人戰。敗於馬陵。
齊虜魏太子申。殺將軍涓。軍遂大破。三十一年。秦趙齊共伐我。秦將商
君詐我將軍公子卬。而襲奪其軍。破之。秦用商君。東地至河。而齊趙數
破我。安邑近秦。於是徙治大梁。以公子赫為太子。三十三年。秦孝公卒。
商君亾秦歸魏。魏怒不入。三十五年。與齊宣王會平阿南。惠王數敗於
軍旅。卑禮厚幣以招賢者。鄒衍淳于髡孟軻皆至梁。梁惠王曰。寡人不
佞。兵三折於外。太子虜。上將死。國以空虛。以羞先君宗廟社稷。寡人甚
醜之。叟不遠千里。辱幸至敝邑之廷。將何以利吾國。孟軻曰。君不可以
言利若是。夫君欲利則大夫欲利。大夫欲利則庶人欲利。上下爭利。國
則危矣。為人君仁義而已矣。何以利為。三十六年。復與齊王會甄。是歲
惠王卒。子襄王立。襄王元年。與諸侯會徐州相王也。追尊父惠王為王。

免成陵君太子自相二節
皆與文侯置相事對照

五年。秦敗我龍賈軍四萬五千于雕陰。圍我焦曲沃。予秦河西之地。六年。與秦會應。秦取我汾陰皮氏焦。魏伐楚。敗之陘山。七年。魏盡入上郡於秦。秦降我蒲陽。八年。秦歸我焦曲沃。十二年。楚敗我襄陵。諸侯執政與秦相張儀會齧桑。十三年。張儀相魏。魏有女子化爲丈夫。秦取我曲沃。平周。十六年。襄王卒。子哀王立。張儀復歸秦。哀王元年。五國共攻秦。不勝而去。二年。齊敗我觀津。五年。秦使樗里子伐取我曲沃。梁云曲沃當作焦走犀首岸門。梁云岸門水經注作岑門六年。秦求立公子政爲太子。與秦會臨晉。七年。攻齊。與秦伐燕。八年。伐衞。拔列城二。衞君患之。如耳見衞君曰。請罷魏兵。免成陵君可乎。衞君曰。先生果能。孤請世世以衞事先生。如耳見成陵君曰。昔者魏伐趙。斷羊腸。拔閼與。約斬趙。趙分而爲二。所以不亡者。魏爲從主也。今衞已迫亡。將西請事於秦。與其以秦醳衞。不如以魏醳衛。衛之德魏必終無窮。成陵君曰諾。如耳見魏王曰。臣有謁於衛。衛故周室之別也。其稱小國。多寶器。今國迫於難。而寶器不出者。其心以爲攻衛醳衛。不以王爲主。故寶器雖出。必不入于王也。臣竊料之。先言醳衛者。必受衛者也。如耳出。成陵君入。以其言見魏王。魏王聽其說。罷其兵。免成陵君。終身不見。九年。與秦王會臨晉。張儀魏章皆歸於魏。魏相田需死。楚害張儀犀首薛公。楚相昭魚謂蘇代曰。田需死。吾恐張儀犀首薛公有一人相魏者也。代曰。然相者欲誰而君便之。昭魚曰。吾欲太子之自相也。代曰。請爲君北。必相之。昭魚曰。奈何。對曰。君其爲梁王。代請說君。昭魚曰。奈何。對曰。代也從楚來。昭魚甚憂。曰。田需死。吾恐張儀犀首薛公有一人相魏者也。代曰。梁王長主也。必不相張儀。張儀相。必右秦而左魏。犀首相。必右韓而左魏。薛公相。必右齊而左魏。梁王長

主也。必不便也。王曰。然則寡人孰相。代曰。莫若太子之自相。太子之自
相。是三人者。皆以太子爲非常相也。皆將務以其國事魏。欲得丞相璽
也。以魏之彊。而三萬乘之國輔之。魏必安矣。故曰莫若太子之自相也。
遂北見梁王。以此告之。太子果相魏。十年。張儀死。十一年。與秦武王會
應。十二年。太子朝於秦。秦來伐我皮氏。未拔而解。十四年。秦來歸武王
后。十六年。秦拔我蒲反陽晉封陵。梁云陽晉年表作晉陽封陵水經注作風陵十七年。與秦
會臨晉。秦予我蒲反。十八年。與秦伐楚。二十一年。與齊韓共敗秦軍函
谷。二十三年。秦復予我河外及封陵爲和。哀王卒。子昭王立。昭王元年。
秦拔我襄城。二年。與秦戰。我不利。三年。佐韓攻秦。秦將白起敗我軍伊
闕二十四萬。六年。予秦河東地方四百里。芒卯以詐重。七年。秦拔我城
大小六十一。八年。秦昭王爲西帝。齊湣王爲東帝。月餘。皆復稱王歸帝，

安釐十以後皆敘畏秦

九年。秦拔我新垣曲陽之城。十年。齊滅宋。宋王死我溫。十二年。與秦趙韓燕共伐齊。敗之濟西。湣王出亡。燕獨入臨菑。與秦王會西周。十三年。秦拔我安城。兵到大梁。去。十八年。秦拔郢。楚王徙陳。十九年。昭王卒。子安釐王立。安釐王元年。秦拔我兩城。二年。又拔我二城。軍大梁下。韓來救。予秦溫以和。三年。秦拔我四城。斬首四萬。四年。秦破我及韓趙。殺十五萬人。走我將芒卯。魏將段干子請予秦南陽以和。蘇代謂魏王曰。欲璽者段干子也。欲地者秦也。今王使欲地者制璽。使欲璽者制地。魏氏地不盡則不知已。且夫以地事秦。譬猶抱薪救火。薪不盡。火不滅。王曰。是則然也。雖然。事始已行。不可更矣。對曰。王獨不見夫博之所以貴梟者。便則食。不便則止矣。今王曰事始已行。不可更。是何王之用智不如用梟也。九年。秦拔我懷。十年。秦太子外質於魏死。十一年。秦拔我郪丘。

秦昭王謂左右曰。今時韓魏與始孰彊。對曰。不如始彊。王曰。今時如耳魏齊。與孟嘗芒卯孰賢。對曰。不如。王曰。以孟嘗芒卯之賢。率彊韓魏以攻秦。猶無柰寡人何也。今以無能之如耳魏齊。而率弱韓魏以伐秦。其無柰寡人何。亦明矣。左右皆曰。甚然。中旗馮琴梁云中旗國策作中期古字通馮琴國策作推琴說苑作伏瑟而對曰。王之料天下過矣。當晉六卿之時。知氏最彊。滅范中行。又率韓魏之兵以圍趙襄子於晉陽。決晉水以灌晉陽之城。不湛者三版。知伯行水。魏桓子御。韓康子爲參乘。知伯曰。吾始不知水之可以亾人之國也。乃今知之。汾水可以灌安邑。絳水可以灌平陽。魏桓子肘韓康子。韓康子履魏桓子。肘足接於車上。而知氏地分。身死國亾。爲天下笑。今秦兵雖彊。不能過知氏。韓魏雖弱。尚賢其在晉陽之下也。此方其用肘足之時也。願王之必勿易也。依通志勿上增必字於是秦王恐。齊楚相約而

攻魏。魏使人求救於秦。冠蓋相望也。而秦救不至。魏人有唐雎者。年九
十餘矣。謂魏王曰。老臣請西說秦王。令兵先臣出。魏王再拜。遂約車而
遣之。唐雎到。入見秦王。秦王曰。丈人芒然乃遠至此。甚苦矣。夫魏之來
求救數矣。寡人知魏之急已。唐雎對曰。大王已知魏之急。而救不發者。
臣竊以爲用策之臣無任矣。夫魏一萬乘之國也。然所以西面而事秦。
稱東藩。受冠帶。祠春秋者。以秦之彊足以爲與也。今齊楚之兵已合於
魏郊矣。而秦救不發。亦將賴其未急也。使之大急。彼且割地而約從。王
尚何救焉。必待其急而救之。是失一東藩之魏。而彊二敵之齊楚。則王
何利焉。於是秦昭王遽爲發兵救魏。魏氏復定。趙使人謂魏王曰。爲我
殺范痤。吾請獻七十里之地。魏王曰。諾。使吏捕之。圍而未殺。痤因上屋
騎危。謂使者曰。與其以死痤市。不如以生痤市。有如痤死。趙不予王地。

末載信陵君諫書關謀國存亡

則王將柰何。故不若與先定割地。然後殺痤。魏王曰善。痤因上書信陵君曰。痤故魏之免相也。趙以地殺痤。而魏王聽之。有如彊秦亦將襲趙之欲。則君且柰何。信陵君言於王而出之。魏王以秦救之故。欲親秦而伐韓。以求故地。無忌謂魏王曰。秦與戎翟同俗。有虎狼之心，貪戾好利無信。不識禮義德行。苟有利焉。不顧親戚兄弟。若禽獸耳。此天下之所識也。非有所施厚積德也。故太后母也。而以憂死。穰侯舅也。功莫大焉。而竟逐之。兩弟無罪。而再奪之國。此於親戚若此。而況於仇讎之國乎。今王與秦共伐韓。而益近秦患。臣甚惑之。而王不識則不明。羣臣莫以聞則不忠。今韓氏以一女子奉一弱主。內有大亂，外交彊秦魏之兵。王以爲不亾乎。韓亾。秦有鄭地。與大梁鄰。王以爲安乎。王欲得故地。今負彊秦之親。王以爲利乎。秦非無事之國也。韓亾之後。必將更事，更事必

就易與利。就易與利。必不伐楚與趙矣。是何也。夫越山踰河。絕韓上黨
而攻彊趙。是復閼與之事。秦必不爲也。若道河內。倍鄴朝歌。絕漳滏水。
與趙兵決於邯鄲之郊。是知伯之禍也。秦又不敢伐楚。道涉山谷。國策無山
字行三千里。而攻冥阸之塞。所行甚遠。所攻甚難。秦又不爲也。若道河
外。倍大梁。右蔡左召陵。與楚兵決於陳郊。秦又不敢。故曰秦必不伐楚
與趙矣。又不攻衞與齊矣。夫韓亾之後。兵出之日。非魏無攻已。秦固有
懷茅邢丘。城垝津。梁云城垝津荀子注引史釋之云垝津即圍津乃東郡白馬之韋津也以曹參度圍津爲證圍韋垝三字
通借以臨河內。河內共汲必危。秦依國策增秦字有鄭地。得垣雍。決熒本作滎校改澤
水灌大梁。大梁必亡。王之使者出過而惡安陵氏於秦。秦之欲誅之久
矣。秦葉陽昆陽與舞陽鄰。梁云湖本作武陽古舞武通借刺客傳秦武陽作舞陽春秋蔡侯獻舞穀梁作武周禮鄉
大夫職與舞論語馬注作與武宋書舞谿南史作武溪聽使者之惡之。隨安陵氏而亾之。繞舞陽

之北以東臨許南國必危國無害已夫憎韓不愛安陵氏可也夫王不
患秦之不愛南國非也異日者秦在河西晉國去梁千里有河山以闌
之有周韓以閒之從林鄉軍以至於今秦七攻魏五入囿中邊城盡拔
文臺墮垂都焚林木伐麋鹿盡而國繼以圍又長驅梁北東至陶衛之
郊北至平監所亾於秦者山南山北河外河內大縣數十名都數百秦
乃在河西晉去梁千里而禍若是矣又況於使秦無韓有鄭地無河山
而闌之無周韓而閒之去大梁百里禍必百（本作由依國策改）此矣異日者從
之不成也楚魏疑而韓不可得也今韓受兵三年秦橈之以講識亾不
聽投質於趙請爲天下鴈行頓刃楚趙必集兵皆識秦之欲無窮也非
盡亾天下之國而臣海內必不休矣是故臣願以從事王王速受楚趙
之約而（而本作趙依梁校改）挾韓之質以存韓而求故地韓必效之此士民不勞

而故地得其功多於與秦共伐韓而又（王校又改無字非是）與彊秦鄰之禍也夫
存韓安魏而利天下此亦王之天（王校改大）時已通韓上黨於共寧使道安
成出入賦之是魏重質韓以其上黨也今有其賦足以富國韓必德魏
愛魏重魏畏魏韓必不敢反魏是韓則魏之縣也魏得韓以爲縣衛大
梁河外必安矣今不存韓二周安陵必危楚趙大破衛齊甚畏天下西
鄉而馳秦入朝而爲臣不久矣二十年秦圍邯鄲信陵君無忌矯奪將
軍晉鄙兵以救趙趙得全無忌因留趙二十六年秦昭王卒三十年無
忌歸魏率五國兵攻秦敗之河外走蒙驁魏太子增質於秦秦怒欲囚
魏太子增或爲增謂秦王曰公孫喜（梁云喜國策作衍）固請魏相曰請以魏疾
擊秦秦王怒必囚增魏王又怒擊秦秦必傷今王囚增是喜之計中也
故不若貴增而合魏以疑之於齊韓秦乃止增三十一年秦王政初立

三十四年。安釐王卒。太子增立。是爲景湣王。信陵君無忌卒。景湣王元年。秦拔我二十城。以爲秦東郡。二年。秦拔我朝歌。衞徙野王。三年。秦拔我汲。五年。秦拔我垣蒲陽衍。十五年。景湣王卒。子王假立。王假元年。燕太子丹使荆軻刺秦王。秦王覺之。三年。秦灌大梁。虜王假。遂滅魏。以爲郡縣。

太史公曰。吾適故大梁之墟。墟中人曰。秦之破梁。引河溝而灌大梁。三月城壞。王請降。遂滅魏。說者皆曰魏以不用信陵君故。國削弱至於亾。余以爲不然。天方令秦平海內。其業未成。魏雖得阿衡之佐。曷益乎。

某案此篇以用人爲主。文侯得人而秦不敢伐。惠王卑禮招賢。雖敗不亡。哀昭不得人而國弱。安釐有信陵忌而不用。而國亾矣

魏世家第十四

史記四十四

敍先世純用簡括之筆厥知之句未了而頓斷於是晉作六卿二句始起節奏

稱趙成季功遙接厥知之句

韓世家第十五

韓之先與周同姓姓姬氏其後苗裔事晉得封於韓原曰韓武子武子後三世有韓厥從封姓爲韓氏韓厥晉景公之三年晉司寇屠岸賈將作亂誅靈公之賊趙盾趙盾已死矣欲誅其子趙朔韓厥止賈賈不聽厥告趙朔令亡朔曰子必能不絕趙祀死不恨矣韓厥許之及賈誅趙氏厥稱疾不出程嬰公孫杵臼之藏趙孤趙武也厥知之景公十一年厥與郤克將兵八百乘伐齊敗齊頃公於鞍獲逢丑父於是晉作六卿而韓厥在一卿之位號爲獻子晉景公十七年病卜大業之不遂者爲祟韓厥稱趙成季之功今後無祀以感景公景公問曰尙有世乎厥於是言趙武而復與故趙氏田邑續趙氏祀晉悼公之十年韓獻子老獻子卒子宣子代宣子徙居州晉平公十四年吳季札使晉曰晉國之政

地益大 二句始盛節奏

卒歸於韓魏趙矣。晉頃公十二年。韓宣子與趙魏共分祁氏羊舌氏十縣。晉定公十五年。宣子與趙簡子侵伐范中行氏。宣子卒。子貞子代立。貞子徙居平陽。貞子卒。子簡子代。簡子卒。子莊子代。莊子卒。子康子代。康子與趙襄子魏桓子共敗知伯。分其地。地益大。大於諸侯。康子卒。子武子代。武子二年。伐鄭。殺其君幽公。十六年。武子卒。子景侯立。景侯虔元年。伐鄭。取雍丘。二年。鄭敗我負黍。六年。與趙魏俱得列爲諸侯。九年。鄭圍我陽翟。景侯卒。子列侯取立。（通志作烈侯是）列侯三年。聶政殺韓相俠累。九年。秦伐我宜陽。取六邑。十三年。列侯卒。子文侯立。是歲魏文侯卒。文侯二年。伐鄭。取陽城。伐宋。到彭城。執宋君。七年。伐齊。至桑丘。鄭反晉。九年。伐齊。至靈丘。十年。文侯卒。子哀侯立。哀侯元年。與趙魏分晉國。二年。滅鄭。因徙都鄭。六年。韓嚴弒其君哀侯。而子懿侯立。懿侯二年。魏敗我

後所叙皆秦楚交儀之事
此借申子事反照

馬陵五年與魏惠王會宅陽九年魏敗我澮十二年懿侯卒子昭侯立
昭侯元年秦敗我西山二年宋取我黃池魏取宋六年伐東周取陵觀
邢丘八年申不害相韓修術行道國內以治諸侯不來侵伐十年韓姬
弑其君悼公十一年昭侯如秦二十二年申不害死二十四年秦來拔
我宜陽二十五年旱作高門屈宜臼曰昭侯不出此門何也不時吾所
謂時者非時日也人固有利不利時昭侯嘗利矣不作高門往年秦拔
宜陽今年旱昭侯不以此時卹民之急而顧益奢此謂時絀舉贏二十
六年高門成昭侯卒果不出此門子宣惠王立宣惠王五年張儀相秦
八年魏敗我將韓舉十一年君號為王與趙會區鼠十四年秦伐敗我
鄢十六年秦敗我脩魚虜得韓將鯁申差於濁澤韓氏急公仲謂韓王
曰與國非可恃也今秦之欲伐楚久矣王不如因張儀為和於秦賂以

一名都。具甲與之南伐楚。此以一易二之計也。韓王曰善。乃警公仲之行。將西講於秦。楚王聞之大恐。召陳軫告之。陳軫曰。秦之欲伐楚久矣。今又得韓之名都一而具甲。秦韓并兵而伐楚。此秦所禱祀而求也。今已得之矣。楚國必伐矣。王聽臣爲之。警四境之內。起師言救韓。命戰車滿道路。發信臣。多其車。重其幣。使信王之救己也。縱韓不能聽我。韓必德王也。必不爲鴈行以來。是秦韓不和也。兵雖至楚。不大病也。爲能聽我絕和於秦。秦必大怒。以厚怨韓。韓之南交楚。必輕秦。輕秦。其應秦必不敬。是因秦韓之兵。而免楚國之患也。楚王曰善。乃警四境之內。興師言救韓。命戰車滿道路。發信臣。多其車。重其幣。謂韓王曰。不穀國雖小。已悉發之矣。願大國遂肆志於秦。不穀將以楚殉韓。韓王聞之大說。乃止公仲之行。公仲曰。不可。夫以實伐我者秦也。以虛名救我者楚也。王

太子嬰死四句提挈後事

恃楚之虛名而輕絕彊秦之敵王必爲天下大笑且楚韓非兄弟之國也又非素約而謀伐秦也已有伐形因發兵言救韓此必陳軫之謀也且王已使人報於秦矣今不行是欺秦也夫輕欺彊秦而信楚之謀臣恐王必悔之韓王不聽遂絕於秦秦因大怒益甲伐韓大戰楚救不至韓十九年大破我岸門太子倉質於秦以和二十一年與秦共攻楚敗楚將屈丐斬首八萬於丹陽是歲宣惠王卒太子倉立是爲襄王襄王四年與秦武王會臨晉其秋秦使甘茂攻我宜陽五年秦拔我宜陽斬首六萬秦武王卒六年秦復與我武遂九年秦復取我武遂十年太子嬰朝秦而歸十一年秦伐我取穰與秦伐楚敗楚將唐眛十二年太子嬰死公子咎公子蟣蝨爭爲太子時蟣蝨質於楚梁云國策蟣蝨作幾瑟蘇代謂韓咎曰蟣蝨亡在楚楚王欲內之甚今楚兵十餘萬在方城之外公何

不令楚王築萬室之都雍氏之旁。韓必起兵以救之。公必將矣。公因以韓楚之兵奉蟣蝨而內之。其聽（國策作德）公必矣。必以楚韓封公也。韓咎從其計。楚圍雍氏。韓求救於秦。秦未爲發使公孫昧入韓。公仲曰。子以秦爲且救韓乎。對曰。秦王之言曰。請道南鄭藍田。出兵於楚以待公。殆不合矣。公仲曰。子以爲果乎。對曰。秦王必祖張儀之故智。楚威王攻梁也。張儀謂秦王曰。與楚攻魏。魏折而入於楚。韓固其與國也。是孤秦也。不如出兵以到之。（梁云到古倒字趙太常云謂惑之也王校到作剄）魏楚大戰。秦取西河之外以歸。今其狀陽言與韓。其實陰善楚。公待秦而到。必輕與楚戰。楚陰得秦之不用也。必易與公相支也。公戰而勝楚。遂與公乘楚。施三川而歸。（施三川而歸正義作施而訓爲設殊誤國策作易施當訓易言得楚地以與韓而易韓之三川以歸也宋本作弛亦非）公戰不勝楚。楚塞三川守之。公不能救也。竊爲公患之。司馬庚三反於郢。甘茂與昭是時張儀已死所謂後張儀者秦祖張儀故智勸公仲勿墮其術中是中所謂後張儀也下云公之所惡者張儀也亦言惡中張儀之術非此時尙有張儀其人也

其實猶不無秦也此句國策云其實猶之不失秦也辭義視史文特明公仲挾秦交唯恐失之故云然言以國合齊楚實亦不至失秦也

於是蟣蝨竟不得歸韓二句史公此等頓束處最有力

魚遇於商於其言收璽實類有約也公仲恐曰然則柰何曰公必先韓而後秦先身而後張儀公不如亟以國合於齊楚齊楚必委國於公公之所惡者張儀也其實猶不無秦也於是楚解雍氏圍蘇代又謂秦太后弟芈戎曰公叔伯嬰恐秦楚之內蟣蝨也索隱謂公叔伯嬰卽太子嬰太子嬰已前死故以此文爲倒某謂韓有公子咎又有韓咎韓咎非公子咎也有太子嬰國策亦稱伯嬰又有公叔伯嬰公叔伯嬰非太子嬰也索隱誤以爲一人謬甚史文前已明言太子嬰死此云公叔伯嬰恐秦楚之內蟣蝨安得以爲太子嬰哉公何不爲韓求質於楚楚王聽入質子於韓則公叔伯嬰知秦楚之不以蟣蝨爲事必以韓合於秦楚秦楚挾韓以窘魏魏氏不敢合於齊是齊孤也公又爲秦求質子於楚楚不聽怨結於韓韓挾齊魏以圍楚楚必重公公挾秦楚之重以積德於韓公叔伯嬰必以國待公於是蟣蝨竟不得歸韓韓立咎爲太子齊魏王來十四年與齊魏王共擊秦至函谷而軍焉十六年秦與我河

外及武遂。襄王卒。太子咎立。是為釐王。釐王三年。使公孫喜率周魏攻秦。秦敗我二十四萬。虜喜伊闕。五年。秦拔我宛。六年。與秦武遂地二百里。十年。秦敗我師于夏山。十二年。與秦昭王會西周而佐秦攻齊。齊敗。湣王出亡。十四年。與秦會兩周閒。二十一年。使暴鳶救魏。為秦所敗。鳶走開封。二十三年。趙魏攻我華陽。韓告急於秦。秦不救。韓相國謂陳筮（梁云國策作田苓 索隱引策作田茶）曰。事急。願公雖病。為一宿之行。陳筮見穰侯。穰侯曰。事急乎。故使公來。陳筮曰。未急也。穰侯怒曰。是可以為公之主使乎。夫冠蓋相望。告敝邑甚急。公來言未急。何也。陳筮曰。彼韓急則將變而佗從。以未急。故復來耳。穰侯曰。公無見王。請今發兵救韓。八日而至。敗趙魏于華陽之下。是歲。釐王卒。子桓惠王立。桓惠王元年。伐燕。九年。秦拔我陘城。汾旁。十年。秦擊我於太行。我上黨郡守以上黨郡降趙。十四年。

秦拔趙上黨殺馬服子卒四十餘萬於長平十七年秦拔我陽城負黍二十二年秦昭王卒二十四年秦拔我城皋滎陽二十六年秦悉拔我上黨二十九年秦拔我十三城三十四年桓惠王卒子王安立王安五年秦攻韓韓急使韓非使秦秦留非因殺之九年秦虜王安盡入其地爲穎川郡韓遂亡

太史公曰韓厥之感晉景公紹趙孤之子武以成程嬰公孫杵臼之義此天下之陰德也韓氏之功於晉未覩其大者也然與趙魏終爲諸侯十餘世宜乎哉

某案此篇以未覩其大四字爲主立國事簡故惟以存趙孤及申子爲相二事爲自立之本其他皆無可言者而秦患乃與國終始故以周同姓發端

韓世家第十五

史記四十五

厲公之殺五句見田完父
已無德

田敬仲完世家第四十六

陳完者陳厲公他之子也完生周太史過陳陳厲公使卜完卦得觀之否是爲觀國之光利用賓于王此其代陳有國乎不在此而在異國乎非此其身也在其子孫若在異國必姜姓姜姓四嶽之後物莫能兩大陳衰此其昌乎厲公者陳文公少子也其母蔡女文公卒厲公兄鮑立是爲桓公桓公與他異母及桓公病蔡人爲他殺桓公鮑及太子免而立他爲厲公厲公既立娶蔡女蔡女淫於蔡人數歸厲公亦數如蔡桓公之少子林怨厲公殺其父與兄乃令蔡人誘厲公而殺之林自立是爲莊公故陳完不得立爲陳大夫厲公之殺以淫出國故春秋曰蔡人殺陳他罪之也莊公卒立弟杵臼是爲宣公宣公二十一年（本作十一年依梁校改）殺其太子禦寇禦寇與完相愛恐禍及己完故奔齊齊桓公欲使爲

完之奔齊二語此用紀年爲提綱

由此三句提振節奏

卿。辭曰。羈旅之臣。幸得免負擔。君之惠也。不敢當高位。桓公使爲工正。齊懿仲欲妻完。卜之。占曰。是謂鳳皇于蜚。和鳴鏘鏘。有嬀之後。將育于姜。五世其昌。並於正卿。八世之後。莫之與京。卒妻完。完之奔齊。齊桓公立十四年矣。完卒。謚爲敬仲。仲生穉孟夷。敬仲之如齊。以陳字爲田氏。田穉孟夷生湣孟莊。田湣孟莊生文子須無。田文子事齊莊公。晉之大夫欒逞作亂於晉。來奔齊。齊莊公厚客之。晏嬰與田文子諫。莊公弗聽。文子卒。生桓子無宇。田桓子無宇有力。事齊莊公。甚有寵。無宇卒。生武子開。與釐子乞。田釐子乞事齊景公爲大夫。其收賦稅於民。以小斗受之。其禀予民。本作粟予民王依御覽作稟云稟賜穀也說是以大斗。行陰德於民。而景公弗禁。由此田氏得齊衆心。宗族益彊。民思田氏。晏子數諫景公。景公弗聽。已而使於晉。與叔向私語曰。齊國之政。其卒歸於田氏矣。晏嬰卒。後范中

而田乞不說五句逆折而入

盛陽生橐中五句叙次突兀驚人

行氏反晉晉攻之急范中行請粟於齊田乞欲爲亂樹黨於諸侯乃說景公曰范中行數有德於齊齊不可不救齊使田乞救之而輸之粟景公太子死後有寵姬曰芮子生子荼景公病命其相國惠子與高昭子以子荼爲太子景公卒兩相高國立荼是爲晏孺子而田乞不說欲立景公他子陽生陽生素與乞歡晏孺子之立也陽生奔魯田乞僞事高昭子國惠子者每朝代參乘言曰始諸大夫不欲立孺子孺子既立君相之大夫皆自危謀作亂又紿大夫曰高昭子可畏也及未發先之諸大夫從之田乞鮑牧與大夫以兵入公室攻高昭子昭子聞之與國惠子救公公師敗田乞之衆追國惠子惠子奔莒遂反殺高昭子晏孺子奔魯此晏孺子錢校作晏圉是田乞使人之魯迎陽生陽生至齊匿田乞家請諸大夫曰常之母有魚菽之祭幸而來會飲會飲田氏田乞盛陽生橐中置

敘庸人頃刻變態如脫口而出

坐中央發橐出陽生曰此乃齊君矣大夫皆伏謁將盟立之田乞誣曰吾與鮑牧謀共立陽生也鮑牧怒曰大夫忘景公之命乎諸大夫欲悔陽生乃頓首曰可則立之不可則已鮑牧恐禍及已乃復曰皆景公之子何爲不可遂立陽生於田乞之家是爲悼公乃使人遷晏孺子於駘而殺孺子荼悼公既立田乞爲相專齊政四年田乞卒子常代立是爲田成子鮑牧與齊悼公有郄弒悼公齊人共立其子壬是爲簡公田常成子與監止俱爲左右相相簡公田常心害監止監止幸於簡公權弗能去於是田常復修釐子之政以大斗出貸以小斗收齊人歌之曰嫗乎采芑歸乎田成子齊大夫朝御鞅（左氏作諸御鞅此脫諸字越世家諸御千人）諫簡公曰田監不可竝也君其擇焉君弗聽子我者監止之宗人也（據此賈逵謂子我卽監止非是）常與田氏有郤川氏疏族田豹事子我有寵子我曰吾欲盡滅田氏

田常既殺簡公至以故齊復定此段頓束有力

適以豹代田氏宗豹曰臣於田氏疏矣不聽已而豹謂田氏曰子我將誅田氏田氏弗先禍及矣子我舍公宮田常兄弟四人乘如公宮欲殺子我子我閉門簡公與婦人飲檀臺將欲擊田常太史子餘曰田常非敢爲亂將除害簡公乃止田常出聞簡公怒恐誅將出亾田子行曰需事之賊也田常於是擊子我子我率其徒攻田氏不勝出亾田氏之徒追殺子我及監止簡公出奔田氏之徒追執簡公於徐州徐簡公曰蚤從御鞅之言不及此難田氏之徒恐簡公復立而誅己遂殺簡公簡公立四年而殺於是田常立簡公弟驁是爲平公平公即位田常爲相田常既殺簡公懼諸侯共誅己乃盡歸魯衛侵地西約晉韓趙魏氏南通吳越之使修功行賞親於百姓以故齊復定田常言於齊平公曰德施人之所欲君其行之刑罰人之所惡臣請行之五年齊國之政皆歸

盡誅鮑晏至大於平公之所食頓挫節奏

此深惡田氏而極詆其所出之猥瑣索隱乃引譙周妄譏以爲非實此所謂癡人說夢也

就上三晉分智伯地側入且以有齊國句懸崖欲落

田常。田常於是盡誅鮑晏監止。及公族之彊者。而割齊自安平以東至琅邪自爲封邑。封邑大於平公之所食。田常乃選齊國中女子長七尺以上爲後宮。後宮以百數。而使賓客舍人出入後宮者不禁。及田常卒。有七十餘男。田常卒。子襄子盤代立相齊。常謚爲成子。田襄子既相齊宣公。三晉殺知伯。分其地。襄子使其兄弟宗人盡爲齊都邑大夫。與三晉通使。且以有齊國。襄子卒。子莊子白立。田莊子相齊宣公。宣公四十三年。伐晉。毀黃城。圍陽狐。明年。伐魯葛及安陵。明年。取魯之一城。莊子卒。子太公和立。田太公相齊宣公。宣公四十八年。取魯之郕。明年。宣公與鄭人會西城。伐衛。取毋丘。（錢云毋古貫字）宣公五十一年。卒。田會自廩丘反。宣公卒。子康公貸立。貸立十四年。淫於酒婦人。不聽政。太公乃遷康公於海上。食一城。以奉其先祀。明年。魯敗齊平陸。又三年。（據索隱句上補又字）太公

康公四句鎖任前女累累頓束皆爲此句作勢

歸云威王二十五年復出此當是誤或是一事而傳聞不同至宣王元年又見某謂此非歸氏之言史文特使三事同辭以爲前後章法耳 丁鋆齊案

與魏文侯會濁澤。求爲諸侯。魏文侯乃使使言周天子及諸侯。請立齊相田和爲諸侯。周天子許之。康公之十九年。田和立爲齊侯。列於周室。紀元年。齊侯太公和立二年。和卒。子桓公午立。桓公午五年。秦魏攻韓。韓求救於齊。齊桓公召大臣而謀曰。蚤救之。孰與晚救之。騶忌曰。不若勿救。段干朋曰。不救則韓且折而入於魏。不若救之。田臣思索隱戰國策作田期思蓋卽田忌也錢云臣當爲𦣞音怡與期音相近案錢說是曰。過矣君之謀也。秦魏攻韓。楚趙必救之。是天以燕予齊也。桓公曰。善。乃陰告韓使者而遣之。韓自以爲得齊之救。因與秦魏戰。楚趙聞之。果起兵而救之。齊因起兵襲燕國。取桑丘。六年。救衞。桓公卒。子威王因齊立。是歲。故齊康公卒。絕無後。奉邑皆入田氏。齊威王元年。三晉因齊喪來伐我靈丘。三年。三晉滅晉後而分其地。六年。魯伐我入陽關。晉伐我至博年表作鱄陵。七年。衞伐我取薛陵。九年。

威王初即位以來五句提掇

威王事蹟未終此因起兵救趙魏遂乘勢先記績效以為前後關鍵

趙伐我取甄。通志作鄄威王初即位以來。不治。委政卿大夫。九年之間。諸侯並伐。國人不治。於是威王召即墨大夫而語之曰。自子之居即墨也。毀言日至。然吾使人視即墨。田野闢。民人給。官無留事。東方以寧。是子不事吾左右以求譽也。封之萬家。召阿大夫語曰。自子之守阿。譽言日聞。然使使視阿。田野不闢。民貧苦。昔日趙攻甄。子弗能救。衛取薛陵。子弗知。是子以幣厚吾左右以求譽也。是日。烹阿大夫。及左右嘗譽者皆并烹之。遂起兵西擊趙衛。敗魏於濁澤而圍惠王。惠王請獻觀以和解。趙人歸我長城。於是齊國震懼。人人不敢飾非。務盡其誠。齊國大治。諸侯聞之。莫敢致兵於齊二十餘年。騶忌子以鼓琴見威王。威王說而舍之右室。須臾。王鼓琴。騶忌子推戶入曰。善哉鼓琴。王勃然不說。去琴按劍曰。夫子見容未察。何以知其善也。騶忌子曰。夫大弦濁以春溫者。君也。

騶忌論琴以微詞感威王
淳于髡亦以微詞感忌方
侍郎謂淳于髡言當入滑
稽傳其說非是此雖微詞
然非滑稽之旨

索隱無春字御覽同小弦廉折以清者相也攫之深醳之愉者政令也鈞諧以鳴
大小相益回邪而不相害者四時也吾是以知其善也王曰善語音騶
忌子曰何獨語音夫治國家而弭人民皆在其中王又勃然不說曰若
夫語五音之紀信未有如夫子者也若夫治國家而弭人民又何為乎
絲桐之閒騶忌子曰夫大絃濁以春溫者君也小弦廉折以清者相也
攫之深而舍之愉者政令也鈞諧以鳴大小相益回邪而不相害者四
時也夫復而不亂者所以治昌也連而徑者所以存亡也故曰琴音調
而天下治夫治國家而弭人民者無若乎五音者王曰善騶忌子見三
月而受相印淳于髡見之曰善說哉髡有愚志願陳諸前騶忌子曰謹
受教淳于髡曰得全全昌失全全亡騶忌子曰謹受令請謹毋離前淳
于髡曰豨膏棘軸所以為滑也然而不能運方穿騶忌子曰謹受令請

謹事左右。淳于髡曰。弓膠昔幹所以爲合也。然而不能傅合疏罅。騶忌子曰。謹受令。請謹自附於萬民。淳于髡曰。狐裘雖敝。不可補以黃狗之皮。騶忌子曰。謹受令。請謹擇君子。毋雜小人其閒。通志閒作門淳于髡曰。大車不較。不能載其常任。琴瑟不較。不能成其五音。騶忌子曰。謹受令。請謹修法律而督姦吏。淳于髡說畢。趨出至門。而面其僕曰。是人者吾語之微言五。其應我若響之應聲。是人必封不久矣。居朞年。封以下邳。號曰成侯。威王二十三年。與趙王會平陸。二十四年。與魏王會田於郊。魏王問曰。王亦有寶乎。威王曰。無有。梁王曰。若寡人國小也。尚有徑寸之珠照車前後各十二乘者十枚。奈何以萬乘之國而無寶乎。威王曰。寡人之所以爲寶與王異。吾臣有檀子者。使守南城。則楚人不敢爲寇東取。泗上十二諸侯皆來朝。吾臣有朌子者。使守高唐。則趙人不敢東漁

於是齊最彊三句頓足前文又與下諸侯相王秦惠

於河吾吏有黔夫者使守徐州則燕人祭北門趙人祭西門徙而從者七千餘家吾臣有種首者使備盜賊則道不拾遺將以照千里豈特十二乘哉梁惠王慙不懌而去二十六年魏惠王圍邯鄲趙求救於齊齊威王召大臣而謀曰救趙孰與勿救騶忌子曰不如勿救段干朋曰不救則不義且不利威王曰何也對曰夫魏氏幷邯鄲其於齊何利哉且夫救趙而軍其郊是趙不伐而魏全也故不如南攻襄陵以弊魏邯鄲拔而乘魏之弊威王從其計其後（歸云其後二字疑有誤張刻歸評失載此語案此下正記南攻襄陵之事幷非後日事也歸說是）成侯騶忌與田忌不善公孫閱謂成侯忌曰公何不謀伐魏田忌必將戰勝有功則公之謀中也戰不勝非前死則後北而命在公矣於是成侯言威王使田忌南攻襄陵十月邯鄲拔齊因起兵擊魏大敗之桂陵於是齊最彊於諸侯自稱爲王以令天下三十三年殺其

王稱王相盼蠻直貫注齊秦稱帝

大夫牟辛。三十五年。公孫閱又謂成侯忌曰。公何不令人操十金卜於市曰。我田忌之人也。吾三戰而三勝。聲威天下。欲爲大事。亦吉乎不吉乎。卜者出。因令人捕爲之卜者。驗其辭於王之所。田忌聞之。因遂率其徒襲攻臨淄。（因下依通志增遂字）求成侯。不勝而奔。三十六年。威王卒。子宣王辟彊立。宣王元年。秦用商鞅。周致伯於秦孝公。二年。魏伐趙。趙與韓親。共擊魏。趙不利。戰於南梁。宣王召田忌復故位。韓氏請救於齊。宣王召大臣而謀曰。蚤救孰與晚救。騶忌子曰。不如勿救。田忌曰。弗救則韓且折而入於魏。不如蚤救之。孫子曰。夫韓魏之兵未弊而救之。是吾代韓受魏之兵。顧反聽命於韓也。且魏有破國之志。韓見亡。必東面而愬於齊矣。吾因深結韓之親而晚承魏之弊。則可重利而得尊名也。宣王曰。善。乃陰告韓之使者而遣之。韓因恃齊。五戰不勝。而東委國於齊。齊因起

此段於全篇爲閒遠之筆
接予余謂當作接子

兵使田忌田嬰將孫子爲帥梁云帥乃師字之誤救韓趙以擊魏大敗之馬陵殺其將龐涓虜魏太子申其後三晉之王皆因田嬰朝齊王於博望盟而去七年與魏王會平阿南明年復會甄魏惠王卒明年與魏襄王會徐州諸侯相王也十年楚圍我徐州十一年與魏伐趙趙決河水灌齊魏兵罷十八年秦惠王稱王宣王喜文學游說之士自如騶衍淳于髡田駢接予慎到環淵之徒七十六人皆賜列第爲上大夫不治而議論是以齊稷下學士復盛且數百千人十九年宣王卒子湣王地立湣王元年秦使張儀與諸侯執政會於齧桑三年封田嬰於薛四年迎婦於秦七年與宋攻魏敗之觀澤十二年攻魏楚圍雍氏秦敗屈丐蘇代謂田軫曰臣願有謁於公其爲事甚完使楚利公成爲福不成亦爲福今者臣立於門客有言曰魏王謂韓馮張儀曰煑棗將拔齊兵又進子來救

寡人則可矣。不救寡人。寡人弗能拔。此特轉辭也。秦韓之兵毋東。旬餘。則魏氏轉韓從秦。秦逐張儀。交臂而事齊楚。此公之事成也。田軫曰。奈何使無東。對曰。韓馮之救魏之辭。必不謂韓王曰。馮以爲魏。必曰馮將以秦韓之兵東卻齊宋。馮因摶三國之兵。乘屈丐之弊。南割於楚。故地必盡得之矣。張儀救魏之辭。必不謂秦王曰。儀以爲魏。必曰儀且以秦韓之兵東距齊宋。儀將摶三國之兵。乘屈丐之弊。南割於楚。名存亡國。實伐三川而歸。此王業也。公令楚王與韓氏地。使秦制和。謂秦王曰。請予韓地。而王以施三川。（此施訓易說見韓世家）韓氏之兵不用而得地於楚。韓馮之東兵之辭。且謂何（何上有秦字依通志刪）曰。秦兵不用而得三川。伐楚韓以窘魏。魏氏不敢東。是孤齊也。張儀之東兵之辭。且謂何。曰秦韓欲地而兵有案（以下語多難解疑有奪誤）聲威發於魏。魏氏之欲不失齊國者有資矣。魏氏轉秦韓爭事齊楚楚王欲而無與地公令秦韓之兵不用而得地有一大德也秦韓之王劫於韓馮張儀而東兵以徇服魏公常執左券以責於秦韓此其善於公而惡張子多資矣十三年秦惠王卒二十三年與秦擊敗楚於重丘二十四年秦使涇陽君質於齊二十五年歸涇陽君于秦孟嘗君薛文入秦即相秦文亾去（通志文作又）二十六年齊與韓魏共攻秦至函谷軍焉二十八年秦與韓河外以和兵罷二十九年趙殺其主父齊佐趙滅中山三十六年王爲東帝秦昭王爲西帝蘇代自燕來入齊見於章華東門齊王曰嘻善子來秦使魏冉致帝子以爲何如對曰王之問臣也卒而患之所從來微願王受之而勿備稱也秦稱之天下安之王乃稱之無後也且讓爭帝名（當依通志爭作受）無傷也秦稱之天下惡之王因勿稱以收天下此大資也且天下立兩帝王以天下爲尊齊乎

尊秦乎。王曰。尊秦。曰。釋帝。天下愛齊乎。愛秦乎。王曰。愛齊而憎秦。曰。兩帝立。約伐趙。孰與伐桀宋之利。王曰。伐桀宋利。對曰。夫約鈞。然與秦爲帝。而天下獨尊秦而輕齊。釋帝則天下愛齊而憎秦。伐趙不如伐桀宋之利。故願王明釋帝以收天下。倍約賓秦。無爭重。而王以其閒舉宋。夫有宋衞之陽地危。有濟西趙之阿東國危。梁云阿國策作河有淮北楚之東國危。有陶平陸梁門不開。釋帝而貸之以伐桀宋之事。國重而名尊。燕楚所以形服。天下莫敢不聽。此湯武之舉也。敬秦以爲名。而後使天下憎之。此所謂以卑爲尊者也。願王孰慮之。於是齊去帝復爲王。秦亦去帝位。三十八年。伐宋。秦昭王怒曰。吾愛宋。與愛新城陽晉同。韓聶與吾友也。而攻吾所愛。何也。蘇代爲齊謂秦王曰。韓聶之攻宋。所以爲王也。齊彊。輔之以宋。楚魏必恐。恐必西事秦。是王不煩一兵。不傷一士。無事而

齊南割楚七句頓足前後關鍵

割安邑也。此韓聶之所禱於王也。秦王曰。吾患齊之難知。一從一衡。其說何也。對曰。天下國令齊可知乎。齊以攻宋。其知事秦以萬乘之國自輔。不西事秦則宋治不安。中國白頭游敖之士。皆積智欲離齊秦之交。伏式結軼西馳者。未有一人言善齊者也。伏式結軼東馳者。未有一人言善秦者也。何則。皆不欲齊秦之合也。何晉楚之智而齊秦之愚也。晉楚合必議齊秦。齊秦合必圖晉楚。請以此決事。秦王曰。諾。於是齊遂伐宋。宋王出亡。死於溫。齊南割楚之淮北。西侵三晉。欲以并周室。為天子。泗上諸侯鄒魯之君皆稱臣。諸侯恐懼。三十九年。秦來伐。拔我列城九。四十年。燕秦楚三晉合謀。各出銳師以伐。敗我濟西。王解而卻。燕將樂毅遂入臨淄。盡取齊之寶藏器。湣王出亡之衛。衛君辟宮舍之。稱臣而共具。湣王不遜。衛人侵之。湣王去。走鄒魯。有驕色。鄒魯君弗內。遂走莒。

茅順甫云湣王以後齊多難史公本戰國策詳次如畫某謂此皆史記之文後人取以充入戰國策非史之本策爲文也茅說非是

此段敘齊之絕而復興爲文字轉捩處

楚使淖齒將兵救齊。因相齊湣王。淖齒遂殺湣王。而與燕共分齊之侵地鹵器。湣王之遇殺。其子法章變名姓爲莒太史敫家庸（梁云說文放部敫讀若龠）太史敫女。奇法章狀貌。以爲非恒人。憐而常竊衣食之。而與私通焉。淖齒既以去莒。莒中人及齊亾臣相聚求湣王子。欲立之。法章懼其誅己也。久之。乃敢自言我湣王子也。於是莒人共立法章。是爲襄王。以保莒城而布告齊國中。王已立在莒矣。襄王既立。立太史氏女爲王后。是爲君王后。生子建。太史敫曰。女不取媒因自嫁。非吾種也。汙吾世。終身不覩君王后。君王后賢。不以不覩故。失人子之禮。襄王在莒五年。田單以卽墨攻破燕軍。迎襄王於莒。入臨菑。齊故地盡復屬齊。齊封田單爲安平君。十四年。秦擊我剛壽。十九年。襄王卒。子建立。王建立六年。秦攻趙齊楚救之。秦計曰。齊楚救趙。親則退兵。不親遂攻之。趙無食。請粟於齊。

秦破趙於長平以下叙秦吞併五國駸駸向齊逼出遂滅齊爲郡一句又以天下壹幷于秦收束全文神氣至沈鬱

始君王后至末叙齊敗亡絕沈痛○事秦非良策故

齊不聽。周子曰。鮑彪曰周子謂最不如聽之以退秦兵。不聽。則秦兵不卻。是秦之計中。而齊楚之計過也。且趙之於齊楚。扞蔽也。猶齒之有脣也。脣亡則齒寒。今日亡趙。明日患及齊楚。且救趙之務。宜若奉漏甕沃焦釜也。夫救趙高義也。卻秦兵顯名也。義救亡國。威卻彊秦之兵。不務爲此而務愛粟。爲國計者過矣。齊王弗聽。秦破趙於長平四十餘萬。遂圍邯鄲。十六年。秦滅周。君王后卒。二十三年。秦置東郡。二十八年。王入朝秦。秦王政置酒咸陽。三十五年。秦滅韓。三十七年。秦滅趙。三十八年。燕使荊軻刺秦王。秦王覺殺軻。明年秦破燕。燕王亡走遼東。明年秦滅魏。秦兵次於歷下。四十二年。秦滅楚。明年虜代王嘉。滅燕王喜。四十四年。秦兵擊齊。齊王聽相后勝計。不戰。以兵降秦。秦虜王建。遷之共。遂滅齊爲郡。天下壹幷於秦。秦王政立號爲皇帝。始君王后賢。事秦謹。與諸侯信。齊

言齊邊海及秦方攻五國見齊不受兵之由不在事秦也

亦東邊海上秦日夜攻三晉燕楚五國各自救於秦以故王建立四十餘年不受兵君王后死后勝相齊多受秦間金多使賓客入秦秦又多予金客皆為反間勸王去從朝秦不修攻戰之備不助五國攻秦秦以故得滅五國五國已亾秦兵卒入臨淄民莫敢格者王建遂降遷於共故齊人怨王建不蚤與諸侯合從攻秦聽姦臣賓客以亾其國歌之曰松耶柏耶住建共者客耶疾建用客之不詳也

太史公曰蓋孔子晚而喜易易之為術幽明遠矣非通人達才孰能注意焉故周太史之卦田敬仲完占至十世之後及完奔齊懿仲卜之亦云田乞及常所以比犯二君專齊國之政非必事勢之漸然也蓋若遵厭兆祥云

某案此篇以用客不詳為主前敘齊之寖強而精神全注篇末言以

如此之強而不能善謀尤可惜也

田敬仲完世家第十六

孔子世家第十七

孔子生魯昌平鄉陬邑。其先宋人也。曰孔防叔。防叔生伯夏。伯夏生叔梁紇。紇與顏氏女野合而生孔子。禱於尼丘得孔子。魯襄公二十二年而孔子生。生而首上圩頂。梁云白虎通孔子首類尼丘山蓋中低而四旁高如屋宇之反論衡作反羽宏明集牟子理惑論作反頂故因名曰丘云。字仲尼。姓孔氏。丘生而叔梁紇死。葬於防山。防山在魯東。由是孔子疑其父墓處。母諱之也。孔子為兒嬉戲。常陳俎豆設禮容。孔子母死。乃殯五父之衢。蓋其慎也。郰人輓父之母。錢云檀弓輓作曼曼輓聲相近誨孔子父墓。然後往合葬於防焉。孔子要絰。季氏饗士。孔子與往。陽虎絀曰。季氏饗士。非敢饗子也。孔子由是退。孔子年十七。魯大夫孟釐子病且死。誡其嗣懿子曰。孔丘聖人之後。滅於宋。其祖弗父何始有宋而嗣讓厲公。及正考父佐戴武宣公。三命茲益恭。故鼎銘云。一命而

由是爲司空六句皆預提後事以爲關鍵孔子長九尺四句仍預提反魯之由但魯人之異而善待之者徒以其身之長耳南宮敬叔以下追敘始事

僂。再命而傴。三命而俯。循牆而走。亦莫敢余侮。饘於是。粥於是。以餬余口。其恭如是。吾聞聖人之後。雖不當世。必有達者。今孔丘年少好禮。其達者歟。吾即沒。若必師之。及釐子卒。懿子與魯人南宮敬叔往學禮焉。是歲。季武子卒。平子代立。孔子貧且賤。（通志賤作困）及長。嘗爲季氏史。（通志史作吏）料量平。嘗爲司職吏。而畜蕃息。由是爲司空。已而去魯。斥乎齊。逐乎宋衞。困於陳蔡之閒。於是反魯。孔子長九尺有六寸。人皆謂之長人而異之。魯復善待。由是反魯。魯南宮敬叔言魯君曰。請與孔子適周。魯君與之一乘車。兩馬。一豎子。俱適周。問禮。蓋見老子云。辭去而老子送之曰。吾聞富貴者送人以財。（索隱引莊子財作軒案軒字是軒言爲韵）仁人者送人以言。吾不能富貴。竊仁人之號。送子以言。曰。聰明深察而近於死者。好議人者也。博辯廣大危其身者。發人之惡者也。爲人子者毋以有己。爲人臣者毋

晉平公淫一段從世變折入魯之小弱介居强大以孔子之不用於魯爲可惜也

此段從魯亂入孔子去魯

以有己孔子自周反於魯弟子稍益進焉是時也晉平公淫六卿擅權東伐諸侯楚靈王兵彊陵轢中國齊大而近於魯魯小弱附於楚則晉怒附於晉則楚來伐不備於齊齊師侵魯魯昭公之二十年而孔子蓋年三十矣齊景公與晏嬰來適魯景公問孔子曰昔秦繆公國小處辟其霸何也對曰秦國雖小其志大處雖辟行中正身舉五羖爵之大夫起纍紲之中與語三日授之以政以此取之雖王可也其霸小矣景公說孔子年三十五而季平子與郈昭伯以鬬雞故得罪魯昭公昭公率師擊平子平子與孟氏叔孫氏三家共攻昭公昭公師敗奔於齊齊處昭公乾侯其後頃之魯亂孔子適齊爲高昭子家臣欲以通乎景公與齊太師語樂聞韶音學之三月不知肉味齊人稱之景公問政孔子孔子曰君君臣臣父父子子景公曰善哉信如君不君臣不臣父不父子

以上齊不用

柳子厚云孔子安得窮怪物之形是必誣聖人矣某謂此等當時必有載籍可考故曰以某所聞記此以

不子。雖有粟。吾豈得而食諸。他日又復問政於孔子。孔子曰。政在節財。景公說。將欲以尼谿田封孔子。晏嬰進曰。夫儒者滑稽而不可軌法。倨傲自順。不可以爲下。崇喪遂哀。破產厚葬。不可以爲俗。游說乞貸。不可以爲國。自大賢之息。周室既衰。禮樂缺有閒。今孔子盛容飾。繁登降之禮。趨詳之節。錢云詳與翔同累世不能殫其學。當年不能究其禮。君欲用之以移齊俗。非所以先細民也。後景公敬見孔子。不問其禮。異日景公止孔子曰。奉子以季氏。吾不能。以季孟之閒待之。齊大夫欲害孔子。孔子聞之。景公曰。吾老矣。弗能用也。孔子遂行。反乎魯。孔子年四十二。魯昭公卒於乾侯。定公立。定公立五年。夏季平子卒。桓子嗣立。季桓子穿井得土缶。中若羊。問仲尼云得狗。仲尼曰。以丘所聞。羊也。丘聞之。木石之怪夔罔閬。水之怪龍罔象。土之怪墳羊。吳伐越。墮會稽。得骨節專車。吳使

見時人之以爲聖者徒見其多聞耳

羣神自後世言之當時則羣后也故吳客以誰爲神發問而孔子告以守山川之祀者爲神也

此段從三桓微陪臣執政折入孔子不仕而退脩詩書數語又逆攝篇末一段

此段因公山召孔子而溯其緣起

使問仲尼。骨何者最大。仲尼曰。禹致羣神於會稽山。防風氏後至。禹殺而戮之。其節專車。此爲大矣。吳客曰。誰爲神。仲尼曰，山川之神。足以綱紀天下。其守爲神。社稷爲公侯。皆屬於王者。客曰。防風何守。仲尼曰。汪罔氏之君。守封禺之山。爲釐姓。梁云魯語作漆姓在虞夏商爲汪罔。於周爲長翟。今謂之大人。客曰。人長幾何。仲尼曰。僬僥氏三尺。短之至也。長者不過十之。數之極也。於是吳客曰。善哉聖人。桓子嬖臣曰仲梁懷，與陽虎有隙。陽虎欲逐懷。公山不狃止之。其秋。懷益驕。陽虎執懷。桓子怒，陽虎因囚桓子。與盟而醳之。陽虎由此益輕季氏。季氏亦僭於公室。陪臣執國政。是以魯自大夫以下皆僭離於正道。故孔子不仕。退而修詩書禮樂。弟子彌衆。至自遠方。莫不受業焉。定公八年。公山不狃不得意於季氏。因陽虎爲亂。欲廢三桓之適。更立其庶孼陽虎素所善者。遂執季桓子。桓子詐之得脫。定公九年。陽虎不勝。奔於齊。是時孔子年五十。公山不狃以費畔。季氏使人召孔子。孔子循道彌久。溫溫無所試。莫能己用。曰蓋周文武起豐鎬而王。今費雖小。儻庶幾乎。索隱云檢孔氏之書幷無此言故桓譚亦以爲誣某謂由吾爲東周一語推闡言之不必有是言亦不得爲誣欲往。子路不說。止孔子。孔子曰。夫召我者。豈徒哉。如用我。其爲東周乎。然亦卒不行。其後定公以孔子爲中都宰。一年。四方皆則之。由中都宰爲司空。由司空爲大司寇。定公十年春。及齊平。夏。齊大夫黎鉏言於景公曰。魯用孔丘。其勢危齊。乃使使告魯爲好會。會於夾谷。魯定公且以乘車好往。孔子攝相事。曰臣聞有文事者。必有武備。有武事者。必有文備。古者諸侯出疆。必具官以從。請具左右司馬。定公曰。諾。具左右司馬。會齊侯夾谷。爲壇位。土階三等。以會遇之禮相見。揖讓而登。獻酬之禮畢。齊有司趨而進曰。請奏四方之樂。景公曰諾於是旍旄羽袚矛戟劍撥鼓噪而至孔子趨而進歷階而登不盡一等舉袂而言曰吾兩君爲好會夷狄之樂何爲於此請命有司有司卻之不去則左右視晏子與景公景公心怍麾而去之有頃齊有司趨而進曰請奏宮中之樂景公曰諾優倡侏儒爲戲而前孔子趨而進歷階而登不盡一等曰匹夫而熒惑諸侯者罪當誅請命有司有司加法焉手足異處景公懼而動知義不若歸而大恐告其羣臣曰魯以君子之道輔其君而子獨以夷狄之道教寡人使得罪於魯君爲之奈何有司進對曰君子有過則謝以質小人有過則謝以文君若悼之則謝以質於是齊侯乃歸所侵魯之鄆汶陽龜陰之田以謝過定公十三年夏孔子言於定公曰臣無藏甲大夫毋百雉之城使仲由爲季氏宰將墮三都於是叔孫氏先墮郈季氏將墮費公山不狃叔孫輒率費人襲

孔子相魯史公於諸國世家屢言之後儒乃謂無相魯事亦過疑矣

魯公與三子入于季氏之宮登武子之臺費人攻之弗克入及公側孔子命申句須樂頎下伐之費人北國人追之敗諸姑蔑二子奔齊遂墮費將墮成公斂處父謂孟孫曰墮成齊人必至於北門且成孟氏之保鄣無成是爲孟氏也我將弗墮十二月公圍成弗克定公十四年孔子年五十六由大司寇行攝相事（梁云荀子宥坐篇孔子爲魯攝相晏子春秋孔子聖相論衡孔子爲相國）有喜色門人曰聞君子禍至不懼福至不喜孔子曰有是言也不曰樂其以貴下人乎於是誅魯大夫亂政者少正卯與聞國政三月粥羔豚者弗飾賈男女行者別於塗塗不拾遺四方之客至乎邑者不求有司皆予之以歸齊人聞而懼曰孔子爲政必霸霸則吾地近焉我之爲先幷矣盍致地焉黎鉏曰請先嘗沮之沮之而不可則致地庸遲乎於是選齊國中女子好者八十人皆衣文衣而舞康樂文馬三十駟遺魯君陳

以上魯用而不終

女樂文馬於魯城南高門外季桓子微服往觀再三將受乃語魯君爲周道游往觀終日怠於政事子路曰夫子可以行矣孔子曰魯人且郊如致膰乎大夫則吾猶可以止桓子卒受齊女樂三日不聽政郊又不致膰俎於大夫孔子遂行宿乎屯而師己送曰夫子則非罪孔子曰吾歌可夫歌曰彼婦之口可以出走彼婦之謁可以死敗蓋優哉游哉維以卒歲師己反桓子曰孔子亦何言師己以實告桓子喟然歎曰夫子罪我以羣婢故也夫孔子遂適衛主於子路妻兄顏濁鄒家（梁云濁鄒即讎由人表作濁雛）衛靈公問孔子居魯得祿幾何對曰奉粟六萬衛人亦致粟六萬居頃之或譖孔子於衛靈公靈公使公孫余假一出一入孔子恐獲罪焉居十月去衛將適陳過匡顏刻爲僕以其策指之曰昔吾入此由彼缺也匡人聞之以爲魯之陽虎陽虎嘗暴匡人匡人於是遂止孔子孔

子狀類陽虎。拘焉五日。顏淵後。子曰。吾以汝爲死矣。顏淵曰。子在。回何敢死。匡人拘孔子益急。弟子懼。孔子曰。文王既沒。文不在茲乎。天之將喪斯文也。後死者不得與於斯文也。天之未喪斯文也。匡人其如予何。孔子使從者爲甯武子臣於衛。然後得去。去卽過蒲。月餘反乎衛。主蘧伯玉家。靈公夫人有南子者。使人謂孔子曰。四方之君子不辱欲與寡君爲兄弟者。必見寡小君。寡小君願見。孔子辭謝。不得已而見之。夫人在絺帷中。孔子入門。北面稽首。夫人自帷中再拜。環珮玉聲璆然。孔子曰。吾鄉爲弗見。見之禮答焉。子路不說。孔子矢之曰。予所不者。天厭之。天厭之。居衛月餘。靈公與夫人同車。宦者雍渠參乘。出。使孔子爲次乘。招搖市過之。孔子曰。吾未見好德如好色者也。於是醜之。去衛。過曹。是歲魯定公卒。孔子去曹適宋。與弟子習禮大樹下。宋司馬桓魋欲殺孔

以上衛不用

子。拔其樹。孔子去。弟子曰。可以速矣。孔子曰。天生德於予。桓魋其如予何。孔子適鄭。與弟子相失。孔子獨立郭東門。鄭人或謂子貢曰。東門有人。其顙似堯。其項類皐陶。其肩類子產。然自要以下不及禹三寸。纍纍若喪家之狗。子貢以實告孔子。孔子欣然笑曰。形狀末也。而（而下依通志刪謂字）似喪家之狗。然哉然哉。孔子遂至陳。主於司城貞子家。歲餘。吳王夫差伐陳。取三邑而去。趙鞅伐朝歌。楚圍蔡。蔡遷於吳。吳敗越王句踐會稽。有隼集於陳廷而死。楛矢貫之。石砮。矢長尺有咫。陳湣公使使問仲尼。仲尼曰。隼來遠矣。此肅慎之矢也。昔武王克商。通道九夷百蠻。使各以其方賄來貢。使無忘職業。於是肅慎貢楛矢石砮。長尺有咫。先王欲昭其令德。以肅慎矢分大姬。配虞胡公而封諸陳。分同姓以珍玉。展親。分異姓以遠方職。使無忘服。故分陳以肅慎矢。試求之故府。果得之。孔子

以上桓魋陳蒲人之厄

居陳三歲。會晉楚爭彊。更伐陳。及吳侵陳。陳常被寇。孔子曰。歸與歸與。吾黨之小子狂簡。進取不忘其初。於是孔子去陳。過蒲。會公叔氏以蒲畔。蒲人止孔子。弟子有公良孺者。以私車五乘從孔子。其爲人長賢有勇力。謂曰。吾昔從夫子。遇難於匡。今又遇難於此命也已。吾與夫子再罹難。寧鬭而死。鬭甚疾。蒲人懼。謂孔子曰。苟毋適衛。吾出子。與之盟。出孔子東門。孔子遂適衛。子貢曰。盟可負耶。孔子曰。要盟也。神不聽。衛靈公聞孔子來喜郊迎。問曰。蒲可伐乎。對曰。可。靈公曰。吾大夫以爲不可。今蒲衛之所以待晉楚也。以衛伐之。無乃不可乎。孔子曰。其男子有死之志。婦人有保西河之志。吾所伐者不過四五人。靈公曰。善。然不伐蒲。靈公老。怠於政。不用孔子。孔子喟然歎曰。苟有用我者。朞月而已。三年有成。孔子行。佛肸爲中牟宰。趙簡子攻范中行。伐中牟。佛肸畔。使人召

以上衛冉不用○從衛不用折入往趙中道而反

孔子孔子欲往子路曰由聞諸夫子其身親爲不善者君子不入也今佛肸親以中牟畔子欲往如之何孔子曰有是言也不曰堅乎磨而不磷不曰白乎湼而不淄吾豈匏瓜也哉焉能繫而不食孔子擊磬有荷蕢而過門者曰有心哉擊磬乎硜硜乎莫己知也夫而已矣孔子學鼓琴師襄子十日不進師襄子曰可以益矣孔子曰丘已習其曲矣未得其數也有閒曰已習其數可以益矣孔子曰丘未得其志也有閒曰已習其志可以益矣孔子曰丘未得其爲人也有閒若本作曰依通志改有所穆然深思焉有所怡然高望而遠志焉曰丘得其爲人黯然而黑幾然而長眼如望羊如王四國非文王其誰能爲此也師襄子辟席再拜曰師蓋云文王操也孔子既不得用於衛將西見趙簡子至於河而聞竇鳴犢舜華之死也臨河而歎曰美哉水通志無水字洋洋乎丘之不濟此命也

夫。子貢趨而進曰。敢問何謂也。孔子曰。竇鳴犢舜華。晉國之賢大夫也。趙簡子未得志之時。須此兩人而後從政。及其已得志。殺之乃從政。丘聞之也。刳胎殺夭。則麒麟不至郊。竭澤涸漁。則蛟龍不合陰陽。覆巢毀卵。則鳳皇不翔。何則。君子諱傷其類也。夫鳥獸之於不義也。尚知辟之。而況乎丘哉。乃還息乎陬鄉。作為陬操以哀之。而反乎衛。入主蘧伯玉家。他日。靈公問兵陳。孔子曰。俎豆之事則嘗聞之。軍旅之事未之學也。明日。與孔子語。見蜚鴈。仰視之。色不在孔子。孔子遂行。復如陳。夏。衛靈公卒。立孫輒。是為衛出公。六月。趙鞅內太子蒯聵于戚。陽虎使太子絻。八人衰絰。偽自衛迎者。哭而入。遂居焉。冬。蔡遷於州來。是歲。魯哀公三年。而孔子年六十矣。齊助衛圍戚。以衛太子蒯聵在故也。夏。魯桓釐廟燔。南宮敬叔救火。孔子在陳。聞之曰。災必於桓釐廟乎。已而果然。秋。季

就桓子口中致惋惜之恉

此下歷叙所遇諸隱者因及陳蔡之厄皆發明所如不合之事

桓子病。輦而見魯城。喟然歎曰。昔此國幾興矣。以吾獲罪於孔子。故不興也。顧謂其嗣康子曰。我即死。若必相魯。相魯。必召仲尼。後數日。桓子卒。康子代立。已葬。欲召仲尼。公之魚曰。昔吾先君用之不終。終爲諸侯笑。今又用之不能終。是再爲諸侯笑。康子曰。則誰召而可。曰。必召冉求。於是使使召冉求。冉求將行。孔子曰。魯人召求。非小用之。將大用之也。是日孔子曰。歸乎歸乎。吾黨之小子狂簡。斐然成章。吾不知所以裁之。子贛知孔子思歸。送冉求。因誡曰。即用。以孔子爲招云。冉求既去。明年。孔子自陳遷於蔡。蔡昭公將如吳。吳召之也。前昭公欺其臣遷州來。後將往。大夫懼復遷。公孫翩射殺昭公。楚侵蔡。秋。齊景公卒。明年。孔子自蔡如葉。葉公問政。孔子曰。政在來遠附邇。他日。葉公問孔子於子路。子路不對。孔子聞之。曰。由。爾何不對曰。其爲人也。學道不倦。誨人不厭。發

憤忘食・樂以忘憂・不知老之將至云爾・去葉反於蔡・長沮桀溺耦而耕・
孔子以爲隱者・使子路問津焉・長沮曰・彼執輿者爲誰・子路曰・爲孔丘・
曰・是魯孔丘與・曰・然・曰・是知津矣・桀溺謂子路曰・子爲誰・曰・爲仲由・曰・
子孔丘之徒與・曰・然・桀溺曰・悠悠者・天下皆是也・而誰以易之・且與其
從辟人之士・豈若從辟世之士哉・耰而不輟・子路以告孔子・孔子憮然
曰・鳥獸不可與同羣・天下有道・丘不與易也・他日子路行・遇荷蓧丈人・
曰・子見夫子乎・丈人曰・四體不勤・五穀不分・孰爲夫子・植其杖而芸・子
路以告・孔子曰・隱者也・復往則亾・孔子遷于蔡・三歲・吳伐陳・楚救陳・軍
于城父・聞孔子在陳蔡之閒・楚使人聘孔子・孔子將往拜禮・陳蔡大夫
謀曰・孔子賢者・所刺譏皆中諸侯之疾・今者久留陳蔡之閒・諸大夫所
設行・皆非仲尼之意・今楚大國也・來聘孔子・孔子用於楚・則陳蔡用事

大夫危矣。於是乃相與發徒役圍孔子於野。不得行。絕糧。從者病。莫能興。孔子講誦絃歌不衰。子路慍見曰。君子亦有窮乎。孔子曰。君子固窮。小人窮斯濫矣。子貢色作。孔子曰。賜。爾以予爲多學而識之者與。曰。然。非與。孔子曰。非也。予一以貫之。孔子知弟子有慍心。乃召子路而問曰。詩云。匪兕匪虎。率彼曠野。吾道非邪。吾何爲於此。子路曰。意者吾未仁邪。人之不我信也。意者吾未知邪。人之不我行也。孔子曰。有是乎。由。譬使仁者而必信。安有伯夷叔齊。使智者而必行。安有王子比干。子路出。子貢入見。孔子曰。賜。詩云。匪兕匪虎。率彼曠野。吾道非邪。吾何爲於此。子貢曰。夫子之道至大也。故天下莫能容夫子。夫子蓋少貶焉。孔子曰。賜。良農能稼而不能爲穡。良工能巧而不能爲順。君子能修其道。綱而紀之。統而理之。而不能爲容。今爾不修爾道而求爲容。賜。而志不遠矣。

子貢出。顏回入見。孔子曰。回。詩云。匪兕匪虎。率彼曠野。吾道非邪。吾何爲於此。顏回曰。夫子之道至大。故天下莫能容。（通志容下有焉字）雖然。夫子推而行之。不容何病。不容然後見君子。夫道之不修也。是吾醜也。夫道既已大修而不用。是有國者之醜也。不容何病。不容然後見君子。孔子欣然而笑曰。有是哉。顏氏之子。使爾多財。吾爲爾宰。於是使子貢至楚。楚昭王興師迎孔子。然後得免。昭王將以書社地七百里封孔子。楚令尹子西曰。王之使使諸侯。有如子貢者乎。曰。無有。王之輔相有如顏回者乎。曰。無有。王之將率有如子路者乎。曰。無有。王之官尹有如宰予者乎。曰。無有。且楚之祖封於周。號爲子男五十里。今孔丘述三五之法。明周召之業。王若用之。則楚安得世世堂堂方數千里乎。夫文王在豐。武王在鎬。百里之君。卒王天下。今孔丘得據土壤。賢弟子爲佐。非楚之福也。

以上楚不用

昭王乃止。其秋。楚昭王卒於城父。楚狂接輿歌而過孔子曰。鳳兮鳳兮。何德之衰。往者不可諫兮。來者猶可追也。已而已而。今之從政者殆而。孔子下。欲與之言。趨而去。弗得與之言。於是孔子自楚反乎衛。是歲也。孔子年六十三。而魯哀公六年也。其明年。吳與魯會繒。徵百牢。太宰嚭召季康子。康子使子貢往。然後得已。孔子曰。魯衛之政。兄弟也。是時衛君輒父不得立。在外。諸侯數以爲讓。而孔子弟子多仕於衛。衛君欲得孔子爲政。子路曰。衛君待子而爲政。子將奚先。孔子曰。必也正名乎。子路曰。有是哉。子之迂也。何其正也。孔子曰。野哉由也。夫名不正則言不順。言不順則事不成。事不成則禮樂不興。禮樂不興則刑罰不中。刑罰不中則民無所錯手足矣。夫君子爲之必可名。言之必可行。君子於其言。無所苟而已矣。其明年。冉有爲季氏將師。與齊戰於郎。克之。季康子

以上衛三不用

魯終不用二句總束

此篇以道大莫能容爲主以上言天下不容以下言道大

曰子之於軍旅學之乎性之乎冉有曰學之於孔子季康子曰孔子何如人哉對曰用之有名播之百姓質諸鬼神而無憾求之至於此道雖累千社夫子不利也康子曰我欲召之可乎對曰欲召之則毋以小人固之則可矣而衛孔文子將攻太叔問策於仲尼仲尼辭不知退而命載而行曰鳥能擇木木豈能擇鳥乎文子固止會季康子逐公華公賓公林以幣迎孔子孔子歸魯孔子之去魯凡十四歲而反乎魯魯哀公問政對曰政在選臣季康子問政曰舉直錯諸枉則枉者直康子患盜孔子曰苟子之不欲雖賞之不竊然魯終不能用孔子孔子亦不求仕孔子之時周室微而禮樂廢詩書缺追迹三代之禮序書傳上紀唐虞之際下至秦繆編次其事曰夏禮吾能言之杞不足徵也殷禮吾能言之宋不足徵也足則吾能徵之矣觀殷夏所損益曰後雖百世可知也

以一文一質。周監二代。郁郁乎文哉。吾從周。故書傳禮記自孔氏。孔子語魯太師。樂其可知也。始作翕如。縱之純如。皦如。繹如也。以成。吾自衛反魯。然後樂正。雅頌各得其所。古者詩三千餘篇。及至孔子。去其重。取可施於禮義。上采契后稷。中述殷周之盛。至幽厲之缺。始於衽席。故曰。關雎之亂以爲風始。鹿鳴爲小雅始。文王爲大雅始。清廟爲頌始。三百五篇孔子皆弦歌之。以求合韶武雅頌之音。禮樂自此可得而述。以備王道。成六藝。孔子晚而喜易。序彖繫象說卦文言。讀易韋編三絕。曰。假我數年。若是。我於易則彬彬矣。孔子以詩書禮樂教。弟子蓋三千焉。身通六藝者。七十有二人。如顏濁鄒之徒。頗受業者甚衆。孔子以四教。文行忠信。絕四。毋意。毋必。毋固。毋我。所慎。齊戰疾。子罕言利與命與仁。不憤不啓。舉一隅。不以三隅反。則弗復也。其於鄉黨。恂恂似不能言者。其隱云未引子貢顏淵語甚有見案史公所記在六藝折中皆夫子之文章也引子貢語天道性命不可聞及顏子欲從末由則知孔子之道在此而前所敘夫子之文章皆烟雲也

於宗廟朝廷辯辯言惟謹爾朝與上大夫言誾誾如也與下大夫言侃侃如也入公門鞠躬如也趨進翼如也君召使儐色勃如也君命召不俟駕行矣魚餒肉敗割不正不食席不正不坐食於有喪者之側未嘗飽也是日哭則不歌見齊衰瞽者雖童子必變三人行必得我師德之不修學之不講聞義不能徙不善不能改是吾憂也使人歌善則使復之然後和之子不語怪力亂神子貢曰夫子之文章可得聞也夫子言天道與性命弗可得聞也已顏淵喟然歎曰仰之彌高鑽之彌堅瞻之在前忽焉在後夫子循循然善誘人博我以文約我以禮欲罷不能既竭我才如有所立卓爾雖欲從之蔑由也已達巷黨人童子曰大哉孔子博學而無所成名子聞之曰我何執執御乎執射乎我執御矣牢曰子云不試故藝魯哀公十四年春狩大野叔孫氏車子鉏商獲獸以為

前敘詩書易禮至此乃折入春秋史公以春秋爲重且與己作史記相發

不祥。仲尼視之。曰。麟也。取之。曰。河不出圖。雒不出書。吾已矣夫。顏淵死。孔子曰。天喪予。及西狩見麟。曰。吾道窮矣。喟然歎曰。莫知我夫。子貢曰。何爲莫知子。子曰。不怨天。不尤人。下學而上達。知我者其天乎。不降其志。不辱其身。伯夷叔齊乎。謂柳下惠少連。降志辱身矣。謂虞仲夷逸。隱居放言。行中淸。廢中權。我則異於是。無可無不可。子曰。弗乎弗乎。君子病沒世而名不成焉。吾道不行矣。吾何以自見於後世哉。乃因史記作春秋。上至隱公。下訖哀公十四年。十二公。據魯親周故殷（錢云公羊宣十六年傳何以書新周也何休云孔子以春秋當新王上黜杞下新周而故宋莊二十七年杞伯來朝何休云春秋黜杞新周而故宋以春秋當新王也據魯以春秋當新王也親周故殷謂新周故宋也）運之三代。約其文辭而指博。故吳楚之君自稱王。而春秋貶之曰子。踐土之會實召周天子。而春秋諱之曰天王狩於河陽。推此類以繩當世。貶損之義。後有王者。舉而開之。春秋之義行。則天下亂臣賊子懼焉。孔子在位聽訟。文辭有可與人共者。弗獨有也。至於爲春秋。筆則筆。削則削。子夏之徒。（梁云困學紀聞曾子建與楊德祖書游夏之徒注引史記子游子夏之徒今本無子游二字）不能贊（贊通志作措）一辭。弟子受春秋。孔子曰。後世知丘者以春秋。而罪丘者亦以春秋。明歲。子路死於衛。孔子病。子貢請見。孔子方負杖逍遙於門。曰。賜。汝來何其晚也。孔子因歎歌曰。太山壞乎。梁柱摧乎。哲人萎乎。（吳艸廬云他人爲此則可聖人自爲之則非某謂紀實之辭雖聖人自爲之不嫌自伐也）因以涕下。謂子貢曰。天下無道久矣。莫能宗予。夏人殯於東階。周人於西階。殷人兩柱閒。昨暮予夢坐奠兩柱之閒。予始（通志始作殆毛本同）殷人也。後七日卒。孔子年七十三。以魯哀公十六年四月己丑卒。哀公誄之曰。旻天不弔。不憖遺一老。俾屏余一人以在位。煢煢余在疚。嗚呼哀哉。尼父。毋自律。子貢曰。君其不沒於魯乎。夫子之言曰。禮失則昏。名失則愆。失志爲昏。失所爲愆。生不能用。死而誄之。非禮也。稱余一人。非名也。孔子葬魯城北泗上。弟子皆服三年。三年心喪畢。相訣而去。則哭。各復盡哀。或復留。唯子貢廬於冢上。凡六年。然後去。弟子及魯人往從冢而家者。百有餘室。因命曰孔里。魯世世相傳。以歲時奉祠孔子冢。而諸儒亦講禮鄉飲大射於孔子冢。四書釋地家誤作冢此與贊以時習禮其家合某案此當作家字不誤後贊家字誤耳孔子冢大一頃。故所居堂弟子內。某案弟子內內謂室也晁錯所云家有一堂二內是也後世因廟藏孔子衣冠琴車書。至于漢二百餘年不絕。高皇帝過魯。以太牢祠焉。諸侯卿相至。常先謁。然後從政。孔子生鯉。字伯魚。伯魚年五十。先孔子死。伯魚生伋。字子思。年六十二。嘗困於宋。子思作中庸。子思生白。字子上。年四十七。子上生求。字子家。年四十五。子家生箕。字子京。梁云孔光傳作子眞年四十六。子京生穿。字子高。年五十一。子高生子愼。梁云孔光傳作子順年五十七。嘗爲魏相。

子慎生鮒。年五十七。爲陳王涉博士。死于陳下。鮒弟子襄。年五十七。嘗爲孝惠（惠通志作文）皇帝博士。遷爲長沙太守。（錢云孔光傳作長沙太傅惠帝時長沙爲王國不得有太守作太傅是也）長九尺六寸。子襄生忠。（錢云孔光傳鮒弟子襄生忠則襄爲鮒弟之子孔光爲孔子十四世孫鮒襄各爲一世乃合十四世之數此文蓋衍一字）年五十七。忠生武。武生延年。及安國。安國爲今皇帝博士。至臨淮太守。蚤卒。安國生卬。卬生驩。（依通志生上增卬字）

太史公曰。詩有之。高山仰止。景行行止。（梁云王應麟詩考引史記作景行行之三王世家高山仰之景行嚮之）雖不能至。然心鄉往之。余讀孔氏書。想見其爲人。適魯。觀仲尼廟堂車服禮器。諸生以時習禮其家。（習禮其家家當爲冢之誤此卽前文所云諸儒講禮鄉飲大射於孔子冢也）余祇（索隱一作低某案祇低同字）回留之不能去云。天下君王至于賢人衆矣。當時則榮。沒則已焉。孔子布衣。傳十餘世。學者宗之。自天子王侯。中國言六藝者。折中於夫子。可謂至聖矣。

某案此篇史公以摹天繪海之能爲之其大要以道不行而自見於
後爲歸宿亦與己事相感發也

孔子世家第十七

史記四十七